城镇化与社会变革丛书
URBANIZATION AND SOCIAL TRANSFORMATION SERIES

丛书主编 ▶ 李 铁

城镇化是
一次全面深刻的社会变革

URBANIZATION:
COMPREHENSIVE AND
PROFOUND SOCIAL TRANSFORMATION

李 铁◎著

中国发展出版社
CHINA DEVELOPMENT PRESS

图书在版编目（CIP）数据

城镇化是一次全面深刻的社会变革/李铁著 . —北京：中国发展
出版社，2013. 3

ISBN 978-7-80234-904-9

I. ①城… Ⅱ. ①李… Ⅲ. ①城市化—研究—中国 Ⅳ. ①F299. 21

中国版本图书馆 CIP 数据核字（2013）第 038427 号

书　　　名：城镇化是一次全面深刻的社会变革
著作责任者：李　铁
出 版 发 行：中国发展出版社
　　　　　　（北京市西城区百万庄大街 16 号 8 层　100037）
标 准 书 号：ISBN 978-7-80234-904-9
经 销 者：各地新华书店
印 刷 者：北京科信印刷有限公司
开　　　本：700mm×1000mm　1/16
印　　　张：23
字　　　数：350 千字
版　　　次：2013 年 3 月第 1 版
印　　　次：2013 年 3 月第 1 次印刷
定　　　价：55. 00 元

联 系 电 话：（010）68990642　68990692
购 书 热 线：（010）68990682　68990686
网 络 订 购：http：//zgfzcbs. tmall. com//
网 购 电 话：（010）88333349　68990639
本 社 网 址：http：//www. develpress. com. cn
电 子 邮 件：bianjibu16@ vip. sohu. com

"城镇化与社会变革"丛书
编委会名单

主　编

　　李　铁　国家发改委城市和小城镇改革发展中心主任

副主编

　　邱爱军　国家发改委城市和小城镇改革发展中心副主任

　　乔润令　国家发改委城市和小城镇改革发展中心副主任

编委会成员（按姓氏笔画为序）

　　王俊沣　文　辉　乔润令　李　铁　邱爱军　冯　奎

　　范　毅　郑定铨　郑明媚　袁崇法　顾惠芳　窦　红

总　序

中央政府又一次把城镇化作为拉动内需和带动经济增长的引擎，使得城镇化问题再次成为社会关注的热点。巧合的是，两次提出城镇化问题都和国际金融危机有关，上一次是亚洲金融危机，而这一次是全球金融危机。作为长期从事城镇化政策研究的团队，我们的研究积累对于中国的城镇化问题应该有着清醒的认识，但是对于社会，对于各级政府、企业家、学者和媒体人来说，如何去理解城镇化问题，就涉及将来可能出台什么样的政策，以及相关政策如何落实。因此，我们决定把多年的研究成果公诸于世，以"城镇化与社会变革"系列丛书的形式出版。丛书之所以以改革为主题，就是要清楚地表明，未来推进城镇化最大的难点在于制度障碍，只有通过改革，才能破除传统体制对城乡和城镇间要素流动的约束和限制，城镇化带动内需增长的潜力才能得到真正释放。

丛书出版之际，出版社邀请我作序，一方面希望从宏观的角度来评价十八大以来的城镇化政策要点，另一方面希望对国家发改委城市和小城镇改革发展中心（以下简称"中心"）从事城镇化政策研究的历程做一个简要的回顾。毕竟我全程参与了中心的组建和发展，也基本上经历了从城镇化政策研究到一系列政策文件出台的过程。其实，我内心的想法，无论目前把城镇化政策提到怎样的高度，毕竟与可操作的政策出台以及贯彻落实都还有很长的距离。我能更多地体会到，这项研究，凝聚着许多长期从事农村政策研究和城镇化研究的领导和专家的心血，也汇集了一些地方基层政府的长期实践。我们只是作为一个团队集中了所有的智慧，利用我们的平台优势把这些成果和资料积累下来。

1992 年，我在国家体改委农村司工作，有一次参加国土经济学会在新华社举办的关于小城镇问题的研讨会，原中央农研室的老领导杜润生先生发言，提到小城镇对于农村乡镇企业发展和农村资源整合的重要意义，回来后感受颇深。在年底农村司提出 1993 年度研究课题重点时，把小城镇和城镇化问题作为六个重点研究课题的选题之一，报告给了时任国家体改委副主任马凯同志。我记得其他选题还有农村税费改革、城乡商品流通和土地问题等等。马凯副主任只是在小城镇这个课题上画了一个圈，要求我们重点进行研究。这一个圈就决定了我后半生的命运，至今已经20年了。当时马凯同志分管农村司工作，他之所以要求我们从事小城镇和城镇化问题的研究，他的基本论断是"减少农民，才能富裕农民"。

在后来的城镇化研究中，很多人不理解，为什么当时中央提出"小城镇，大战略"？特别是一些经济和规划工作者，他们认为城镇化政策重点不应该是积极发展小城镇，而应该是发展大城市，可是谁也不去追问。当时城镇化的提法还是禁忌，户籍问题更是没人敢提。几千年来确保农产品供给问题似乎成为一种现实的担忧；已经形成的城乡福利上的二元差距，更是各级城市政府不愿意推进户籍管理制度改革的借口。只有在小城镇，因为福利差距没有那么大，基础设施和公共服务条件没有那么好，与农村有着天然的接壤和联系，而且许多乡镇企业又直接办在小城镇，在这里实现有关城镇化的一系列体制上的突破，应该引起的社会波动比较小。1993～1995年，在马凯同志的直接领导下，我们开始了小城镇和城镇化的研究。马凯同志亲自带队到各部委征求意见，1995年4月，协调国务院十一个有关部、委、局制定并印发了《全国小城镇综合改革试点指导意见》，这是第一个从全方位改革政策入手，以小城镇作为突破口，全面实行综合改革试点的指导性意见。其中涉及的内容包括户籍管理制度、土地流转制度、小城镇的行政管理体制、地方财税管理体制、机构改革和乡镇行政区划调整、基础设施的投融资改革、统计制度等多方面。

1998年国务院机构改革，国家体改委和国务院特区办合并为国务院经济体制改革办公室，原来的16个司局缩编成6个司局，涉及大量的司局级干部重组和自寻出路。为了坚持小城镇和城镇化的政策研究，把试点工作持续下去，在各方面的支持下，我放弃了留在机关内工作的机会。1998年6月，经中编委批准，以原国家体改委农村司为主体成立了小城镇改革发展中心。从此我开始了漫长而又寂寞的城镇化政策研究之路。

1997年的亚洲金融危机，我国的外向型经济受挫，很多专家提出扩大内需的思路，城镇化和小城镇终于第一次走上了政府宏观政策的台面。

1998 年十五届三中全会开始提出"小城镇，大战略"。1999 年，时任国务院副秘书长的马凯同志和中农办主任段应碧同志，把起草向中央政治局常委汇报的"小城镇发展和城镇化问题"的任务交给了国务院体改办。之后，我们又在国务院体改办副主任邵秉仁同志的领导下，直接参与起草了 2000 年 6 月中共中央、国务院颁布的《关于促进小城镇健康发展的若干指导意见》。这个文件下达之后，户籍管理制度原则上在全国县级市以下的城镇基本放开，农村进城务工人员只要在城里有了住所和稳定的就业条件，就可以办理落户手续，而其在农村的承包地和宅基地仍可保留。根据中央有关文件精神，2000 年第五次全国人口普查后，我国把进城务工的农民第一次统计为城镇人口，我国的城镇化率一下子从原来的 29% 提高到 36%。

2002 年，党的十六大报告第一次写进了有关城镇化的内容，其中把"繁荣农村经济，加快城镇化进程"写到一起，这充分说明了城镇化对于"三农"问题的重要性。值得特别提出的是，我们的城镇化研究也从小城镇开始深入到进城的农民工，中心全体研究人员就农民工问题进行了大量的调查研究。2002 年，根据马凯副秘书长和段应碧主任的安排，由中心组织人员起草了 2003 年国务院办公厅 1 号文件《关于做好农民进城务工就业管理和服务工作的通知》。

2003 年，中心被并入了国家发改委，城镇化的研究工作转向了深入积累阶段。原来曾经全方位开展的改革试点工作虽然还在进行，但是实质性内容越来越少。在这一阶段反思城镇化，站在农村的角度去推进城市的各项相关改革，看来是越来越难了。中国的体制，城市实际上是行政管理等级的一个层面，而不是西方国家那种独立自治的城市。中国城市管理农村的体制，使得从农村的角度提出任何问题都是带有补贴和扶助的性质。而实际上，由于利益格局的确立，城市仍然没有摆脱依赖于从农村剥夺资源，来维持城市公共福利的积累和企业成本降低的局面。原来简单明了的城乡二元结构，已经被行政区的公共福利利益格局多元化了，因此要改革的内容已经远远超出了 20 世纪 90 年代凸显的城乡二元结构的范畴。原来长期研究农村改革、试图解决农村问题，现在成为城镇化出发点的思路，肯定也要相应地转型，使我们的研究团队站在城市的决策角度考虑问题。2009 年，我们开始把中心研究的重点彻底地转向城市，单位的名称也同时作出了调整，改为"城市和小城镇改革发展中心"。这种转型的最大效果就是可以更多地偏重于决策者的思维，了解决策阶层所更关注的城市角度，有利于提出更好的政策咨询建议。

中心成立 15 年来，我和同事们到 20 多个省（直辖市、自治区）的数千个不同类型、不同规模的城镇调研，积累了大量的材料，并为一批城镇特别制定了发展规划。

我们所理解的城镇化政策是改革，这也是我们长期和社会上的一些学者，甚至包括政府决策系统的部分研究人员在观点上的一些重要分歧。因为城镇化要解决的是几亿进城农民的公共服务均等化问题，关系到利益结构的调整，所以必须通过改革来解决有关制度层面的问题。仅靠投资是无法带动城镇化的，否则只会固化当地居民和外来人口的福利格局。只有在改革的基础上，打破户籍、土地和行政管理体制上的障碍，提高城镇化质量，改善外来人口的公共服务，提升投资效率才能变为可能。

幸运的是，从 2012 年起，中央领导同志对于城镇化的重视达到了前所未有的高度。在国家发改委副主任徐宪平同志的支持下，我们终于把多年的研究积累作为基础性咨询，提供给政策研究和制定的部门。虽然关于城镇化所涉及的改革政策的全面铺开还需要时日，还需要观点上进一步的统一，但无论怎样，问题提到了台面，总会有解决的办法，任何事情都不能一蹴而就，但毕竟有一个非常好的开始。

同事们提议，是不是可以把这些年我们团队有关城镇化的研究成果出版成书？我同意了。2013 年是全国深入贯彻落实十八大精神的开局之年，是一个好时候，全社会都在关注城镇化进程。此举可以把我们的观点奉献给社会，以求有一个更充分的讨论环境，寻求共识，推进城镇化改革政策的持续出台。

国家发改委城市和小城镇改革发展中心主任

2013 年 3 月

目录 >>> CONTENTS

第一篇
城镇化战略
与思路

我所认识的城镇化

党的十七届五中全会决议把城镇化问题提高到了一个战略性的高度。这使得城镇化问题经历了一个十年周期的热点之后，再次吸引了众多专家、公众以及媒体的眼球。但是，从众多媒体和专家的讨论中可以感觉到，了解城镇化真实含义的人并不多。正是因为城镇化问题确实已经直接涉及广大城乡居民的个人利益关系，才使得人们对有关政策有了完全不同的表述。

中央政策表述得很清楚，城镇化的实质是农村人口向城镇的转移，城镇化的主体是已经在城镇长期就业和居住的外来农民工。只有解决了他们与城镇居民同等的公共服务问题，才能促进他们把消费的重点转向城镇，才能促进城乡和谐稳定发展，才能达到富裕农民的农村发展战略目标，才能真正地实现拉动内需的效果。

但是，一些地方政府官员仍然认为城镇化就是城镇发展，就是在改善现有的居民生活条件和质量上锦上添花。一些学者则认为，城镇化就是现代化，因为在他们看来，他们所长久居住的城市应该向发达国家看齐，解决所谓的生态问题、宜居问题、低碳问题，等等。还有的学者更是把城镇化理解为城市发展道路的选择问题，认为选择发展不同类型的城市，应该是城镇化的重点，因此也就出现了所谓大中小城市和小城镇发展道路的争论。

一、户籍制度和公共福利

中央政府提出城镇化政策已经十几年了，但许多政策由于各类群体的认知差异和利益纽带的纠缠不清而无法正确地执行，使得城镇化问题始终很难有实质性的进展。因此,在当前这一特定的时期,还是有必要把城镇化的来龙去脉说得更加清楚一些。

在其他国家,城镇化从来没有成为中央政府关注的内容。现有的国际研究只是对城镇化进程的历史做出总结和评论。因为在世界上长期限制人口自由流动的国家只有中国、朝鲜和贝宁。

我国城乡分割的户籍管理体制源于20世纪50年代末。在当时国际封锁的大背景下,国家通过户籍制度把农村人口限制在土地上,让他们提供低价的农产品,以维持城镇人口的低工资和低消费,实现国家的工业化积累。改革开放初期,由于长期为农产品供给的问题所困扰,担心城镇人口过多,农产品供给不足,所以没有及时地打破城乡户籍管理制度的隔阂。以致于改革开放30年来,城镇的迅速发展和城市投入的大幅增加,反倒固化了现有的城乡居民利益关系,增加了破除现有体制障碍的难度。

户籍管理制度的特点,是通过户籍决定公共福利和公共服务的分配关系。改革开放前,城镇人口可以凭借户籍关系,获得非农就业的机会,获得农产品和轻工业品的票证供给,甚至包括一部分就业职工的住房分配。而农村人口可以通过户籍,获得集体分配的农业用地和宅基地。在城镇,户籍所在地政府决定着城镇福利的分配。而在农村,集体经济组织决定着生产资料和集体福利的分配。因此,这种不同的公共利益的分配使得中国的福利分配制度被城镇和农村集体经济组织分割了。

改革开放后,农村的大包干,城镇的一系列改革,在特定体制条件下的差异化发展进程,使得城市和乡村的发展差距日益扩大,而城镇之间发展水平的差距和村集体经济组织之间的发展水平差距也在日益加大。日益拉大的发展差距导致公共服务和社会福利的差距也在不断加大。而所有这些差距,都是因为户籍制度在空间上被分割和固化了。例如,各城市间的人口是不能自由落户的,除非公共服务和福利水平是对等的。农村集体经济组织之间人口的落户,也因涉及集体土地的供给和集体财产的分割而受到严格限制。农村人口不能进入城镇落户,除非因为土地的征用或者是有足够的财产。而城镇人口也无法进入农村落户,因为集体无法分配土地和相应的福利给新增人员(除非因婚姻关系等)。从以上描述中，我们看到了现行户籍管理制度的原貌。我们因而也知道，是附加在户籍制度上的各种公共福利和财产关系，导致了利益关系的相对固化。而在这些利益关系之中，差距最为明显的是发展水平较快的城镇和农村，东部沿海地区与中西部地区。无论是城市之间、城镇之间，还是城乡之间或者是农村之间，都存在着鲜明的利益差距。这些利益差距不是体现在个人之间，而是体现在较大规模的群体之间；不是体现在个人财产的差距水平上，更多是体现在公共群体的服务和福利的差别上。很多年来，我们都在探索打破这种附加在户籍制度上的利益关系。城镇化的问题，只是把矛盾的焦点对准了城市和乡村，其实这类矛盾不仅仅体现在城市和乡村，而是表现在所有被行政区划所分割或被农村集体经济组织所分割而形成的不同利益群体之间。问题的焦点在于群体规模，在于群体的利益也是公共的。

如果我们暂时淡化农村之间的公共福利差别，因为相对于城乡之间的差别，总体上来说还是可以忽略不计的。解决农村问题的根本出路，是不是在于要打破城乡之间的户籍管理制度障碍呢？但如果我们看到置身于其间的城市发展的速度，亲身体会到城市的发展水平已经在直追发达国家的城市发展水平，在这样的现实状况中，再来体会城镇化所带来的一系列问题，就不是那么容易解决了。

中央政策的目标是要通过城镇化来拉动内需，破解当前国际经济危机所带来的压力。同时也要从中国的长远利益出发，解决城乡矛盾，促进农村发展。主要矛盾集中在，先让农民进城定居和消费，才能起到拉动内需最直接的效果。

从实际情况分析，我们有两类农民，一类是在城市郊区的农民，另一类则是外来的已经在城镇就业和居住的农民工。哪些农民最容易进城直接带动消费需求，哪些农民最有动力和愿望进入城镇，享受城镇居民的同等公共福利呢？如果说是当地农民不愿意进城，因为城市的发展使得他们有着分享土地价值增加的预期，但是他们愿意在不丧失土地增值收益的预期下，获得与城镇居民同样的公共服务水平。问题是，城镇政府需要的是先低价获取土地，之后才是公共服务的均等化。但是这些农民经过精打细算之后，不愿意放弃土地。原因在于土地的级差地租收益远远超过公共服务的收益。而对于外来农民工，他们已经在城里过着最简陋的生活，却从事着城镇最不可缺少的职业。他们在这里没有土地，城镇政府在这里没有预期土地的增值收益，但是要为他们的公共服务买单，还要降低现有的城镇居民的公共服务水平，这是外来农民工较多的城镇政府最不愿意面对的现实。我国 2009 年有 1.453 亿跨区域流动的农民工，有 2000 万当地农民，他们都被统计为城镇居民。未来的城镇化问题，也就是关系到这批农民是否能够在城镇落户，并无条件地享受到与城镇居民同等的公共服务。这里要强调一句，是在就业地享受到与城镇居民同等的公共服务。当地政府无论如何也不愿意看到这样的结果，没有额外的收益，还要增加大量的公共服务支出，同时要降低对本地居民的公共服务水平。所以，推进城镇化，特别是推进外来农民工在就业地的城镇化，是就业地政府不情愿去做的事情。

二、认识的分歧在哪里

在很多讨论中，专家、学者和政府官员基本上都支持城镇化，但是对于城镇化的实质却有着相当大的分歧。原因并不在于人们想不明白城镇化的实质，而在于利益决定了观念甚至决策的走向。

举一个简单的例子，电梯一定是高层建筑的公共服务工具，理论上应该是对所有人开放的。但从心理学的角度分析，上了电梯的人一定不希望更多的人进入电梯。因为一是会增加空间的拥挤度；二是会增加楼层的停靠次数；三是会影响电梯内的空气质量；等等。对于城镇化问题的理解也是如此。已经在城镇内享受到公共服务的人当然不希望更多的人享受同样的服务，特别是不愿意更多的所谓低素质、低收入的外来农民工和城镇居民享受同等的公共服务。因为城镇也是一个"电梯"，如果增加了乘电梯的人数，电梯的设施改善没有跟上，等同于乘电梯的享受程度大幅度降低。人们会抱怨乘电梯的人太多，物业的管理水平太低，开发商在建楼房时设计的电梯数量太少，质量太差，等等。当然，城镇比电梯要复杂得多，也不是一个电梯理论就能涵盖的，但问题的实质却是一样的。

　　城市的政府管理者都住在城市里，他们既是城市的一个个居民，又在很大程度上受到城市居民舆论的影响，还要受到人大的监督，而所有这些人基本都是代表城市居民的利益。因此，在考虑城市发展的时候，一般会把城市居民的利益放到首位（这里不涉及政绩观的问题）。因此，他们理解城镇化的时候，更愿意把城镇化理解为政府对城市公共设施的投入，理解为城市的发展和建设。如果考虑到土地因素和郊区农民在土地问题上有一定影响力的话，当地郊区农民也是他们不得不考虑的范畴之一，但首选还是城市城区的建设和发展。如果你到了某个城市听取市长对城市发展的介绍，他一定会沾沾自喜地说，由于城市化的发展，这些年城市的建设水平有了较大的提高。对于外来农民工的问题，一般是避而不谈的。

　　学者也关心城市的发展。他们对城镇化的理解大概表现在两个方面。一方面认为发达国家都在发展大城市或者特大城市，为什么中国反而提出中小城市或小城镇的发展呢？他们忽略了一个基本问题，即发达国家的人口是自由流动的，政府不限制任何人在各类城市自由地选择落户，政府只是根据城市人口的数量和收入水平差距，来解决新增人口的公共服务问题。人口向大城市流动的前提是自由迁徙。而中国恰恰在 20 世纪50 年代末就否定了人口的自由迁徙权。尽管学者们提出大城市的发展理论，但忽视了人口，特别是低素质的人口应该向哪一类城市流动。显然，这只是支撑了城市管理者的需求，即政府的投资应该向大城市投入，至于农民如何进城落户，则不在他们的考虑范畴之内。另一方面，当你随便询问某一个著名学者"是否赞成农民工可以大规模地进入到他所居住的城市"时，他会不假思索地告诉你，大城市已经膨胀了，还是应该鼓励他们到别的城市去。这就是利益导致的一个学者的基本反应。

　　超出了一般的城市决策者的行政管辖区域范畴，很多人都会提出一个观点：中国不能走很多中等收入国家或者发展中国家城市化进程的老路。也就是说中国的城市发展绝不能出现大量的贫民窟。他们假定，如果政府放任了农民进入城市，其他国家的城市病就会在中国的城市重演，例如严重的环境污染、黑社会泛滥、城市的景观会受到严重地破坏、治安问题会特别突出，等等。因此，从这个意义上，限制农民进入城市显然是属于中国特色的城镇化道路最成功的一面。当然，对于允许人口自由流动的国家，显然没有避开这一城市发展阶段的必然过程。现在的巴西、印度、墨西哥如此，发达国家 18 世纪和 19 世纪甚至 20 世纪初也是如此，何况中国人口有 13 亿！中国所面临的城镇化问题更为严峻。在这个思维方式下，探讨中国的城镇化政策，显然要慎重得多。问题是，农村人口向城镇转移不是一个接受高素质人才的问题，而是面临着大量的低素质、低工资，没有受过城市文明熏陶的人，他们如果不进入各类城市，他们应该去哪里呢？回过头来想一下，作为成功的决策者和成功的学者或者企业家，50 年代以前，仅仅是他们的父辈或者祖辈，不都是来自农民吗？这个问题显然被忽视了。原因在于，已经上了电梯的人，也是具有影响力或者决策能力的人都是城市居民。即使那些不属于中产阶级、官员和富人的城市居民，通过网络和各种现代通讯设施对于舆论的影响也远高于农民和农民工。

（2010 年 11 月）

城镇化和中国的国情

　　无论对于城市发展或者城镇化的发展，我们都需要了解中国与其他发达国家之间的差别。我们可能看到，城市是一样的，在数据上中国也在实现高速增长的城镇化进程。但区别在哪里？这恰恰是很多研究工作者不愿意深入探究的。

　　中国的城市化或者城镇化问题的提出，是因为中国实行了世界上其他国家很少实行的限制人口自由迁徙的政策，所以这个政策已经严重地影响了经济发展、扩大内需、农村的改善、社会的和谐和稳定时，适时地提出推进城镇化政策，可能会带来诸多长远的利好。但是，当我们不了解中国城市和国外城市的差别时，不了解几十年城乡分割所形成的固化的利益结构关系时，很可能城镇化政策会被利益结构蚀化于无形之中。这里，还有一个重要的认识，就是还要了解中国城市和国外城市的差别。

　　在理论界，陷入争论的问题是到底中国是该叫城镇化，还是叫城市化？中国现在有654个城市和19322个建制镇。城镇化的目标应该是指农民最终进入这些城市和建制镇。按照国际上一般对城市的认定，我们所有的建制镇镇区都可以叫做城市，因为美国的城市设置只要达到人口3000人，就可以得到认定。可是在中国，建制镇的统计范畴是属于农村，而且建制镇又隶属于城市的管辖。如果我们提出城市化，那是否意味着各级城市政府利用自己管理上的优势权力，使得要素的走向更多地向城市倾斜？正是在这个基础上，我们要重新审视对城市体制的认定。

　　中国的城市是行政管辖区，而不是像其他国家一样，只是对城市的主城区而言。很多人提到，大中小城市和小城镇的协调发展，以及所谓城市化道路的选择，到底是进入大城市还是进入中小城市。其实，所谓大城市是指行政区。例如，北京市要控制人口规模，到底是控制北京市主城区的人口规模，还是控制北京市行政管辖区域的人口规模？北京市人口统计上已经达到 1900 万，实际人口可能还要多。当提出人口规模控制的时候，是不是把管辖的 1.68 万平方公里面积也要包括在内，因为在这一范围内还有区县和 100 多个建制镇。而日本东京都市圈的人口已达 3000 万，面积仅为 1.34 万平方公里。当然，东京都市圈的很大一部分在行政隶属关系上并不完全属于东京市政府管辖范畴。

中国的城市是有行政等级的。大城市管辖着中等城市、小城市还有小城镇。这种城市管辖城镇的特点类似于地方政府层级的管辖。但是对于很多人来讲，一想到城市，就把这些城市类比为国外的城市。实际上，中国的城市因为行政区的管辖设置是有等级的，所以我们看到直辖市、副省级城市、地级市、县级市还有建制镇。很多人都会诧异，城市化和行政等级有什么关系？如果我们按照行政等级来看城市的话，我们很难区分城市的大小。例如广东的虎门镇，镇域人口已达百万，按照中国城市规划法划分的人口规模，已经属于大城市，但是这里只是一个建制镇，它隶属于东莞市，东莞是个地级城市。还可以举浙江省金华市的义乌市，这个县级市人口规模已经达到 200 万，这里指的是县域人口，城区人口也达到了近百万的规模；而它的上级主管城市金华市，城区人口规模仅 60 万。虽然金华市在改革上已经下了很多功夫，给了义乌市几乎所有的地级行政管理权限，但是义乌市作为一个城市，到底是按照大城市还是按照县级市，来确定它在城市等级中的地位呢？全国排名前 1000 名的建制镇平均镇区人口 7.1 万人，财政收入 4 亿多元，人均财政收入水平超过了县级市的平均水平。在任何一个国家，这些建制镇作为一个城市的地位是不可撼动的。但是在中国，正是由于行政等级的关系，这些建制镇处于地方行政等级的最底层，没有办法履行一个城市政府的正常的行政管理职责。最重要的是，正是这些建制镇、人口和经济总量较大的县级市和地级市，接纳了大量的外来农民工。例如，广东东莞的长安镇，镇区外来人口 57 万，本镇人口仅 4 万，作为一个镇级的行政管理权限，财政要上缴，它如何解决如此庞大的外来人口的公共服务问题？

中国的城市是要管理农村的，这也和国外的城市管理体制不一样。国际上普遍的管理模式是城市管理城市自身，而农村则是由自己的社区自治管理。城市管理农村，本来的意图是通过城市的发展带动农村的发展。但是在中国，城市管理农村最为有效的办法是可以迅速地通过行政管辖权来低价征用农村的土地资源。尽管中央政府一再强调城乡统筹发展，强调城乡一体化，但是作为城市的决策者，一定会把大量的资源投向城市，并通过低价征用土地的"以地生财"模式来获取城市的发展资金。可以说，改革开放以来，特别是进入 20 世纪 90 年代以来，城市通过低价征用农村的耕地或者集体建设用地资源，获取了大量的资金，解决了城市的基础设施建设。也可以说，城市如今在形态上已经向现代化迈进，农村的土地做出了极大的贡献。所以有学者指出，中国的土地城镇化快于人口的城镇化，这是一个不争的事实，但是前提恰恰是通过这种城市管理农村的模式形成了这种不平等的资源获取方式。

中国的城市在公共服务上也不是完全对外来人口开放的。这种现象虽然来源于我国的户籍管理体制，但是发展到今天，有些类似于外国的移民管理体制。在我国，如今一些城市提出控制人口规模，显然是希望把外来的农民工排斥在城市发展的进程之外。一些城市提出要扩大人口规模，但是提出的苛刻条件有点相似于国外对移民的苛刻要求——一定要引进所谓的高端人才和技术人才。还有些城市提出要实施居住登记制度，对外来人口有条件的办理居住证，在达到一定年限后还要根据对城市的所谓贡献率来决定是否允许落户。这使我想到了中国人要去美国或者其他发达国家移民的情况。如果我们在城市实行了居住证制度，是不是相当于实行绿卡？是不是把我国平等的公民权强制分割开来，把人口通过户籍制度阶层化，通过居住证制度把城市的封闭的公共服务体系合法化？在党中央一再强调城乡统筹、强调建立和谐社会的过程中，这些城市率先把城乡的二元结构放大以至于从体制上固化，把城市变成"国中国"。当我们提出城市的发展走向国际时，我们应该看到，中国的城市如果不解决人口的自由流动和公共服务均等化，所谓的国际城市、国际化大都市在体制上就已经否定了自身。

中国的城镇化人口是世界最庞大的群体。正如我们在强调中国城镇化特点时指出的，中国的城镇人口已经达到 6.2 亿，超过了世界上许多国家城乡人口的总和。即使我们的城镇化率达到 50%，中国还有 6.5 亿甚至接近 7 亿农村人口在等待着步入城市化的进程。城市要接纳如此庞大的农村人口，如此巨大的人群，在空间上如何分布，就业问题如何解决，如何破除各种体制上的障碍，如何避免一些新兴国家城市化中出现的"城市病"，如何防止在城市发生各种大规模的社会波动，等等，可能都是中央政府要考虑的问题。一些学者已经提到，被统计为城镇人口的 1.6 亿农民，他们的公共服务问题如何解决，他们能否在城镇安家落户，他们面临的基本问题是什么，城市政府是否有足够的信心和准备或者是充足的财政资金解决他们的公共服务问题，等等，都是一个难以确定的未知数。当我们提出城镇化发展的战略目标时，在我们面临的种种困难之中，恐怕最难的就是中国的城市化群体，它不仅仅对中国的城市本身是一个巨大的压力，对世界也是一个沉重的压力。

提出一个观点容易，但是进入到政策操作过程，问题则是十分复杂的。国情带来的挑战是我们推进城镇化的压力，同时，我们也要看到城镇化带来的各种良好的预期，也许会对中国的未来带来光明。我们现在要面对的不是提出问题，而是针对问题进行全面深刻的社会变革，毕竟城镇化关系到的是城乡居民已经相对固化的利益群体，牵一发而动全身。但是站在全局的立场上，站在科学发展的角度，站在破解国际危机和压力的挑战下，推进城镇化已经是必须的选择。两权相害取其轻，两权相利取其重。改革需要调整利益结构，只要下定决心，改革也会有足够的空间。问题是，我们准备好了吗？

(2010 年 11 月)

推进城镇化的改革应尊重规律

近期，城镇化的问题引起全社会的广泛关注。人们预期，在十八大以后，我国城镇化的改革进程会进一步加快。然而，在庆幸城镇化的问题终于进入了顶层设计的决策范畴之时，我们是否清醒地认识到：我们对于国际城市化发展的规律还没有足够的认识，对于中国独特的城镇化道路理解上还有较大的偏差。特别是我们对中国城市发展的自身规律还需要进一步探索。只有真正理清了所谓规律的问题，有关政策的出台才能突破利益结构的藩篱，取得多赢的效果。

一、如何认识国际上的城市化发展规律

了解国际上的城市化发展规律，其实只不过是对城镇化发展历史的经验总结。因为除了中国之外，在城镇化发展进程中，没有哪个国家针对所谓的城镇化问题制定专门的政策方案。我们清楚地知道，世界上只有极少数几个国家制定了限制城市化发展的政策措施，实行了所谓的户籍制度。绝大部分国家在伴随着工业化进程之后的城市发展过程中，从来没有限制过人的自由迁徙。人们可以自由地选择进入城市或者回到农村去居住，唯一的限制因素可能来自于市场，或取决于就业机会，或取决于生活成本，或取决于对家乡乡土的眷恋。

我们可以看到，许多理论上的争论把城市化问题归结为大中小城市之争，这在世界城市发展历史上纯粹是一个伪命题。所谓城市化，无非就是农村人口进入城市的过程，在没有任何限制人口迁徙的政策环境里，

本文发表在《财经》年刊"2013：预测与战略"。

农民进城，或者是城市间人口迁徙的选择，只是受市场因素的影响，政府其实无法干预他们的选择。在不同的环境条件下，人们可以选择大城市，也可以选择中小城市，生活成本和就业机会是最重要的考虑因素。其实，在市场经济国家，我们更注意到，更多的大城市是人们选择的主要栖居地，毕竟那里有更多的就业机会，人们可以住在贫民窟或者城乡结合部等基础设施较差的地方来降低生活成本。所以在世界城市发展的历史进程中，我们注意到一个十分普遍的现象，就是城市化是与大城市贫民窟相伴生的一个发展进程。

城市的贫民窟说明了什么？说明城市化进程是一个低成本的人口转移过程。因为进城的不都是富人，大多是贫民，是从农业转向城市寻求非农就业机会的农民。因为是农民，受教育水平低，就业能力较差，他们是真正的低收入人口。当他们进城时，没有条件居住在高档的生态小区里，他们需要的是和自己工资相对应的居住环境，因此贫民窟是他们最好的选择。从17世纪英国的工业革命发生以后，贫民窟现象一直是城市生活中重要的内容。如果读过狄更斯的《双城记》和《雾都孤儿》，我们会对贫民窟有着更直观的了解和感受。之所以马克思和恩格斯认为欧洲会发生革命，就是因为那个时候城市社会的劳资矛盾，工人阶级居住的恶劣环境和社会收入分配的巨大差距，确实是蕴含着潜在的社会风险。当然，自从工业革命之后，西方国家的大多数政府解决社会矛盾的主要目标是在城市。也就是说，他们从不限制人口进城，有问题在城市里解决。即使是现在的拉美国家和"城市病"严重的亚洲国家，也是遵循着这样的一个城市治理模式。

因此，如果了解了国际上其他国家的城市化进程之后，我们会看到一个清晰的画面：低收入人口进入低生活成本的城市，寻求比农业收入更高的就业机会，在贫民窟定居下来，逐渐演变成为城市社会的主体。其实在20世纪50年代末之前，中国何尝不是这样，上海的闸北地区、北京的南城也都是城市贫民相对集中居住的地方，那个时候，还没有限制过农村人口进入城市。

从这个角度去认识国际的城市化发展规律，无非会得出以下结论：首先是人口的迁徙自由；其次是低收入的人口进入城市；再者是城市的低门槛，或者是说低成本的准入条件；然后是伴随着贫民窟的发展过程；最终的结果就是城市政府必须要解决他们的生活和就业问题。

但是应该强调的是，确保这种城市化发展道路的制度条件还有要素的市场化，特别是土地要素的市场化；城市的自治完全区别于中国等级化的城市管理体制。

二、如何认识中国的城镇化发展规律

中国城镇化发展的独特性众所周知，就是从 50 年代末被动地选择了一条限制农村人口进入城市的发展道路。目的是把农村人口强制地束缚在土地上，让其低价提供农产品，以维持城市居民的低工资，确保国家通过获取剩余价值来完成工业化积累。限制人口流动的最重要的措施就是实行所谓的户籍制度。户籍制度的特征不仅仅是限制了城乡人口的流动，也通过集体经济组织按照户籍制度分配土地和福利，限制了农村村庄之间的人口流动。可以说，户籍制度的实施标志着中国走的是一条限制城镇化发展的道路。

强制把农民束缚在土地上，为的是在落后的农村集体公有制体制下确保农产品的供给。20 世纪 80 年代实施的农村改革，已经释放了农村的劳动生产力，基本上解决了农产品的供给问题。然而，出于几千年来对于农产品供给困扰的担心，并没有适时改革户籍管理体制。以至于在之后的城市经济管理体制改革之后，工业的生产力得到释放而形成大量的财政剩余，转而更多地解决了城市公共服务水平的改善，拉大了城乡基础设施和公共服务的差距。户籍管理制度改革的滞后，固化了城乡社会群体的福利关系，利益结构的反差使得放开户籍管理体制的难度加大了。

中国的城镇化进程和市场经济国家间另一个根本性的区别在于土地制度。两个重要的特征就是土地的公有制，城镇土地国有和农村集体土地公有；农村集体土地必须通过政府低价征收为国有才可以进入城镇的开发。公有意味着土地所有权的不可分割性，限制了要素的市场化流动。低价征收则意味着中国的城镇化进程是以牺牲农村集体土地所有权益为代价的。而通过土地形成的财富积累转化为城市政府的财政和开发商的收益，前者通过基础设施建设的投入，改善了城市居民的公共服务水平，后者则拉大了社会收入分配差距。土地形成的财政收益在中国城市化进程中扮演着十分特殊的角色，大量的土地收入转为城市基础设施投入后，拉大了城乡居民二次收入分配的差距，进一步固化了城乡居民分割的公共福利关系。而当城市把过量的土地收益短期投入到城市基础设施建设时，城市的门槛也相应提高，城市的高公共服务水平已经不可能或者说不愿意接受低收入、低素质的农民工进入城市定居。表面上看起来是政府的决策，实际上更反映了已经享受到实际利益的城市居民群体的排外心理。因此中国的人口城镇化进程，还面临着土地城镇化的特殊体制关系。这种体制关系在制度层面上对城镇化的改革，也起到了严重的制约作用。

研究中国的城镇化进程，不能回避中国城镇管理体制中的特殊性问题。和西方不同，中国的城镇不是自治的，中国的城镇存在着等级化的管理关系。中国为什么叫"城镇化"而不叫"城市化"呢？了解中国城市管理体制的人都十分清楚，中国的城镇是按等级设立的，6.9亿城镇人口，城市只有658个；而另外还有19680个建制镇，俗称小城镇，平均镇区人口1.1万人，最多的人口可达近百万人，这在国外已经是大城市了。因为有了等级，因为有了镇，如果只提城市化，等级高的城市会借用城市化之名，把资源更多的集中到城市。近2万个名为镇实际上是城市的所谓"小城镇"，就几乎失去了发展的机会。中国的城市实际上是行政区，大城市下面管着县、县级市、地级区和建制镇。如果按照西方的城市发展路径，中国的城市格局很可能是数万个城镇竞相发展的格局，但由于等级化的关系，使得上级城市可以通过行政手段攫取下级城镇的资源，因此我们看到高等级城市的公共服务水平远远高于低等级的城镇，而高等级的城市又代表着一个行政区的公共服务水平，因此城市之间或者是行政区域之间的公共服务差别也被相应的通过户籍制度固化起来。原来的简单的城乡利益关系，又被行政区域间的公共服务差别化取代了。原来要改革的是农村人口进城的户籍关系，现在则变为本地人和外地人的户籍关系。当中间掺杂了土地关系这个特殊的纽带时，就是由于户籍和土地之间可以获得附加的增值关系，外地农民的土地无法转变为本地土地增值收益的预期时，我们看到的是户籍制度改革在中国的特殊国情下，演变为利益关系纽带。农村人口进城，演变为本地人口、外地城镇人口、外地农村人口的错综复杂的户籍关系，使得我们现在的户籍制度改革又增加了更多难点。

三、如何评价中国的城镇化规律

评价城镇化规律的说法很多。最简单的办法就是全盘否定，然后推倒重来。谈论中国的体制时，大家都可以按照一种模式作为参照系，来评价是非。可是，历史并不是一张白纸上画出来的。所谓改革，就是要面对现有的错综复杂的利益关系，寻求最佳的路径，改革掉已经被历史证明是错误的体制和制约因素，还要选择好的改革方法，以免引发不必要的社会震荡。

中国的城镇化发展进程，无法用对与错来评价。至少在当前的世界经济格局下，我们在后发劣势的条件下，充分调动了国民资源，通过廉价的土地和劳动力以及环境低成本的竞争优势，使得中国的经济持续 30 年的高速增长，使得中国进入了中上等收入国家行列。户籍制度和土地制度至少在降低劳动力成本和土地成本方面发挥了重要的作用。所以，经济增长的过程是无法用简单的道德价值来评价的，即使在评价市场经济国家曾经走过的道路时，我们不能只看现在的结果，而要看到其实过程中也是充满了非道德的因素。

从另一个方面看，中国的城镇化进程确实堆砌了一大批向西方国家表面看齐的城市。中国城镇化的悲哀之处就是我们面对的是市场经济国家已经成功的参照系。我们看到的都是经历过几百年辛酸历史之后形成的美好结果。所有的社会精英都集中在城市或者是最好的城市里，他们可以优先地考察市场经济国家先进的经验，看到这些国家先进的城市管理经验和公共服务水准，以及富有文化特色的城市景观。带有强烈赶超之心的城市管理者，在有足够的行政资源支撑下，在短期的任内试图打造所谓的现代化城市。由于特殊的官员管理体制和政绩升迁机制，使得大量的短期行为构筑了一些在表面上足可以与发达国家相媲美的城市。

当这些城市足可以代表我们中国城镇化的建设水平时，我们很多人都忽略了一个重要的事实，就是这些高等级城市的发展牺牲了中小城市和建制镇的利益，也牺牲了大量在城市务工就业的外来人口和农民工的利益。

因此，我们看到的是在中国特色的户籍管理体制、土地管理体制和等级化的城市行政管理体制框架下，一种独特的城镇化发展道路。虽然这种城镇化道路可以实现经济的高速增长，带来大量的就业机会，促进了中国作为世界工厂的经济格局的形成，但是也带来了诸多潜在的经济和社会隐患。

截止到2011年底，我国的城镇化率已经达到51.27%，我国的城镇人口已经达到了6.9亿。如果按照每年一个百分点的速度增长，到2020年，我国的城镇化率将超过60%，城镇总人口将达到7.8亿。但是数字上的变化并没有带来城市人口实质性的增长，在已经被统计为城镇人口中，仍有2.5亿的农民工无法享受城镇居民平等的公共服务水平，此外还有约7000万城镇间流动人口，在就业地面临着和农民工同样的公共服务差距。

土地制度问题带来的隐患更为严重。一方面城镇的发展过于依赖土地出让金，导致城镇特别是高等级城市"摊大饼"地扩张，土地粗放型使用，使得基础设施供给的压力加大，城市的债务不断攀升，城市内的基础设施运营和管理体制无法及时调整所有制结构和提高管理效率，城市的有偿性基础设施经营价格满足于市民的福利，不敢按照市场化的规则提价，致使贷款、发行债券和各种金融手段的还款，无法通过市场价格调节，不得不依赖于新的土地出让金。另一方面，农民对于低价征地的补偿行为日益不满，导致社会压力增大。当土地出让的补偿条件不断攀升时，城市开发的成本也在日益加大。"土地出让—城市扩张—基础设施供给不足—继续出让土地"的恶性循环模式，已经使得城市的经营压力加大。然而政府换届的政绩需求，居民对改善公共服务条件的刚性需求，还是要求政府不得不延续原来的制度轨迹运行。

等级化的城市管理体制造成行政资源向高等级城市集中，也带来了各种要素向这些城市集中。可是过高的公共服务成本和过于集中的社会精英、决策者，并不希望降低公共服务水平，因此希望通过控制人口增加，缓解公共服务成本平摊的压力。传统的政绩形象和心理上试图通过城市面貌的赶超来提升国际地位的打算，也导致了在决策过程中对于高等级城市控制人口政策的出台。这就造成了自相矛盾的政策结果，一方面要改革户籍管理体制，另一方面要限制高等级城市的人口。而资源还是通过各种行政的方式向高等级城市集中，中小城市和建制镇又没有相应的资源供给，户籍改革在实际操作中无法确定清晰的指向。

总结中国的城镇化发展规律，其实就是政府如何从限制人口的迁徙自由，逐步地走向放开的过程。而这种松绑的政策不仅仅是从户籍制度入手，因为维持传统的城镇化发展进程的其他体制要素也要逐步进行清理，也要进行相应地改革。概括来说，就是"限制城镇化的进程"可以分为三个阶段：第一阶段，在特殊的国际国内环境下高度地调动了资源，促进了国民经济积累；第二阶段，放开了就业迁徙的限制，促进了人口的就业流动，形成了低成本增长的发展机会；第三阶段，通过户籍制度、土地制度和等级化的城市管理体制，使资源的分配过度集中在高等级城市，固化了城乡和地区间的公共服务差距，增加了人口就业迁徙向落户迁徙的难度，不能及时调动这批外来人口的消费需求，对未来的经济发展格局起到了制约的作用。

四、如何在尊重规律的前提下，破解改革的难题

首先是尊重国际城市化进程中的普遍规律，还是尊重中国独特的城镇化发展规律。这不仅仅是针对城镇化的改革，其实对全局的改革也一样具有重要的意义。难点在于走过的路径不同，且要面对已经形成的固化的利益结构和利益群体。其次，也没有必要把中国的城镇化道路批评得一无是处，毕竟在中国经济增长中，这种独特性确实发挥了重要的作用，否则中国也无法通过低成本的优势实现高速度的增长。所谓尊重规律，就是在明确承认国际城市化进程中普遍规律具有的合理优势前提下，也要认同我国独特的城镇化道路中还必须要沿袭的制度惯性。也就是说，可以通过现行的体制，逐步改革，逐步释放能量，使得在调整利益结构的过程中，不至于出现大的社会动荡，也不会付出更高的社会成本。也

许，我们可以把有关的改革界定为稳步有序的城镇化进程。毕竟中国和其他国家最根本的国情差距在于：庞大的人口基数，已经形成的利益关系，现行的制度结构。

尊重规律另一个重要的前提是，必须破解矛盾，而不能放任自流。因为中国在限制城镇化发展的进程中，积累的深层次矛盾已经逐步显现，已经严重制约了未来的经济增长，甚至有可能引发社会危机。无论是在户籍制度造成的外来人口和本地城镇居民间巨大的公共服务差距方面，还是在土地城镇化进程中形成的对农民利益的侵犯，以及城市融资和债务问题的日益恶化，或是不同等级的城镇之间行政权力的格局，这些都不利于推进户籍管理制度改革。国际城市化进程中的普遍规律对中国未来的城镇化进程具有重要的参考价值和借鉴意义。尊重规律，就是在认可传统的体制还要有惯性，但是我们必须要改革，要化解体制问题带来的经济和社会矛盾，同时明确改革的基本方向和目标。

因此，我们可以把两个规律相结合，来寻找中国如何尊重城镇化的规律，进行一系列有关改革的实现路径。例如，是否要坚定不移地缩小外来人口和本地户籍居民的公共服务差距？是否要逐步地实现农村集体建设用地平等地参与城镇的开发，而不再让农民被迫地低价出让土地？是否要逐步改革等级化的城镇管理体制？承认国际城镇化的普遍规律，是否也意味着我们城市发展的导向也要发生变化，是否在城市的行政辖区内，允许外来人口以低成本的生活方式在城镇定居，或者是降低城市的成本和门槛，允许外来人口在就业城镇落户？等等。当然，涉及改革的内容还有很多。

路径不同，方法也就不同。这就是我们提出在城镇化进程中稳步有序地推进的基本出发点。有序就是逐步释放。在实际操作层面，就是要分阶段、有步骤的进行。例如，对于户籍管理制度改革是一次性地放开，还是针对特殊人群和特别空间内制定相应的政策？试想，2.5亿的农民工和7000万的城镇间外来人口，以及每年要增长的上千万进城就业人口，激进式的改革方法是否能行得通？各级城市政府财政和公共服务能力是否能够承受？城市的居民由于原有的利益被平摊到新增外来人口上，利益受损是否能够认同？关于异地高考，京籍居民到教育部上访已经足以说明问题。同理，土地制度改革如果一次性到位，失去了土地出让金来源的城市，公共服务支出的能力大大削弱，城市居民的利益受到影响，他们从原来的理性上的改革支持者也会变成反对者。当然，城市间的行政管理体制改革涉及的问题更为复杂，政府自上而下地推进改革的各项操作，都是通过等级向下传递的。如果传递的中间环节由于利益丧失而反对改革，许多政策很难得到落实。

五、推进城镇化改革的实现方法和路径

尊重规律，前提是要下决心。尽管我们都知道推进城镇化的改革面临着重重阻力，但是，如果决心已下，就只是方法和实现路径的问题。十八大已经明确地提出了要推进户籍管理制度改革的问题，但是落实到具体操作层面上，还有漫长的路要走。

2012年的国务院有关文件已经明确地提出，户籍管理制度改革是中央事权。这当然是释放了明确的信号，面对各地各城市的阻力，面对城市居民的反应，面对如此艰难的利益结构调整，仅仅靠温和的方式是远远不够的。因此，当前推进城镇化的改革必须要在中央大政方针基本明确的前提下，通过强制的办法来推进，否则在地方利益的软阻力下，很可能会功亏一篑。2001年中央和国务院就明确要放开县级市以下的户籍管理制度限制，允许农民在保留承包地的前提下进城落户。此文件除了解决1000多万当地农村居民进城镇落户外，对于外地农村人口甚至是城镇人口进城落户，几乎没有发生什么作用。所以，任何一项改革，不能是颁布一个文件就了之，要有强制执行力。推进城镇化的改革，要有中央和国务院的权威。

要善于利用行政资源对坚决的推进城镇化改革地方给予利益补偿，以此调动各级城市政府改革的积极性。改革政策的落实就是要奖惩分明。虽然是向市场化过渡，但要学会以传统的方式推进改革。户籍制度改革关系到几亿农民和城镇间流动人口，涉及输出地和输入地的转移支付等利益关系的分配，也涉及改革的城市因分摊外来人口过多而造成的公共服务支出水平下降的问题。中央可以拿出一部分财力补贴改革积极的城

市，这样有利于通过利益分配机制调整利益关系，缓解社会矛盾。

要分头推进改革攻坚和阻力较小的改革。在城镇化进程中，改革难度较大的诸如涉及上亿人口的户改、土地出让制度改革和城镇行政管理体制改革，可考虑分期分批制定长期目标，稳步有序解决。而矛盾较小的，例如，已经在城镇长期定居就业、举家迁徙的外来人口，应该一次性放开解决。这样既可以减少城市户改的压力，也会由于彻底解决了长期积累的矛盾，获得这批人对改革政策的拥护。有很多人，都已经是城市白领，甚至在重要的事业单位担任一定的领导职务，或者是中小企业家，他们已经对城市贡献很多，但由于没有户口，对社会怨气很大。把他们尽快地一次性纳入城镇化进程，应该是现在难得的一次对社会群体利益释放的利好政策。据统计，在城镇举家迁徙的外来农村人口就已接近 4000 万。如果包括城镇间流动人口，可能还要增加几千万。西方国家对于外国移民还要定期实行大赦，而我们的户籍制度僵化了 50 多年，应该有一次较大规模的赢得民心的户改动作。

要充分利用我国的城市管理特点，在城市管辖的行政区域内，调配资源，解决人口的空间配置和整合。目前我国各大城市由于感觉到人口膨胀的压力，纷纷提出合理控制城市规模的建议。其实，相对于城市管辖的行政区域，我国的大城市人口并不算多，特大城市周边的中小城市和建制镇还有较大的吸纳能力。北京市有 2100 万人口，其实其中有一部分人生活在周边的市辖区和建制镇内。如何通过市场化的方式，给与这些市辖区和建制镇更多的发展权，并通过轨道交通把这些城市与北京的主城区连接起来，应该从规划上予以统筹。这种方式应该是高等级城市户籍改革的方向，而不能以主城区压力过大为借口，排斥整个行政区的外来人口。

要承认我国城镇化发展相对落后的现实，降低各城市盲目追求政绩效果的发展预期。这里既涉及公共服务水准制定标准过高的问题，也涉及基础设施建设贪大求洋的问题。也就是说，要降低城市的门槛，给外来人口提供与他们收入、教育水平相适应的生存空间。广东已经允许外来人口自办民办学校，仅东莞市，70% 多的农民工子女在民办学校就学。而我们的一些城市，既不允许降低办学标准，又不能全部解决外来人口入学问题，并以此为借口排斥外来人口。城镇化的改革要求以实事求是为准则，面对如此众多的农民进城落户，享受同等公共服务水平，很难一蹴而就，还是应该有一个循序渐进的过程。

城镇化的改革要突出重点。放开户籍管理体制，从解决长期举家迁徙的外来人口入手是重点。提高农村征地补偿标准，逐步实现农村集体土地同权同价参与城镇开发也是重点。改革城市间的行政管理体制，降低设市标准也应该是重点。中国现有 6.9 亿统计上的城镇人口，只有 658 个城市，显然城市的比重相对于人口来说不相适应。即使我们把全部近 2 万个镇全部设市，我国的城市也不算多。从现实来看，解决设市问题，也有利于调动中小城市加快户改进程的积极性。据统计，我国镇区人口在 5 万人以上的建制镇有 754 个，率先把这些经济实力较强、镇区人口已经形成一定规模的镇改"市"，我们的城市数量也就 1400 多个，至少比现在的城市数量多了一倍多。如果在户改的同时，实行设市的改革，也算是在推进城镇化的城市行政管理体制改革中迈出了实际的一步，而且也会受到这些城镇政府的强烈支持。

要尊重地方在城镇化改革中的首创精神。要把顶层设计和地方实践相结合。近些年各地在推进城镇化的进程中，多多少少都进行了不同程度的改革。有的是着重于长远目标，有的是受利益驱动，但实际效果可能对未来改革经验的总结起到了良好的借鉴作用。我们在坚持了十几年的改革试点实践中，许多好的经验最终都转变成了国务院的有关政策。例如，乡镇合并，取得了减少行政资源扩张的好作用。户改也是在多年的试点经验总结中才逐步出台。地方行政管理体制改革中，1995 年由国务院十一个有关部委在小城镇方面实现的探索，积累了很多经验。有的虽然曾经因各级政府的阻力而倒退，但经过多年又被地方政府重新实践。值得一提的是浙江开展的小城市试点，就是力图重新划分市镇的事权，为新兴的以建制镇为基础的中小城市发展提升活力。然而政策还是仅停留在地方层面，关键的设市问题仍未得到解决。

推进城镇化的改革涉及方方面面，实际上是一场全面深刻的社会变革。这里不仅仅是户籍管理制度改革、土地管理制度改革和城市间的行政管理体制改革，还要涉及中央和地方各级政府的事权划分；分税制改革如何深入到地、县、镇；城市基础设施的融资和运营的管理改革；如何提高服务业发展的有关政策措施；城市规划体制的变革；等等。因篇幅有限，不能一一赘述。我们不能把改革想得过于简单，同时还要坚定信心，坚持不懈地推进改革。前提是要尊重国际和国内城镇化发展的普遍规律和特殊规律。在两者有机结合的基础上，寻找好的改革方法和实现路径，才能达到城镇化改革稳步有序的推进效果。

（2012 年 11 月）

正确处理城镇化过程中的几个关系

　　积极稳妥地推进城镇化，促进农村人口向城镇转移，是应对国际金融危机冲击、保持经济平稳较快发展的持久动力。同时应看到，我国推进城镇化面临着人口众多、资源紧缺、环境脆弱、地区发展不平衡等诸多问题。这就要求我们深入贯彻落实科学发展观，坚持走中国特色城镇化道路，正确处理城镇化过程中的几个关系。

　　正确处理城镇发展与农村人口转移的关系。近年来，我国城镇发展较快，但城镇发展速度与农村人口向城镇转移速度还不相适应。一些城镇在发展中，对于接纳外来人口及其落户问题的认识还有很大差距，对进城务工农民的公共服务水平不高。应把进城务工农民的公共服务和管理等问题列入政府工作的议事日程，分期分批解决农村人口转移问题，使城镇发展与农民转移趋于同步，真正体现以人为本。

　　正确处理城镇化发展用地与耕地保护的关系。我国土地城镇化要远快于人口城镇化。推进城镇化和农村人口向城镇转移，需要为新增进城人口提供就业和居住用地，这就引发了人们对大面积占用耕地问题的担心。从目前看，进城务工农民已经消化在各级城镇建设用地的空间范围内，举家迁徙的农民工家庭也集中或分散居住在城镇或城乡结合部集体建设用地上的出租屋，并没有引发新占耕地问题。推进城镇郊区和城乡结合部的集体建设用地改革，发挥其容纳农民工进城定居的作用，既可以改善农民工居住条件，又可以缓解耕地保护压力。

　　正确处理大中城市发展与小城市和小城镇发展的关系。大中城市吸纳就业能力强，聚集效益高，基础设施建设水平高，但居民生活成本、公共管理和服务成本也高。小城市和小城镇吸纳就业能力和聚集效益低于大中城市，但进入门槛较低，居民生活成本较低。我国城镇化发展要从国情出发，既充分发挥大中城市在吸纳就业方面的作用，又充分发挥小城市和小城镇居住成本低的优势。遵循市场规律，通过合理引导，促进人口流向各类城镇就业和定居。

正确处理政府职能与市场功能的关系。走中国特色城镇化道路是一项战略决策，是打破城乡二元结构、促进城乡统筹发展的重要着力点。各级政府应根据不同地区的发展水平、特点，因地制宜地制定引导政策。政府应搞好城镇基础设施建设，解决给排水、电力、通讯、交通设施和环境等问题。而解决农村人口进城就业和定居等问题，则应更好地发挥市场的作用。各级政府应积极探索解决农民工居住问题的途径，不断完善管理和服务，保障基础设施供给，加强公共安全管理。同时，发挥有条件的市场主体在解决农民工进城居住方面的作用，缓解政府资金和土地供给压力。

正确处理规划引导与低成本转移的关系。在认识我国国情和把握城镇化发展规律的基础上，科学制定规划，有序平稳地推进城镇化。在制定规划时，应防止修建不切实际的大马路、大广场和政府办公区，造成资源浪费的倾向；防止抬高进入城镇的门槛，拉大城乡差距，限制农民进城。特别要注意我国低收入农村人口进入城镇落户无法承受高成本设施的实际情况，避免一些国家在城镇化过程中出现的贫民窟现象。应针对农村人口低成本向城镇转移的特点，根据我国现实的城镇农民工居住区的分布状况，使城乡结合部的农民工居住区的基础设施条件与廉价的农民工出租屋相匹配，并相应地规划建设配套适用的公共基础设施，使这些接纳农民工集中居住的区域逐步向功能完善的现代城市覆盖区过渡。

正确处理推进城镇化与推进改革的关系。目前，我国各地城镇化发展十分不平衡。解决这一问题，需要根据各地实际，处理好发展与改革的关系。在经济发展速度快、人口吸纳能力强的城镇，应重点解决机构设置和人员编制等问题，解决城镇人口增加带来的政府公共服务能力不足问题。在大城市城乡结合部，应创新规划理念，允许城市公共基础设施向农民工集中居住的农村集体建设用地延伸。而在中西部地区的城市和重点小城镇，应着重解决返乡农民工进城创业的用地问题和基础设施改善问题。城镇化发展及相关改革十分复杂，应研究实施综合配套的政策措施。特别是在改革户籍管理制度、推动公共服务均等化、改革集体建设用地制度、改革城镇公共管理体制等方面，需要进行深入探索。

正确处理近期政策与长远发展的关系。当前推进城镇化的时机和条件已经相对成熟。及早制定政策，扎实推进农村人口稳步有序地向城镇转移，十分必要。同时要充分认识到，城镇化是一个长期过程，切不可操之过急。从近期看，应先从试点开始，从有条件长期融入城镇社区的农民工群体开始，从比较成熟的地区开始，逐步解决公共服务均等化和户籍改革问题。在此基础上，有计划、有步骤地逐步缩小农民工和城镇居民的公共服务差距，从而为户籍制度改革创造条件。

（2009 年 11 月）

城镇化问题是一次全面深刻的社会变革

2009 年末的中央经济工作会议和中央农村工作会议，都把推进城镇化进程作为未来促进中国经济增长和拉动内需的重点，并提出要率先在中小城市和小城镇进行户籍管理制度改革。这一重大战略措施引起了媒体的关注，但如何推进城镇化发展战略，具体内容到底是什么，等等，很少有文章提及。

提出城镇化发展战略是在"十五"时期。党的十六大报告把"繁荣农村经济，加快推进城镇化进程"作为重要内容，可见对这一问题的重视。十几年过去了，我们看到的进展就是统计数字发生了变化，在城镇务工就业的农民和一部分城乡结合部的农村居民被划入了城镇化的范畴，因此带来了我国城镇化率的逐年提高，从 1996 年的 26%，上升到 2010 年的 47%。虽然中央政府也制定了一系列的政策，以改善外来进城务工农民在城镇中的待遇，减少社会在各方面对他们的歧视。但是作为城镇化发展的最大障碍，户籍制度的改革却进展艰难。2001 年国务院批转的公安部《关于推进小城镇户籍管理制度改革的意见》中，尽管已经明确要放开县级市以下城镇农民进城落户的限制，但实际的效果是仅仅放开了当地农民进入小城镇落户的限制，而对于外来农村人口的进城落户仍然采取着严格的限制措施。其实，县级市也就意味着中小城市，在当时提出的城镇化政策和现在并无根本差别，可是重提在中小城市和小城镇进行户籍管理制度改革，可见累积的问题仍然没有得到根本的解决，使得我们对未来的政策是否能够出台，或者是出台的政策是否能够落实仍然存在着担忧。

一、问题的根源

很多人提到城镇化问题，并没有考虑到深刻的社会原因和体制弊病，而把城镇化问题想象得过于简单。当庞大的社会群体在长达几十年固化的城乡利益格局中，已经分解成为不同的利益集团时，可能问题就显得十分严重。在50年代末实行的户籍管理体制，就已经人为地把社会划分为城镇居民和农民两个不同的社会群体，尽管那个时候目标是满足国民经济积累的公共利益。而当改革开放后，日益增长的政府公共投入由于各种原因偏向各类城市的时候，当我们仍然没有放弃城乡分割的户籍管理制度时，被强制滞留在农村的人口显然在这一过程中成了弱势群体，而且是人数众多的弱势群体。

世界上实行城乡分割的户籍管理体制的国家只有几个，而试图在这方面要进行改革的国家也只有中国，可谓前无古人，没有可借鉴的现成经验。但是当我们看到已经形成既成事实的两个巨大的社会群体时，改革面临的问题要复杂得多。因为当已有的城镇居民已经在享受着诸多既定的城镇公共福利时，一旦有新增的大批人口要分摊既得的公共福利，也就意味着城镇福利的蛋糕有更多的人分享，最直接的后果就是现有城镇居民的福利份额要减少，所以出现反对的声浪是必然的。

城镇化不仅是一个重要的战略口号，也是中央政府力图推进的政策目标。可是现实的利益结构已经把城镇化的道路限制得很紧，因为我们无法左右既得利益者城镇居民的愿望和呼声。我们更要注意到，所有的决策者、所有的媒体、占有绝对优势的网民以及各级两会的代表都是城镇居民，他们对政策有着绝对的优势权力，正是这样的一种固化的利益结构和群体的决策优势，使得所有可能要出台的城镇化政策都要面临着严峻的考验。换句话说，哪些既得利益者愿意自己的小区增加外来农民工的集中居住者，哪些城里人愿意和农民工共同享受城镇的公共资源，哪些家长愿意自己孩子的学校和幼儿园增加一批农民工的孩子，哪些城里人愿意自己特有的福利待遇下降，而要分摊给农民工。更不要忽视的是，即使是在城乡结合部的当地农民，可以把房子出租给外来农民，但是当这些外来农民要转为城镇户口时，需要廉价的土地来解决他们的居住问题时，在可以和政府谈判博弈土地补偿价格时，没有几个原本有着高价招标拍卖土地预期的集体经济组织愿意低价供应土地，满足农民工居住的廉租房。这些就是城镇居民或者是当地居民可能的既得利益，在面临着外来人口涌入时，可能引发的初始反应。这也一定会影响到城镇的管理者，他们不能不考虑到自己的决策会带来什么样的后果。

当然，具有中国特色的政绩观也是个问题，从各级城镇的管理者来说，都把中国的城市发展经验归结为独特的城市化道路，表现之一就是没有贫民窟。原因是农村或者城乡结合部承担了一些国外城市贫民窟的功能。如果我们继续维持这个愿望，可能中国的城镇化改革根本就无法实施，上亿的人口按照城镇居民的福利标准来衡量，城镇化的成本肯定是各级政府不愿意承担的。

再继续深入探讨下去，可能涉及的问题会更多，解决外来人口落户的困难会更大。在外来人口占优势的地方，即使是相当于当地人口的一半，也会影响到未来的当地社会结构，甚至影响到民主选举和原有的社会利益分配。有人曾经说过，如果真的实现了迁徙自由，村庄和城镇的社会结构发生的变化是深远的，集体经济组织是否会受到影响，原有的一些著名的村庄是否会发生人口倒挂，从而导致领导者的变更，进而直接影响到集体经济组织的利益分配。小城镇当然也是如此。中小城市则表现在财政和公共支出的变化上。

问题的根源在于利益结构，在于几十年形成的固化的利益格局。如果中国仍然是贫穷的，改革相对要容易一些。然而，当财富快速的增长使得利益的天平倾向于某一类社会群体时，要通过改革来改变这样的格局，无论从理论上还是从现实上都显得十分的困难。

二、面临的难点

从表面上看，城镇化的改革就是户籍管理制度的改革，然而实施户籍管理的部门也有很深的苦衷，因为背后牵扯的利益关系十分复杂，核心还是在各级城镇政府的态度。

从已经出台的文件上看，选择中小城市和小城镇是一个现实的考虑。但实际上已经遭到了很多人的反对。因为只要是知道一些城市发展规律的人都会认为，只有大城市和特大城市，才有可能创造更多的就业机会，容纳更多的外来人口，事实上也是如此。在中国，外来人口最多的地方肯定是北京、上海、广州和深圳等特大城市和省会等中心城市，当然也包括其他的新兴大城市。如果我们提出城市群的口号，也无非就是在这样的大中小城市和小城镇相对集中的地方，创造出更多的就业机会。而恰恰是这些城市都提出了限制人口发展的政策措施，理由是资源和环境的承载力，而提出这些口号的人也都是一些著名的专家和学者，他们肯定是城市的既得利益者。然而就在他们不断地提出限制大城市发展的种种规划目标时，城市人口的增长幅度却在年复一年地打破他们的规划目标。原因在于，这些城市都在充分利用行政资源来扩展各类大项目需求，这些城市也都在采取种种措施，降低城市的公共品价格。当然，人们到这里就业很方便，人们在这里生活的成本很低，只要你不居住在城市的核心位置和高档社区，只要肯居住在出租屋里，生活和就业的方便还是吸引着各类农村的"冒险家"，小城市的漂流者到这里来寻求发展和增加收入的机会。但是，所谓的政策就是视这些现象不见，进一步地通过所谓的限制发展规模，所谓的资源承载能力，来限制可以推进城镇化的各项改革。

那么，中小城市和小城镇的改革就可以顺利地进行吗？因为当政策的实施重点直指中小城市和小城镇时，背后潜在的原因是大城市的城市居民的公共福利不能下降，他们对舆论的影响、对决策的影响远远超于中小城市和小城镇。而中小城市的居民也不愿意放开对外来农村居民落户的限制。先不要说一些发达的县级市和县城，即使在一些著名的小城镇，例如，广东东莞的虎门和长安镇，外来人口已经超出了本地人口的十多倍，如果放开了外来农民进城落户的限制，当地居民会接受这样的现实吗？在很多发达地区的中小城市和小城镇，财政并不富裕，可动用的行政资源远不如大城市和特大城市，让他们去接纳大量的外来人口落户，无疑等于给当地的公共服务能力雪上加霜。要使当地城镇居民和农村居民日益增长的公共服务需求向中心城市和特大城市看齐，还有漫长的路要走。

最重要的还有等级化的城镇行政管理体制，它决定着行政资源的分配走向。从中央向地方分配的项目、资金和建设用地指标看，除非特定的指向性支持农村发展的项目之外，一定是要按照行政级别的管理方式，逐级分解。理所当然的，行政等级越高的城市所获得的行政资源就越多，行政等级越低的城镇所获得的资源就越少。项目、资源和土地指标又和就业有非常紧密的联系。按照行政等级的城镇体系决定的资源流向，也就意味着人口流动的基本格局。实际上，隐藏的更深层次的现象，还有按照行政等级决定的地方财政上缴的流向，也使资源流向了行政等级高的大城市和特大城市。在这样的资源流向下，市场化的资源也一定遵循着行政资源的流向，向大城市集中，以便获取更多的回报。按照这样的资源流向和方式，中小城市在资源、项目和建设用地不足的情况下，他们怎么能够心甘情愿地放开农村人口进入自己城镇的限制，他们仅有的财力在解决自身的发展尚有不足，怎么能够承担大量的外来农村人口进城落户的压力。因此，我们看到从 1998 年中央十五届三中全会提出"小城镇，大战略"以来，真正的户籍制度改革难以推进。还有一批专家和学者指责鼓励小城镇的发展，认为这是浪费资源。也同样是这批专家和学者，在放开大城市农民工落户限制的建言献策上，鲜有独到可操作的见解。

三、目前的政策含义

推进城镇化政策，在当前之所以能够提出，主要还是国际金融危机的影响，使得我们不得不把对于外贸的过度依赖转向刺激内需。以往的刺激内需的手段基本上依靠投资，通过政府的主导，大项目的带动，来拉动基础性产业的建设。然而，没有消费作为支撑的投资需求，很容易转化为过剩的供给。因此，考虑到城镇化可以带来上亿人转化为城镇居民，可以带动住房以及相关产业的消费需求，一定会成为中国经济持久增长的动力源。正是基于此，提出城镇化发展的政策目标，既有刺激经济发展的现实需求，也有解决城乡矛盾，促进农村经济社会发展和城市健康发展的长久需求。

选择中小城市和小城镇作为政策的突破口，也是基于现实的社会矛盾，逐步实现稳定有序的城镇化道路的一个现实考虑。不能否认，改革必须要涉及利益结构的调整，当利益结构调整的过程带来一定的不稳定因素的时候，如何实现安全的改革方案的过渡，在世界的改革进程史上都是一个难题。中国以往的改革之所以成功，关键在于放权让利。而现在的改革之所以难以推进，关键在于不愿意触动已经形成的既得利益阶层，这个阶层所关系到的人数越多，改革的难度越大。在城镇化将要推行的改革中，进城农民肯定是政策的受益者，而原城镇居民的利益肯定要受到影响。可是这些城镇居民涉及的社会阶层如此广泛，直接影响到对改革进程的推动。因此从安全的角度来看，从稳定有序的目标出发，避开作为经济和政治中心的特大城市和大城市，选择中小城市和小城镇肯定是不得已的考虑。从 1998 年提出的"小城镇，大战略"，到当前提出的在中小城市和小城镇推进户籍管理体制改革，都是同样的政策出发点。

实际上，从政策的操作层面上看，所谓的在中小城市和小城镇可能要进行的改革，肯定也不会是东部地区外来农民工比较集中的中小城市和小城镇。因为放开这些地区外来农民工进城落户的限制，难度不亚于大城市和特大城市。在这些城市，外来人口和本地人口比例倒挂的现象非常普遍，带来的社会压力和财政压力也是当地政府不能承受的。实际上在政策可操作层面上，在中小城市和小城镇的城镇化改革，可能还是意味着鼓励农民工返乡创业，也就是说在中西部地区的中小城市和小城镇推行城镇化的改革，可能理论上障碍要小得多。

如果在中西部地区的中小城市和小城镇进行城镇化的改革，可能还要赋予一系列的特殊政策，因为要解决农民工返乡进城落户，最重要的就是就业的条件和机会问题。而这恰恰是中西部中小城市和小城镇的弱项。从市场的规律上看，这些地区并不是最佳的投资选择，也就说明这里的就业机会远不如东部地区和特大城市。从行政资源的分配上看，中央政府还要有较大的决心，把一些项目、投资和建设用地指标向这里倾斜，并且要给予较大的公共投入来解决基础设施配套问题。只有这样，才能确保目前的在中小城市和小城镇推进农民工进城落户的改革政策得到落实。

四、可能的政策建议

其实，要推进城镇化改革可能还要有更好的办法，并不一定要明确地把改革限定在中小城市和小城镇的范畴，或者是在空间上赋予更多的灵活性。

首先，已经在各类城镇携家眷长期就业的外来农民工大概有 3000 万，他们基本上从事各种小型服务业，已经具备了在城镇生活的一切条件，放开他们在城镇的落户限制，对城市不会产生任何冲击，反而会促进他们在城镇的长期消费。这些在城镇携家眷长期就业的外来人口的进城落户问题，不应在城镇规模上进行限制，也就是说他们可以在大城市和特大城市具有落户的资格。

其次，在特大城市和大城市管辖范围的中小城市和小城镇，可以作为改革的重点。实际上，在这些地区加快改革的步伐，也符合市场规律，有利于解决外来人口的就业问题。这就要求特大城市和大城市的一部分基础设施要向周边的小城市和小城镇延伸，形成外来农民工集中居住的城市新村。这样既解决了大城市的户籍制度改革问题，又有利于在特大城市周边形成合理的卫星城布局。

在发达地区的中小城市特别是外来人口相对集中的小城镇，要根据当地接纳外来人口的数量，适时进行行政区划调整，鼓励设市，按新增人口规模确定设市标准，并允许这些新兴城市具备相对自主的经济和行政管理权限，提升这些新兴城市对新增人口的公共服务能力。

在户籍管理制度改革过程中，政府既要加强公共服务，又防止大包大揽，把一些可能由市场提供的服务内容交给社会。例如很多政府担心保障性住房的问题，其实绝大部分农民工在城镇就业，居住问题基本上已经被社会承担了。应该承认这种现实，加大社会和民间提供出租房的比重，政府只要搞好基础设施建设就可以。

实际上，可以进行改革的内容还有很多，例如农村集体建设用地的改革，对于解决外来农民工居住和就业，降低成本都会有很好的效果。对于外来人口集中居住的"城中村"，如何在规划上给予认定，并使市政设施覆盖这些城市建成区内的集体建设用地，都是有很大的改革空间。对于农民进城后原来承包土地和宅基地的处置办法，也需要政策上有较大的探索力度，这对于农村集体土地未来的改革走向，具有深远的影响。

而在新兴城市的政府机构和公务人员的编制上，是不是要进行"小政府，大社会"的探索，可能也需要有关部门认真研究。毕竟在中央政府和有关部门掌握着大量行政资源的前提下，原来所进行的一些改革试点，最终都导致了失败的体制复归，说明目前我国传统行政管理体制的强大惯性依然在发挥着重要的作用。

农民工进城落户定居，看起来是一个户籍管理体制的改革问题，实际上对于城市的管理也有着较大的改革促进作用。几十年来，中国经济增长最直观的表现就是城市形象的变化，大量的形象工程和政绩工程，无时无刻不在城市发展中蔓延。城市成本的上升，拉大了城乡差距，降低了城市服务业发展的空间，也使得农民工进入城市越来越困难。城市形象和农民工之间的反差，意味着对农民工进城落户的排斥加大。解决城镇化发展问题，可能对未来城市发展的观念是一个调整，形成一个开放的城市重点不在形象，而在就业的促进，这一切对于城市的管理、城市的规划、城市的建设是一次严峻的挑战。

当然，城镇化所涉及的改革还关系到政治体制的改革，地方政府的行政管理层级是否要发生变化。市管县和县管镇的体制是否要调整，地方人民代表的产生是否会因为人员结构的调整影响到传统城镇居民的利益，农村的集体经济组织在土地制度发生变化后会出现什么样的变化，等等。

中国近些年的改革无不涉及广泛的人群的利益。我们看到医改、教改、国企改革等步履维艰，城镇化所涉及的改革面临的困难可想而知。这样一次全面深刻的社会变革，需要我们下定决心。因为启动内需，解决城乡矛盾，促进社会和谐进步是需要勇气和决心的。只要在以上方面实实在在地制定政策，稳步推进，城镇化的成果就一定会为中国未来的经济和社会发展带来明显的利好，任何国际的金融危机也挡不住中国城镇化发展的大趋势。

（2010 年 3 月 ）

中国应该选择什么样的城镇化实现路径

最近，中央领导特别重视城镇化问题。比如说从扩大内需的角度提出城镇化，这是针对当前国际金融危机，因国际形势的压力提出调整经济结构，实现从投资增长、外贸拉动、出口拉动向扩大内需的方向发生转变，这一点从理论上来讲是可以认同的。比如，现在有 7 亿人口，到了 2020 年将近 8 亿人口会纳入城镇化进程。但是所有人都知道，这里有较大的水分，也就是户籍人口和统计上的城镇人口之间有大约 17 个百分点的差异。这 17 个百分点的差异，是不是农民转为市民后，就可以成为扩大内需的动力？从理论上讲都是成立的。但问题是，怎么来认识这个转变过程？在城市发展的基本框架和格局下，在整个制度的演进过程中，会造成什么样的结果？中国的城镇化以及相关的制度问题，有一种特殊性，有独特的发展轨迹，区别于国外的城市化。相对于国际上城市化的历史，中国的城镇化道路事实上是一个制度和政策对人口和土地流动的控制过程，也是在中国特殊的户籍和土地管理制度条件下偶然的选择过程。

一、中国城镇化发展的体制背景

1. 要客观评价中国城镇化发展的体制背景

中国现行的户籍制度和土地制度是 50 年代末建立起来的，在 20 世纪 70 年代末开始的改革中，并没有进行相应的调整。现在对户籍制度和土地制度的争议也很多，但是客观来说，这种二元的户籍制度和土地制度，是促进我国经济高速增长的重要原因。一是户籍制度延缓了城镇化进程，

本文是作者会见世界银行经济部主任吴卓瑾时的讲话。

大大地降低了劳动力成本，使中国的国际竞争力得以提升。二是与户籍制度相适应的土地制度，这个土地制度的最大特点，就是通过两种公有制形式，特别是通过对农村集体土地采取强制的政府征用和补偿方式，大幅度降低了土地从农业向非农业转化过程中的谈判成本和征用成本，使企业用地成本和城市建设成本大大降低。很多人认为，中国在经济增长过程中最有效的因素是市场化，使市场在国民经济中的比重增强，当然这是成功的因素之一。但是，支撑市场化的一个重要的特殊体制条件是土地制度和户籍制度，它降低了土地成本和劳动力成本。这在世界上其他任何一个国家都是不可能实现的。很多研究忽视了这个问题，他们把原因归结为市场、民营等因素，其实户籍和土地这两个制度也在发挥着重要的作用。例如，我们今天能看到，东南亚、南亚的劳动力成本都很低，但增长速度没有中国这么快，因为他们的土地成本没有中国这么便宜。

我们可以看到，中国的城市基础设施投资这么快，城市发展得十分迅速。如果按照其他任何一个国家的模式，是不会有这么快的。在2013年达沃斯世界经济论坛上，印度参会的几个部长说，"我们没法学习中国，我们什么事情都做不成"。他们做不成的主要原因在土地成本上。土地的问题，我们很多人都在讲，它是整个社会发展的制度性障碍，很多人希望私有化。但是，中国由于特殊的制度条件，国家和地方政府可以通过行政手段，来降低土地成本，使土地以低成本从农业用途转为非农业用途，无论是工业开发还是城市开发，都使我们整个发展成本大大地降低了。我们发现，南亚、东南亚、拉美国家的劳动力价格都不高，而中国在劳动力方面的优势也在逐渐丧失，但为什么还有这么快的经济增长速度呢？就是由于我们有土地优势。所以研究中国城镇化的问题，一是人口城镇化，一是土地城镇化，这两个是核心。离开这两个核心，我们就没有办法研究城镇化。

因此，我们在评价中国的城镇化进程的时候，要先做一个制度评价：中国为什么30年以来出现了高速的经济增长？人口的非农速度在迅速增加，统计上的城镇化速度也超过世界上任何一个国家。过去30年，城镇化率从17%提高到今天的52.6%，城镇人口从2亿多人增长到现在的7亿人，将近有4亿~5亿的人口被纳入了城市化进程。这在世界上是没有先例的。我们回顾中国城镇化进程的时候，要注意到它有一个制度特点。然而，现在很多人在抨击的这两种制度，恰恰是推动经济高速增长、推动人口快速城镇化、推动大规模的农村人口转为城镇人口的正能量，它其实发挥了重要的推动作用。这是很多人不愿意承认的。

很多人认为，如果按照西方经济学的理论，从土地私有化和人口的自由迁徙这两个角度来看，我们做得并不好，因而认为中国的道路是错的。但事实上，恰恰是因为这两种制度，使我们在经济发展过程中，既带来了高速增长，又避免了城市发展中形成大量的贫民窟。我们的城市虽然有二元人口结构，但是每个农村人口在家里都有一块土地，都有房子，就没有大量地向城市迁徙，没有形成墨西哥、巴西那样的城市边缘地区的贫民窟。这也是中国城镇化道路中很独特的地方。

当然我们也承认在这一发展过程中，有强制性的问题，也有不愿意去解决农民工进城的公共服务、降低城市发展成本的问题。但是从另一方面看，有序地转变也产生了积极的作用。在发生金融危机的时候，无论是亚洲金融危机还是国际金融危机，中国的增长速度都没有降下来，就是因为它有特别潜在的低成本的劳动力资源和土地资源，可以任意地去获取。所以研究中国城镇化，要是不对这段历史进行回顾，就没有办法进行深入研究。

2. 要客观评价户籍制度和土地制度的作用

回顾 30 年来的城镇化进程，首先要对户籍管理体制和土地管理体制所带来的积极作用有一个清醒地认识，然后才考虑从哪些方面来进行制度变革？或者在认可这两种制度曾经发挥积极作用的同时，如何避免和减少负面作用的持续放大和发酵，使得两种制度的红利丧失殆尽？要进行客观地评价，必须从基本客观事实出发。如果没有每年 1500 万～2000 万的劳动力的转移，就不会有快速的经济发展，而这 1500 万～2000 万的劳动力转移是建立在低劳动力价格、低土地成本的基础上的，而这些低劳动力价格、低土地成本又恰恰是我们现在很多人站在道德角度上所诟病的"一个血腥的对农民进行剥夺的制度"。

从局部上看，对一户农民来讲，在征地过程中对农民的补偿，相对于商业用地来说，补偿确实很低。但是我们每个城市都还有大量的工业开发区，正是由于工业开发区的存在，带来了大量的工业投资，带动了大量的工业非农就业。这是通过低土地成本、低劳动力成本的方式推行的。比如郑州的富士康，当地政府提供的用地价格基本是零地价或负地价。为什么说"负地价"？比如征地每亩给农民8万的补偿，但是给投资商的地价是零，同时政府还要进行基础设施配套，因而政府在这里获得的收益是负的。研究经济学和研究城市发展的人，更多的是看到了房地产这块，而房地产这块的土地出让金拿来了，更多的是填补工业出让这块的亏空，用来解决基础设施建设的压力。遗憾的是，许多人忽视了这一问题。

很多专家没有看到，每年2000万的劳动力转移，对中国农村以及对中国城市所带来的影响都是非常深远的。每年一两千万的数量，持续了几十年。我们都知道美国、欧洲的就业率都是下降的，失业率从3%到5%，再到8%，美国现在是7.7%。我们现在的就业，在从农业向非农业转化的过程中，可以说每年都是增量。举个例子，我们有13.4亿的总人口，城镇化率从2011年的51.27%增长到2012年的52.6%，增长了1.33个百分点，这就意味着1500万的人口进城了，从事非农就业了。世界上哪个国家能有这样的奇迹？而且是在国际金融危机形势到了如此严峻的地步后，还能有1500万人进城的奇迹？很多媒体在采访中总是盯着西方经济学的理论，盯着西方是怎么发展过来的，认为他们的制度是如何合理，但是没有人关注中国30年来的高速增长是怎么过来的，大家都在回避这个问题。所有的经济学的研究报告，也都在回避这个问题。主观上是从西方经济学的立场出发，否定中国经济增长的动因和客观现实。

因此，研究中不能只是看到表面上的现象，很多人并没有深入研究城市发展进程中的规律。这个规律和目前世界上其他国家是不一样的。中国有一个特殊的制度，户籍制度和土地制度共同构成了中国城镇化发展特殊的运行规律。我们要找到它的内在规律，发生和演变的一种趋势。打个比方，如果要制定中国城市化的发展政策，研究中国城市化发展规律，就要先诊断，把"病"看对，现在大量研究中连"病"都没有看对，怎么能够提出好的治病方法？因此，我们应该把研究的重点放在中国特殊的制度分析上，通过对城市发展的经济学分析，通过对中国的城市发展规律进行分析，才能得出相对客观的答案。

二、中国城市化发展中存在的问题和解决的思路

1. 中国的城乡二元结构形成了双重的公共服务标准

我们现在讲"城市化",讲国际上的城市化发展规律,其实在世界上"城市化"发展速度最快的时期,没有人研究城市化问题,最多就是分析城市化的结果。例如钱纳里就通过对国际城市化的历史进行统计分析,总结出了所谓的"钱纳里定律"。这个规律只是说明城市化发展到什么时候最快,什么时候减速,但并不涉及所谓的政策问题。原因在于,国际通行的人口迁徙政策,是允许人口的自由迁徙,农村人口可以自愿选择进城还是留在农村。进城是为了改变就业状况,解决收入增长问题。而城市政府面对着大量的人口进城,它的责任就是要解决公共服务和基础设施改善问题。绝大部分国家的城市化进程都是这么走过来的。也就是说,世界上其他国家都是人口自由迁徙进城,而城市要面对贫困人口,面对贫民窟的改造,面对这些人口的子女教育、公共医疗、卫生、就业等公共服务以及基础设施的改善。但是中国不是,中国的特点就是城乡二元结构,人进城了,可以在城里就业,但公共服务还得回农村去享受,这就形成了双重的公共服务标准。

2. 土地制度在转化过程中,不是简单地回归到所谓的土地私有制,最重要的是要解决农村土地和城市土地在开发过程中的同权

过去征地是降低成本,给农民很低的补偿。而这个补偿的效果之一是通过补偿的低价格,转化成了土地开发后的过高收益。这个高收益的受益者是两类企业家,他们分别是房地产开发商和工业投资者。工业投资者用很低的地价或没有地价进行工业投资,来降低企业成本。整个中国的经济增长以及企业家利润增长的来源之一是土地低价格,这是政府通过对土地资源的再分配,吸引企业家来投资,让投资者至少可以从土地上降低成本获得收益。政府拿走的那块开发收益,也就是所谓的土地出让金,则转化为对城市居民的二次分配。因为它改善了城市的基础设施,使城市居民的公共服务水平大幅度提升,使得城市居民的利益相对固化。举个例子,很多外国人到中国来,对北京如此好的视觉效果、非

常漂亮的广场、非常靓丽的街道和景观感到惊叹。在仅仅几十年内，中国各个等级的城市都发生了翻天覆地的变化，甚至在城市景观上可以和发达国家相媲美，原因是什么？是土地财政，是通过低价获取农民的土地而保证了城市居民生活和居住条件的改善。

然而，当城市已经如此漂亮、公共基础设施供给如此豪华的情况下，城市是否还可以接纳外来的农村人口来共同享受？做不到。为什么做不到？因为这个由土地财政所支撑的二次分配收益被固化了，固化给城市居民这个庞大的利益阶层。因此，所谓的户籍制度就可以限制外来人口的进入，限制外来人口享受和当地城市居民同等的公共服务水平，这样也就降低了城市的发展成本。

总而言之，从土地出让得到的两块利益，一块给了城市居民，一块给了企业家，企业家又分为房地产开发商和工业投资者。对工业投资者来说，这是非常好的投资条件，带来了利润的增加、成本的下降。至于说农村人如何受益，我们不能仅从被占地的失地农民的角度来判断，从全国的角度看，每年上千万的农村人口进入城市打工就业，相比之下，非农就业收入远高于农民从农业获得的收益，因此，农民总体上也是受益者。而对外资企业、民营企业来说，在中国投资也有强大的吸引力，因为中国的土地成本之低，是在任何其他国家都难以实现的。

最近很多人都在分析中国经济增长过程中劳动力成本的上升并大胆进行预测，认为中国会出现经济危机。由于中国劳动力成本的抬升，大量企业会转向孟加拉、巴基斯坦、印度、越南等地，然而事实并不像他们想象的那样，即使在国际经济危机演化愈来愈严重的最近，中国的经济增长率仍然接近8%，原因在于中国的投资能力还在上升，中国各地政府都在加大招商引资的力度，而最优惠的条件仍然是土地。上述列举的这些国家都不具备中国的这种特殊的制度因素。

因此，在中国的土地征用过程中，在30年的改革过程中，谁是最大的收益获得者？其实都是利益获得者，是共同受益者。农民在土地出让过程中，虽然失去了土地，但一些人得到了一些补偿，得到了身份的转换。虽然可能其补偿预期和西方国家的土地所有者相比还是有很大的差异，因为谈判条件不对等，从心理预期上，他们得到的利益最小，但是对于整个农村的进城务工就业的农民来说，通过非农就业提高了收入，整体上提高了收益。而对于城市居民来说，作为一个群体，他们的利益获得来自于二次收入分配，来自于土地财政，他们的生存空间得到了大大地改善，公共福利也有明显地提高。相对于农村来讲，城乡差距体现在公共基础设施的覆盖上，体现在公共服务供给上。这就是在中国的经济增长过程中，在城市化进程中，现行土地制度对土地资源再分配的结果。当然从社会收入分配差距上看，企业家是最大的受益者。

3. 现行土地管理体制所存在的根本问题是助长了城市政府的短期行为

由于土地成本过低，城市政府对土地资源稀缺性的认识不足。因为拿地太便宜，才致使城市发展的速度、规模扩张的速度太快，进而出现了大量的短期行为。政府在短时间内，在没有约束的条件下，按照政府官员的主观意志来进行城市的改造时，就会出现违背经济规律的大量的短期行为。这个后果非常严重。一是城市的摊子铺得过大，使未来服务业的发展成本过高，使得城市的基础设施的成本也在不断攀升。比如，上海修地铁，400多公里的地铁线基本可以全覆盖，而北京城区面积700多平方公里，需要1000公里的地铁线才能实现全覆盖；北京仅需要花15年时间就可以修1000公里的地铁，上海花10年修了400公里地铁，这在世界上是没有先例的。这种不断地修路、不断地占地，不断地占工业用地、不断地占房地产开发用地，基础设施的成本越来越高，进而使得城市政府的债务问题越来越突出。

如果债务越来越突出，就必须降低额外增加的公共服务支出，进而就一定要降低公共服务的人数。比如，城市原来是服务1300万户籍人口的，现在要解决新增的800万外来人口，城市公共服务支出的压力就非常大。因而它不得不维持现行的户籍制度，以减少额外的公共服务支出，来降低城市发展成本。

结果是什么呢？当一个城市发展到一定阶段的时候，它可以继续吸引廉价劳动力，但是它不会更多地改善这些廉价劳动力的公共服务，不愿意进行更深入的户籍制度改革。这就带来了一个很大的问题：当我们需要扩大内需的时候，实际上希望通过将农民工转化为市民，为他们提供与市民同等的公共服务，使他们的长期消费行为由农村转向城市，进而带动城市各种产业的发展，结果却是做不到。我们现在面临的转型过程中，大家都在说"转"，但是要解决的是这2亿、3亿的外来人口"怎么实现转型"？我在研究相关政策的时候和城市政府进行对话，他们都觉得"转"不下去，谁都不愿意去尝试实现农民工市民化的转型，越发达的地方越不愿意去做，越高等级的城市越不愿意去做。

归结起来，第一是城市的成本越来越高。第二是当城市成本越来越高的时候，对外来人口的公共服务是排斥的，它是不会愿意继续增加公共服务负担、政府财政负担的。第三是城市政府的债务压力越来越大。第四是服务业的发展会受到严重影响。

三、中国城市服务业发展分析

1. 中国服务业发展滞后

因为城市发展成本高了，所以服务业发展成本也在发生变化。这种城市发展模式，一定要通过地产商的大面积开发，才能得到高额的土地出让金。国外城市是通过土地私有化来实现的，是通过长期征收不动产税来实现的。而我们的城市是通过短期行为逐步积累的城市发展进程，这个短期行为需要不停地实现短期收益逐步递进，并集中、及时保障政府的供给支出。

中国城市要发展，就需要大规模的招商引资，大规模的房地产开发，这样才能获得高额的土地出让金，拿到土地出让金后才能继续转化为基础设施投入。这个城市一旦被房地产开发商开发以后，就会使城市所有的土地成本上升，原来成本较低的服务业发展前景就会受到很大的影响。所以我们看到，上海的城市化率已经达到百分之九十几，但是服务业比重才达到50%，而日、美、英、德、意、法这些发达国家，当城市化率达到60%～70%的时候，服务业比重超过工业比重约2～3倍。可现在，上海的工业和服务业的发展比重几乎是相当的。

现在中国的发展模式遇到了一个重大的危机，那就是当2亿～3亿的人口要从农村转向城市的时候，不得不依赖于工业就业。我们现在提出

"新型工业化"，要进行产业升级，进而就要以资本和技术来替代劳动力，但是大量的农村人口转移进城，意味着必须要有大量的传统工业来承载就业的压力，而这种传统的工业就会带来环境问题、污染问题。

实际上，国外城市在发展过程中，当城市化率达到50%的时候，服务业就开始高速增长，达到60%的时候就开始超高速增长。但中国现在并没有实现，而且一些沿海发达省在城镇化率到60%以上的时候，还在提出工业化的发展模式。为什么还在提工业化的发展模式？因为这种城市已经不能容纳传统服务业的生存，比如在北京就看不到小商不贩，而在马尼拉，各行各业的就业人口都有。中国台湾也一样，服务业的发展非常快，因为它的发展成本低，政府没有限制，各种低端的服务业发展非常迅速，且容纳了大量的就业人口。所谓的地方正在实践的新型城市发展道路，也是排斥服务业发展的。这就使我们未来的城市发展模式受到严峻挑战。

2. 服务业发展滞后的原因分析

低密度的人口发展。较高的人口密度是服务业发展的前提，而现在城市发展模式却造成了低的人口密度、大面积的公园、宽阔的马路。我们到一些地级城市看，沿河边，有着大量的生态绿地、公园，特别宽的马路。过宽的生态空间把服务业给切割掉了。

房地产开发拉高成本。比如北京，原来的菜市场被开发掉了，而原来的菜市场的菜价是很低的，开发以后没地方建菜市场了，现在却不得不去超市买菜，开发以后没有服务业的生存空间了。又如，北京的大栅栏，在主街改造完后，所有店铺成本都在增加，改造的成本都会平摊到所有的商品以及餐饮价格中。一旦通过房地产商进行开发改造，就会把地产商的利润和地产商缴纳的土地出让金的成本，平摊到每个商品和每顿饭菜的价格上去，而价格增加后，便无法吸引更多的人口到这里来消费。而在国外，老城里面随便哪个小店，随便哪个门面，都是自己家开的，没有这些成本存在。

城市形象排斥服务业。这种城市形象，当你穿西装、打领带的时候，还能允许那些与西装领带不相适应的服饰出现吗？还能允许背着破旧的包裹出现吗？当一个城市以宽马路、良好的生态、绿地、大草坪、大广场等漂亮的视觉效果出现的时候，它还会允许小商小贩到这里来叫卖吗？

所以在我们的城市中，那些卖烤地瓜的、卖糖葫芦的、卖菜的，都大量地被清理掉了。农民进城受到了各种限制，各种小摊会受到工商、城管人员的排斥。我们看到，香港最繁华的地方，也是东西最便宜的地方。香港九龙，沿街两边的楼房很旧，但是楼底下全都是小店，人流熙攘。但是，我们的城市为什么不允许这种服务业存在呢？在中国城市的发展现实中，当各级城市发展重视城市形象的时候，就会自动排斥低端服务业的进入，降低了大量的服务业就业人口，没有给他们留下生存空间。

城市规划也是一个很重要的因素。我们现在的规划系统，并不是从经济社会的角度来做，而是从工程技术来出发，强调各种功能的运用。所以这种规划也是导致上述问题产生的原因之一。搞规划的人不理解什么是服务业，也不了解服务业在城市发展中的作用。他们习惯的是工业主导的模式，把更多的产业规划空间只是给了工业开发区。在规划中只是注重交通的功能，习惯于通过道路的切割，分割城市的功能。对于中国的城市化前景来说，随着未来中国3亿人口的进城，如果没有服务业容纳的话，我们所面临的压力会越来越大。如果要走工业化道路，所谓新型工业，只能越来越多地通过资本和技术来替代劳动，越来越少地吸纳就业人口。而要承载更多的人口，就逼着我们不得不走传统工业化道路，就是像钢铁、煤炭等各种传统工业，通过招商引资大量集聚在中国，所以我们还是会走上这种高污染、高耗能的非集约的发展道路。这样的话，我们在未来的几十年之内，要选择一条可持续发展道路会面临着很多的制度瓶颈。

四、中国城市化道路的选择

我们在城市化过程中强调走市场化的道路，但是现在出现了另一个倾向，农民在城市发展过程中，由于谈判成本越来越高，实际上农民在土地开发过程中的获益已经很高了，和几十年前不一样了，尤其是城近郊的农民。深圳一次征地的补偿总额都是上亿的，对近郊区农民的补偿也很高。我们认为是不是还可以再换一种方式，比如是不是允许农民在自己的土地上做什么？这样会降低发展成本，不一定要同权地参与开发，而是允许农民自己开发，不要再补偿了，这样城市在发展过程中的成本会大幅降低。

但是这样又会出现另外一个问题，那就是城市的市长和规划师反对。他们认为这种模式会影响到城市形象。这就是一个两难选择。一般的城市市长看到"城中村"，都是心头的一块病。虽然"城中村"由农民自己改造的成本最低，但是市长不这么想。他认为"城中村"是城市的糟粕、藏污纳垢，是最乱的地方，认为农民盖的房子肯定和城市形象不相匹配。在市长和规划师心目中，城市的任何一个角落的改造都要通过政府。一方面他绝对相信自己的主观意志，另一方面，改造也是一次利益的博弈。因此城市的发展模式就已经出现了一个制度上的陷阱：它是市长主观意志的产物，也是无数个市长短期行为累加的结果。希望城市不是通过一天、两天的改造而建成，而是通过几十年、上百年的改造完善。对于现今的城市管理者来说，制度导致了大量的短期行为的存在。政府官员只有明显的政绩收益，才能完成晋升的台阶。因此，每一任市长一定要把城市搞得漂漂亮亮的，才能满足自身的政绩观，既是为了自己，也是为了城市的户籍居民。所以在我们探讨城市化问题时，很多教授、学者、官员和企业家甚至媒体人，都对于城市的形象有所认同，因为他们是既得利益者，他们走过的国家越多，对城市的要求越高。相对于市长而言，要满足社会舆论的呼声，就必须要正视这些精英们的言论，必须要在任期内有所交代。因此，我们的城市就变成了为精英阶层服务的城市。本来城市是要容纳服务业，要提高城市人口密度，要满足更多的外来人口就业和进城的需要。但是，现在的城市变成了城市精英的城市，变成了户籍人口的城市。悲哀的是，我们作为后发城市化国家，参照的是西方国家的城市，是经历过几百年城市化进程中辛酸苦辣结果的城市。然而，当中国的城市精英阶层将西方国家的城市作为城市发展的参照物，于是，我们看到的城市如北京、上海、大连的发展模式和表象等，虽然管理水平上与发达国家还差距很多，但从表面上看并不亚于西方国家的城市。正是这种表面的文章，对于外来人口产生了排斥的作用。

总而言之，研究中国的城市化要做好三件事情：一是历史地回顾，并且客观地分析利和弊；二是对城市化发展过程中的制度问题要有清晰地描述，对制度演化的过程、结果、规律要有清晰地认识；三是对未来进一步推进城市化所面临的各种症结，各种障碍和困境，要有充分而清晰地判断。

如果上述三点没有做到，还谈何实现扩大内需。谈内需，这3亿人的启动需要动真格的，可是绕不过制度的坎儿。因此谈转型，"转"的过程中会存在一系列问题。例如，近2万个镇和657个城市之间有什么关系？它们之间的利益纠葛在哪？有什么样的发展路径？会形成什么样的发展过程？对我们城市化会产生什么样的影响？并不是如"有多少人转了，而多少人没转，带动了多少内需"这样简单。这是中国非常特殊的制度演进的结果。

西方国家的演进过程也有它的问题，就是实体经济没有，产出收益不足，成本太高，导致西方国家发展过程中的竞争力下降。尽管西方国家城市的知识结构很好，技术非常领先，但由于成本太高，技术输出又受到无数限制，实体经济的竞争力不强，导致现在的发展受到特别大的约束，高成本通过高债务来维持发展。而中国的发展优势就是成本低，因而就没有负担。但是发展到了今天，在国际环境制约的情况下，也会遇到一些问题，若再不进行调整，同样可能会出现一系列的隐患。

要怎样来调节自己的增长路径，还需要吸取西方国家的一些经验教训，这也是我们要做的。如果我们继续按这种方式走下去，假设迅速进行土地制度改革，把土地成本拉上去，把劳动力成本抬上去，竞争力就没了，高技术又没进来，那和西方制度同步的时候，竞争力就处于劣势了。因此，稳步有序应该是城镇化改革政策的重要选择。但是，至关重要的是必须要改革，要下决心在利益结构调整中，在制度变革中去寻求方法和途径；如果不改，可能更没有出路。

最后，城市化发展的核心问题实际上是城市发展的路径选择问题。斯蒂格利茨讲，21世纪影响世界的两件大事之一就是中国的城镇化，在中国也就是2万多个城市的发展路径。在宏观政策上，如何面对这些具体的城市，这也正是我们当前面临的挑战。

（2013年2月）

城镇化改革真的有那么难吗

从"十五"我国大张旗鼓地提出城镇化开始，到"十二五"又一次提出推进城镇化的政策，十年过去了，雷声大、雨点小已经成为历史常态。两次共同的原因都是源于国际金融危机。1996年的亚洲金融危机，外贸出口遇到了较大的压力，使得国内经济学界"增加内需"的呼声导致了城镇化政策坚冰的突破。沉寂了长达几十年的城乡二元制度的壁垒，终于在改革的呼声中面临着挑战。然而政策只停留在文件的纸面上，相关的户籍制度改革政策仅限于小城镇，特别是中西部地区的小城镇，在东部经济发达地区也只限于对当地农村居民的改革，涉及外来流动人口的改革政策几乎没有什么根本性的变化。即使有些城市尝试了一下，例如郑州和石家庄，也都因为种种现实原因回归于原来。随着亚洲金融危机的缓解，城镇化政策落实的有关改革问题也就被搁置在一旁。值得回味的是，当2008年国际金融危机来临时，还是拉动内需的原因，城镇化的呼声又一次高涨起来。可是一旦现实中压力减小，无论是从"十二五"规划还是从现实政策制定的角度，城镇化政策仍然面临着被搁置的状态。

一、城镇化的症结在哪里

根据2010年我国第六次人口普查数据，我国城镇化率已经达到49.68%，按照前10年城镇化率增长的速度看，到2011年底，我国城镇化率肯定超过50%以上。这意味着我国有一半以上的人口在城市就业和居住。但是从统计的数字可以看出，到2010年，我国被统计的城镇人口中，其中32.1%属于在城镇居住半年以上但是没有城镇户籍的人口，这批人数大约为21360万人，其中农村跨区域就业的务工人员占71.8%；

城市间流动人口为 6808 万人。从以上数字看，我国的城镇化水平已经不低。但是应注意到，在城镇居住半年以上没有就业所在地城镇户口的人，和真正的城镇户籍人口还有很大的区别。我们把他们简称为外来人口。

外来人口和户籍人口有多大的区别，可能是我们在制定城镇化政策中最为关心的问题。首先，外来人口不能享受户籍人口的各项社会保障政策和福利政策，因为对外来人口的社保缴纳率的执行上有很大差别，直接影响到外来人口的失业和养老保险问题。当然，外来人口也无法享受到户籍人口的低收入补贴。其次，外来人口和户籍人口在就业上也有很大的限制，公务员的考试有户籍要求，一些国有企业的重要岗位和国家事业单位的就业也有户籍要求。也就是说外来人口和户籍人口还存在着就业上的不平等。第三，外来人口不能享受到户籍人口的保障房政策，无论是原来的福利分配住房还是后来的廉租房、经济适用房、限价房等，基本不对外来人口开放。即使是外来人口在城乡结合部所居住的出租房，在管理上也被认定为不合法，因而导致外来人口集中居住的社区环境十分恶劣。而最近限制房价上涨政策，限制外来人口购买商品房，更是政策上的严重倒退。第四，外来人口子女入学和户籍人口也存在着明显的不平等。虽然一些城市宣布非户籍人口可以与户籍人口平等地在城市中小学就学，但是对于收入较低的农民工子弟很难有能力和城市居民子女在同样的中小学就学，这里既涉及日常的入学消费，也存在着天然的心理歧视问题。而对于长期在就业地城市居住的外来人口子女，完成中小学学业之后，不能在父母就业所在地参加高考，这是目前外来人口和本地户籍人口在教育上的最大的不平等待遇。第五，外来人口在城市不能享受到购房和购买汽车等消费贷款，虽然这是商业银行自身制定的政策，但也是基于户籍管理体制而制定的歧视性政策。涉及外来人口的歧视性政策还有很多，主要还是基于以上五个方面。

在我国的城镇化政策中，大概涉及三类人口：本地农村人口、外来农村人口和外来城镇间流动人口。目前看，本地农村人口在当地直接转为城市人口的阻力主要在于农民自身意愿。因为在沿海发达地区和大城市郊区，当地农民对土地升值的预期较高，而且还享受集体的各项福利和计划生育二胎政策，转为城镇居民的愿望并不高。即使在城市拆迁涉及的"农转非"问题，大多也是通过利益谈判来解决。其中不乏一些城市政府为征用农地方便，强制性地将农民划转为城镇居民。但是对于外来人口，各级城镇政府没有那么慷慨，因为他们面临的人口数量之多，且通过解决他们的户口获得土地农转非的即期利益并不明显。再者，外来人口已经作为城市廉价劳动力的既成事实，城镇政府一般不愿意更多的解决他们的户籍问题，因为这些大多属于中低收入人口，解决户籍要给财政带来大量的负担。

原因在于，政府对于户籍居民给予的福利预期太高了，较低的基本公共服务价格，较高的人均住房和低保的预期，各类教育软硬件设施的投入，居民社区环境的改善，还包括各项隐含的公共福利。一旦对新增外来人口解决户籍问题，并实现同样的尚未实现的福利预期，转化为财政投入，涉及数万甚至数十万人，任何政府都感觉到无法面对。例如，仅在上海按照六普人口统计，外来人口多达900多万，占城市人口的比重达2/5还要多，如果解决他们的未来公共服务问题，肯定是政府财政支出的一大负担。对于在广东沿海地区一些建制镇，外来人口已经等于户籍人口，甚至是户籍人口的数倍，平等地公共服务水平意味着太多的支出。如果财政收入的增长速度不变，增加了对新增人口的支出，等于分摊了原来户籍人口的公共福利支出，自然也会遭到原城镇户籍人口的反对，并通过各种舆论和所谓民意渠道反馈到城镇政府，进而影响政府决策。

二、等级化城镇管理体制下的城镇公共服务差距

近几年颁发的有关中央文件提出，要推进中小城市和小城镇的户籍管理制度改革，也就是说把城镇化的重点放到中小城市和小城镇。到2010年，中国有657个城市，19410个建制镇。657个城市中，1000万人口以上的城市5个，400万~1000万人口的城市9个，200万~400万人口的城市30个，100万~200万人口的城市81个。如果加上镇区平均人口在10万以上的千强镇，中国10万人口以上的城市可以达到近2000个。

按照1986年以前的城市规划法，100万人口以上的城市为特大城市，

50 万～100 万人口的城市为大城市，20 万～50 万为中等城市，5 万～20 万人口为小城市。按照目前的城市发展规模，显然这个标准已经失去意义。新的城乡规划法已经废除了这个城市规模标准，但是并没有确立新的城市规模标准。因此，推进中小城市以下的城镇户籍管理体制改革不能按照人口规模定义。目前可依据的还有一个等级化的城镇管理体系，如直辖市、省会城市、地级市、县级市和建制镇。在这个意义上，所谓中小城市意指地级市和县级市。

按照行政等级确定的中小城市和小城镇为什么在户籍管理体制改革中被首当其冲呢？为什么大城市和直辖市不能率先进行户籍管理体制改革呢？从 90 年代提出城镇化政策以来，实际上遵循的都是这样一个基本思路，即担心省会城市和直辖市户改后会造成社会的不稳定。然而恰恰是这些大城市和特大城市，拥有的外来人口远远超出中小城市，例如北京就有超过 700 万的外来人口，上海已经超过了 900 万。这些外来人口已经在城镇生活了许多年，已成为事实上的城市人口，并没有什么不稳定的因素，他们只是需要多一点公共服务，只是希望和城镇户籍居民具有平等的公共权利。

中国的等级化城镇管理体制的最大特点是，可以通过行政手段从低等级的城镇中获取资源，也可以利用等级优势获取计划经济更多的供给资源。高等级城市获取的资源越多，城市居民所享受的公共福利也就越多。而这些福利一旦固化，就形成了既定的利益格局。问题是，高等级的城市也就代表着高的行政级别，而在中国，行政级别决定着政策设计的初始思路。如果在其他方面的改革受到不同利益阶层的制约，而和城市公共福利相关的改革自然也就影响到了具有社会影响力的阶层，他们的生存环境、居住环境以及所享受到的公共福利，也会在改革的过程中受到侵蚀。

可以注意到 2009 年以来房价上涨的趋势，很多人归罪为地方政府和开发商，认为土地出让金和利润是房价上涨的推手。其实大家都忽视了一个根本原因，房价上涨最快的地方，城市的等级也就越高，也就是所谓的一线城市，而这些城市无疑也是公共福利最好的城市。人们在这里买房或者投资，无非是在这里购买了未来公共福利的预期，投资是因为预期到公共福利空间的稀缺性导致价格还会上涨。

恰恰是这些城市都提出了限制外来人口进入的政策，或者是把户籍准入门槛定的奇高无比。因为这些城市的户籍人口已经享受到了高福利，如果还有更多的人来享受同等的福利，必然要在原有的福利蛋糕中切出一块，结果是减少了原有户籍人口的福利供给。

从户口在城市间的可对换关系就可以看出城市之间的差别来。首先，北京和上海的户口是可以平等对换的，因为这是两个公共服务水平最高的直辖市。但天津和重庆即使同为直辖市，户口却难以对换到北京和上海。其次，是省会城市或者地县两级城市的户口对换。值得注意的是，并不等于行政等级高，就意味着户口可以对换，也要考虑到东中西部地区发展水平的差距。中西部地区的省会城市户口不一定可以平调到东部地区发达的地县两级城市和建制镇。但是在中西部地区的省会城市和地级以下的城市户口肯定在对换中存在不平等的关系。东部地区也是如此。抛开区域差别，东部地区内部的城市等级差别也是十分明显，各等级城市之间的户口对换也存在着很大的难度和制约条件。

综上可以看出，从城镇的行政等级体系看，中小城市对应的是行政等级较低的城市。因此，仅仅从户口的对换关系、户口落地的准入条件以及商品房的价格等，我们就可以看出，中小城市和所谓高等级的大城市的差别是明显存在的，不是仅仅停留在外表上，诸如城市的规模、城市人口多少，更重要的判断是在城市的行政等级差别下所涵盖的城市公共服务水平的差别。正是这些差别，严格地限制了公共服务只能限定在封闭的户籍人口范围之内。因此，在公共服务差别加大并随着时间的推移而固化以后，这种差别对于外来人口就相当于一种高高的难以逾越的门槛，也就是所谓的"城乡壁垒"，其实不仅仅是针对城乡，而且针对所有差别的、无论是农村还是城镇间的外来流动人口。

三、城镇间公共服务差距的形成

众所周知，在国际上人口的迁徙和流动是受到《宪法》保护的，而人口的流动更多地选择就业和寻租机会，而不是简单地追求公共服务差异，除非在发展水平差距较大的国家之间的所谓移民，是为了寻求较好的公共服务机会。而在发达国家的国内城市间的公共服务水平差距并不是特别突出。原因是各城市间的地位是平等的，没有上下级关系，在固定的分税制原则下，城市有既定的税收来源，也并没有向其他城市缴纳税收和公共资源的义务。

然而在中国，由于城市间行政地位的不平等，由于上下级城市存在着资源分配和公共资源管理的关系，使得城市资源的流向更多地集中在行政等级较高的城市。根本原因来自于 20 世纪 80 年代实施的市管县、地改市、县改市和乡改镇等政策。20 世纪 80 年代中期，借鉴珠三角和长三角发展的经验，认为特大城市的发展在带动区域经济方面发挥了十分重要的作用，是否可以通过城市带动农村、中心城市带动县域经济的方法，实行市管县政策。其出发点是利用城市的工业经济带动尚不发达的县域经济，在地级市的范畴内实行合理的经济布局和资源配置。然而在研究中忽视了这样一个事实，就是 80 年代乡镇企业的发展使得沿海几个主要省区的经济主体集中在县以下。在广东、江苏、浙江、福建、山东等省，县以下经济所占比重几乎超过了全省经济的 70%，而且是十分普遍的现象。其实当时不是市带县的问题，而是县域经济如何搞活了全盘经济的问题。可是当时研究城市改革的部门是国家体改委，而研究农村经济的部门是中央农村政策研究室，研究的分割使得制定有关政策的衔接出现了问题，在制定市管县政策时并没有考虑这一特殊的发展现象。

由于城市经济的发展和县域经济的发展，分别促进了城市、县城和建制镇的发展，之后就促进了"地改市"、"县改市"和"乡改镇"，把原来的作为主管县域农村工作的地委行政公署撤销，直接实施了所谓的城市管理县乡和农村的体制。也就形成了所谓中国城市体制区别于其他国家城市的特点，城市管理城市和城市管理农村，直接在具有深厚中国历史传统的等级化地方区域管理体系上演变成为等级化的城市管理体制。

传统的等级化区域管理体制，至少每一个管理层级的利益特性不是那么突出。但是改市以后，管理者的利益和城市的利益关系就变得紧密起来。一方面城市的发展好坏，在 20 世纪 90 年代可以作为政绩的最好体现，另一方面高等级的行政官员都住在高等级的城市，城市的基础设施和居住环境的改善直接和官员的个人利益发生了关系。这里并不是体现某一个具体官员的利益，而是所有在这个等级体系内绝大多数官员的利益。

有了利益还要有相应的权力。所谓的权力，不仅仅体现在高等级的城市政府和部门相应的管理权限上，最重要的权力就是借鉴当年农村改革和企业改革大包干的经验，搞活地方经济，调动地方积极性的上下级政府财政包干制。这种财政包干体制建立在所谓的契约关系上，然而既然存在着决定下级命运的等级管理体制，包干制虽然调动了下级政府的积极性，但是显然是建立在不平等的谈判基础上。也就是首先要保上级政府之所需，之后才是几乎不留余地的包干，把看不见的空间留给下级政府。在这种体制下，还有来自中央或者上级政府的各项计划经济资源的分配，显然更多地被通过权力截留到高等级城市政府。低等级城镇所创造的公共资源被上缴到上级城市政府，而上级分配下来的计划资源也被截留到高等级城市政府。仅仅数年的时间，通过行政等级如此之强的调动资源的能力，在不同层次的高等级城市，按照国外的模式建设了一个个中国的崭新的各类城市。

虽然90年代后期全国在县以上开始实行分税制，但是因为分税制也是建立在不平等的上下级谈判基础之上，而且县以下仍未实行分税制。在沿海发达地区，有些建制镇的经济发展水平和税收资源的能力达到甚至超过了中西部地区地级城市的水平。但是因为这种资源分配和上缴的方式，使得他们的城区发展远远落后于上级主管县市的水平。我们曾经在90年代中期试图调整这种利益关系，希望上级政府把下级城镇政府所创造的资源更多的留给基层，但是这类改革的结果经历了长达十几年的努力，几乎是徒劳的。目前，这种等级化的行政资源分配格局，仍然左右着我国城市发展公共服务水平差距的格局。

四、等级化的城镇管理体制带来的后果

首先就是资源利用的粗放。由于资源的获取不是通过城市间市场的平等竞争，不是利用高效的城市管理手段和对稀缺资源的合理配置，而

是从体制上通过上级的分配和对下级的获取源源不断地得到充分供给。因此我们看到城市发展和建设极端粗放的现象。最近一段时期，我们走过的大部分高等级城市都在扩张新区，搞大景观建设，搞形象城市、生态城市，修建大马路和大广场，许多城市的发展完全违背了经济发展的基本规律，在很大程度上是在浪费资源，原因是基础设施的资金来源长时间没有受到约束。中央分配的供地指标基本被截留在地级城市，直接可以通过卖地来获得土地出让金，用于城市建设。城市建设得越好，土地价格越高。政府跟着房地产开发商的开发需求，实现卖地的扩张机制导致城市"摊大饼"的发展。

其次是推高了城市的维护成本，使得未来的城市经营和管理难以为继。城市资源粗放型地利用和"摊大饼"式地发展，直接的后果就是为未来基础设施建设成本的增加埋下了伏笔。因为已经投入和建设的公共设施，在空间面积和单位产出不相匹配的情况下，直接关系到未来的基础设施维护成本和公共服务成本有没有能力承担。在目前的体制下，倒逼政府不得不依赖出让土地和发行债券来维护城市公共服务水平的提高和运营。从最近限制房价的政策对城市的影响就可以看到，没有土地出让金的政府，只能靠地方发行债务来维护城市的运营，然而已经放大的空间面积，相应放大了基础设施成本，却没有相应的产出机制，一定会对城市的未来经营产生严重的财政压力。

第三是制约了服务业的发展。城市发展的粗放直接影响到服务业的发展水平。当我们看到这些高等级城市利用行政资源堆砌出貌似发达国家外表的国际化大都市时，虚荣的城市发展表象一定会排斥服务业的发展。一方面，基础设施空间面积过大，单位容积率低，提高了服务业的成本，降低了服务业的规模效益。另一方面，从形象工程的角度，反对各类与所谓城市景观不协调的便民服务业的进入，也是等于排斥了最具有就业吸引潜力的满足大众基本需求的服务业的发展。这些城市普遍通过人口的排斥和低密度的发展空间，使得新增的服务业就业需求没有生长点。

第四是抬高了城市的门槛，限制了外来人口的进入。我们经常提到，城市到底是为谁所建，当然这是理论上的提法。然而在现实中，城市的

发展自然就把外来流动人口排斥在了城市化进程之外。当城市运用行政
手段获取资源时，就已经为封闭的以户籍人口为基础的公共服务体系埋
下伏笔。而城市如果以土地出让金为城市基础设施和公共服务来买单时，
土地出让的价格必然是一种趋利行为，导致地产开发商也是以满足土地
出让高价和高利润的需求。这里城市政府和房地产开发商的利益一致，
推动了城市的发展走向，就是高公共服务、好的居住形态、美观的城市
面貌，结果就是为富人敞开了城市的大门。如果城市是为富人所建，当
然就对所有的底层外来人口关上大门。所谓关上大门，是指关上公共服
务的大门，作为廉价劳动力，他们还要为城市的发展做出贡献。因此，
在这种等级化城市发展模式中，城市等级越高，城市的公共服务水平也
就越高，而对于城市人口的所谓素质的要求也越高。因此，在这里城市
的民意，其实也就是反映着户籍人口的民意和官意达到了某种磨合，城
市的限制人口进入的政策也就应运而生。

五、改革为什么一定要放在中小城市

其实道理已经不言自明。等级化的城市体系最大的特点就是等级决
定着一切。如果决策者的利益和等级相联系，并与等级化的城市利益并
存时，所有的决策也就反映出一个基本事实，就是建立在等级化城市管
理体制下的改革政策思路。

当所有的最高等级城市利用行政权力和行政等级优势获取资源的同
时，市场的要素当然也就相应的跟进。换句通俗一点的话来讲，当城市
依靠行政优势形成了较好的公共服务体系的时候，产业的集聚也就轻而
易举。90年代城市产业布局从分散向集中正体现了这个特点。较差的产
业可以留在县以下，要求必须集中。而高端企业一定要落在高等级城市，
这里具有绝对的谈判优势和资源优势。当产业集中了，"高端人口"集中
了，肯定也会有所谓"低端人口"的进入。人口分布的基本规律是一个
富人是需要一批穷人来服务的。当这么多富人集中在某一个城市，相应
要有更多的穷人也要集中在这里。因为这里有更多的就业机会，甚至通
过富人可以接近上升的阶梯。问题是这些穷人是否可以被接纳。这时候

等级化的城市体制发挥了作用。等级高的管理者认为这里富人较多，穷人还是上富人少一点的地方去吧，那里不会有什么不稳定的问题。可是同理，即使低等级的城市，还是有高下之分，他们也不愿意接纳外来的作为廉价劳动力的穷人。

当提出在中小城市率先进行户籍管理体制改革时，我原来的想法也是支持，认为改革的阻力比较小。可是仔细斟酌，即使是等级较低的中小城市，有条件吸引更多的产业，并且有很好的公共服务水平，也会面临户籍人口不满的社会压力。尤其是在沿海地区一些中小城市甚至是建制镇，外来人口数倍于本地户籍人口，他们如何解决新增庞大的外来人口的公共服务问题。何况他们在资源分配和财税体制中绝对是弱者，他们把大部分的公共资源上缴给上级城市，而自己还要用有限的资金解决户籍人口的公共服务，解决外来人口的管理，解决大量传统产业集聚带来的环境治理问题。如果把解决新增人口的公共服务问题压给他们解决，我想这些政策也只能流于形式和口号。

从90年代开始提出城镇化政策以来，总体思路就是先在中小城市和小城镇改革。然而随着等级化城镇管理体制作用的日渐发挥，外来人口的流向却逐步趋向于高等级城市。尽管这些最高等级的城市提出一系列的限制人口政策，但是，外来人口仍然向那里集中，因为中国市场要素的流动是跟着行政资源走。当一个城市把所有的好处都留下的时候，人口也一定会向这里集中，这个规律已经被改革开放几十年的历史所证明。所以我们在中国看到了一些怪现象：一些城市明确地提出了限制人口的政策，但是挡不住人口向这里集中的趋势；还有一些中心城市提出城市人口扩张的目标，争取在十年之内人口翻番，但是这些城市所谓的引进人才政策却十分苛刻，人口增长目标是否能实现，肯定是个疑问。而对于中西部地区的中小城市和小城镇，他们急切盼望着产业和人口的进入，然而由于缺乏行政资源和产业基础，特别是缺乏优惠政策，即使他们热切盼望改革，也是巧妇难为无米之炊。

六、城镇化改革的思路和设想

对于中国在等级化的城镇管理体制中急切地大刀阔斧地一次性推进

改革，显然并不现实，但是在目前的形势下并不是没有操作空间，而且可以在一定幅度下大胆推进。

首先是国际形势的要求。中国在未来一段时间内，面临的国际贸易压力肯定会趋紧。因为国际金融危机已经从美国蔓延到欧洲，形势根本不乐观。及早拉动内需，推进城市化的改革显然是当务之急。毕竟涉及上亿人口进城以后消费需求的变化，甚至是对公共服务支出的变化，一定会带来消费需求的增长。其次是稳妥有序地解决举家迁徙农民工的落户问题。改革30多年来，各种放权让利的措施已经实施得差不多了，只有城镇化政策可以使至少几千万人即刻受益。而且这里涉及6808万的城市间流动人口和4000万的举家迁徙进城就业的外来农村务工经商人员。这批人大多是大学毕业生和农村的精英，也是目前社会上最敏感的网络群体。如果一次性或者分期分批解决他们在就业所在城市的户籍问题，并同时赋予他们享受就业所在城市公共服务机会的基本权利，他们一定会发自内心地拥护政府的这些改革政策，有利于社会稳定，有利于实现社会和谐。

要尽早地研究等级化的城市管理体制的改革和治理，至少可以先从省直管县开始着手解决。为减少地方行政管理层次，促进城市间的平等竞争，促进城市资源的合理配置和高效利用，打下良好的改革基础。

扭转城市发展导向，应该是未来改革的重点。到目前为止，我所认识的绝大部分城市负责人对于城市的认识还停留在表面上，也许是传统的政绩观影响着他们的决策，也许是思维惯性或者是利益导向左右着他们的城市发展模式。但是不言而喻，如果不站在经济学和社会学的角度分析，认识城市发展必须符合经济发展规律和社会阶层的共识。目前的城市发展方向肯定会导致未来一系列问题的发生，如债务危机、征地矛盾的爆发、资源的浪费以及环境引发的危机等，当然更有可能引发外来人口的群体事件。扭转的方向主要应该集中在提高人口密度、降低城市发展成本、提高土地利用效率，为低收入人口和外来人口提供平等的公共服务，增加基础设施建设的长期行为，等等。

逐步地缩小外来人口和当地户籍人口的公共服务差距。可以看到从20世纪90年代以来，对于外来人口的歧视性政策已经有了明显的改进，一些部门和地方政府也在逐步对外来人口放开一些公共服务。如教育部开始研究允许外来人口子女在父母就业所在地已经读完中小学的，可以按照户籍人员待遇在当地参加高考。一些城市也把保障房特别是公租房面向外来人口开放。如果在就业的开放度、社保的缴纳率和转移接续服务等方面再有较大改进，城市外来人口和本地户籍人口的公共服务差距可以缩减到很小，户籍管理制度改革的阻力就会小很多。一旦公共服务差距等于零，户籍管理制度存在的价值也就不复存在。此外，中央有关政策已经明确了农民工进城落户后不用再收回承包地和宅基地，等于确定了农民对于承包地和宅基地的长期使用权。

改革也要涉及宏观经济体制的调整，特别是有关中央的分税制和转移支付政策，要根据城镇化的政策进行相应的改革。例如广东已经有3000万以上的外来人口在当地稳定就业，然而这些外来人口的转移支付却是由广东省上缴中央政府后直接划归外来人口的输出地。调整财税分配政策，实际上等于把沿海发达地区因发展经济而造成的外来人口公共服务压力问题、治安问题、环境污染问题带来的长期的社会和经济债务，从制度上得以根本解决，否则，"中央请客、地方出钱"的政策肯定得不到贯彻和落实。

最后，如果中央政府真的希望在中小城市和小城镇推进有关城镇化的各项改革，那就应该把资源的配置向这些城镇倾斜，赋予发展产业的用地指标，改善交通和基础设施条件，并支持这些城镇改善基础设施，为产业的发展、外来人口就业和定居创造条件。如果按照现在的等级化城镇管理体制和通过行政手段决定的资源流向，在中小城市即使放开了户籍管理，也一样解决不了人口到这里来定居的问题。实际上，了解中国的城市管理体制，无论城市的大小，都是区域性管理，限制最高等级城市的人口进入，不等于这些城市下辖的中小城市和小城镇不可以接纳外来人口。当然，等级化的城镇公共服务体系差距包含了行政管辖区域，在这些方面如果可以进行较大的突破，并不是没有可能，问题是由中央还是地方来下改革的决心。

中国的等级化城镇管理体制，已经造成了城镇之间严重的公共服务差别。改革的难点在于享受到这些优化的公共服务水准的不是某些人，而是在高等级城市居住的所有户籍人口形成的利益群体。我们注意到很多人在呼吁中国改革的时候，强调了要尊重各项权利，也强调了要打破利益集团。殊不知，在城镇化的改革问题上，我们面临的是中国最大的利益群体。这个群体整体上是城镇户籍人口，而且由不同等级、不同公共服务水平、不同地域、不同城镇的无数个户籍人口的利益群体构成。因此我们可以看到这一群体的失语甚至是反对。有些号称最坚定的改革分子，在这些问题上往往提出了大跌眼镜的观点，因为这牵扯到他们的具体利益。

值得庆幸的是，中央政府已经从稳妥有序的角度出发，提出了一系列的城镇化改革政策。当然需要好的时机，需要有清醒的认识，更需要坚定的决心，毕竟是可以破解金融危机，有利于中国长远发展稳定的改革政策。关键在于是否认识到，难度并不在于客观条件，而在于我们的信心。

(2011 年 11 月)

消除体制障碍，
用改革的思路推进我国城镇化发展

积极稳妥地推进城镇化，对于扩大国内需求，调整经济结构，实现经济平稳较快发展；对于逐步解决"三农"问题，统筹城乡发展，促进社会和谐稳定，具有重大的现实意义和历史意义。然而由于当前我国相关体制改革滞后，严重影响了城镇化的健康发展，通过改革推进城镇化发展已经成为当务之急。

一、我国城镇化发展中存在的问题和原因

改革开放30多年来，我国城镇化进程取得了明显的进展。1978～2011年，我国城镇人口总量从1.72亿增加到6.91亿，城镇人口比重由17.92%提高到51.27%。2010年我国城市总数657个，小城镇19410个，城镇体系逐步完善。京津冀、长三角、珠三角等三大城市群基本形成，中西部地区城市群初露端倪；大规模的农民进城务工就业，改变了亿万农民的命运，为经济发展注入了强大动力，有效地支撑了工业化快速发展，有力地推动国家现代化进程。在过去30年时间内，我国完成了西方发达国家经历上百年时间才走过的进程，为走出一条有中国特色的城镇化道路进行了探索实践，但是也存在一些不容忽视的问题。

1. 存在的主要问题

（1）城镇化质量不高。一是城镇常住人口中包含大量农民工。2010年中国按照常住人口统计的城镇化率为49.95%，而非农业户籍人口占总

范毅、窦红、徐勤贤、黄跃、李可等参与了报告的写作。

人口的比重仅为34.17%，二者之间相差15.78个百分点。城镇人口中包含了约2.1亿农业户籍人口。二是城镇间流动人口问题日益突出。据统计局数据推算，2010年中国城镇间流动人口总量接近7000万，他们大多文化水平较高，在农村没有土地和住房，有网络话语权。三是大量农民工和城镇间流动人口无法享受与本地城镇户籍居民同等的公共服务，使他们长期处于一种不稳定状态，不利于社会和谐稳定。

（2）城乡建设用地利用粗放。2000～2010年全国城镇建成区面积扩张了64.45%，远高于城镇人口45.9%的增长速度，城镇建成区用地扩张速度要快于其吸纳人口的速度。城镇建设用地利用效率不高，目前城市人均建设用地133平方米，超过国家规定的80～120平方米的标准。然而在农村人口大量减少的同时，中国农村建设用地总量不减反增。2000～2010年中国农村人口减少了1.37亿，但村庄用地却从2.17亿亩上升为2.21亿亩。

（3）中小城市和小城镇发展机会不均等。主要表现为：一是行政等级高的城市建设用地扩张更快。2000～2010年，中国地级以上城市市辖区的建成区面积增长了95.8%，而同期中国县级以下城镇建成区面积仅增长了50.9%。二是城市间存在较大公共服务差距。2010年地级以上城市市辖区人均教育支出、人均床位数和人均医生数分别是县和县级市的1.97、2.6和2.8倍。三是特大镇发展自主权不高。2010年千强镇镇区平均人口已经达到7.6万人，这些事实上的中小城市普遍存在城市管理职能不足、机构设置和人员编制不适应实际需要等问题。四是原城市规模划分标准已经被废止，一些中小城市和小城镇实际人口规模已经达到了原大中城市标准。而目前按行政等级来确定的支持大中小城市和小城镇发展的政策，已经严重落后于城镇化发展的现实。2010年我国100万人口以上的城市已经达到125个，5万人以上的小城镇有740个。

（4）农民工权益保护问题突出。一是外出农民工参加社会保险的比例总体较低，截止2010年底，农民工参加养老、工伤、医疗、失业和生育保险的比例分别为9.5%、24.1%、14.3%、4.9%和2.9%。二是城市对外来农民工的住房保障缺少实质性的政策措施，农民工集聚区缺乏政府的基础设施和公共服务投入。三是在城市的农民工子女仍然面临入读公办学校难等障碍，高中以后阶段的教育和升学问题亟待解决。四是缺少职业病防护服务，近年来职业病发病人中 80% 是农民工。五是城乡平等的就业制度仍未真正形成，农民工劳动签约率低，2010 年与雇主或单位签订劳动合同的占 42%。

（5）当前城市发展模式存在弊端。一是盲目追求"国际化大都市"，严重超越现实国情；二是对"生态城市"、"花园城市"的理解只注重表面建设，搞大广场、宽马路、大公园等各种景观工程，浪费资源；三是热衷新城建设和高档地产开发，忽视老城区和外来人口集聚区等中低收入人口集中居住区的改造；四是城市发展"嫌贫爱富"，城市基础设施建设针对户籍人口和富人的需求，不仅拉大了城乡差距，并抬高了农民进城落户门槛。

2. 原因分析

产生上述问题的原因是多方面的，但其中最为关键的，一是长期累积的城乡二元结构形成了固化的利益格局，二是城镇公共服务等级化和区域化的格局使得城镇化发展面临的新的矛盾不断增多，使改革的任务日益艰巨。

（1）户籍管理制度改革进展缓慢。与户籍相关的教育、医疗、社保、保障性住房等公共服务，是以行政区划为单位提供的。由于担心大规模外来人口在当地落户会摊薄当地城镇居民所享受的社会福利，所以一些地方政府既不愿意本地农民进城落户，更不愿意接纳外来人口进入本地落户，在城乡间、城镇间、区域间形成了固化的利益格局。因此，户籍管理制度改革不仅涉及城乡关系，而且涉及不同城镇、不同区域利益关系的调整，加大了改革的难度。

（2）土地利用制度改革滞后。一是政府"低补偿征收、高价格出让"，严重侵犯了农民的土地和财产权益。二是拿地成本过低助长了城镇建设用地的粗放性扩张。三是在 GDP 导向的政绩考核压力下，地方政府压低工业用地价格，工业用地强度普遍偏低，容积率一般只有 0.3 ~ 0.6。四是农村宅基地配置缺乏有效退出机制，福利化倾向严重，财产权不明晰，导致农村一户多宅、宅基地闲置、建新不拆旧的现象普遍存在。

（3）等级化城镇行政管理体制下公共资源过度向行政等级高的城市

集中。中国现行的城镇管理体制是按行政等级划分的，并且城镇间普遍存在上下级行政隶属关系。行政等级越高的城市掌控的用地指标、年度投资等资源的分配能力越强，因此公共资源投入过度偏向于行政等级高的城市。2010 年中国地级以上城市市辖区地方预算内财政收入占全国地方财政收入的 28.8%，而支出占到 35.1%，市辖区人均财政支出是县和县级市人均财政支出的 2.54 倍。按土地利用总体规划，河南省到 2020 年用地 96% 为县级以上及省级产业集聚区用地，小城镇用地指标只占 4%。

（4）现行财政体制与城镇化发展不相适应。主要表现为：一是经济高速增长，大量招商引资，吸引了大量非农就业人口，但是由于地方财政留成比例过低，造成对外来人口公共服务能力严重不足。二是财政转移支付制度以户籍人口为依据，发达地区吸纳了大量的外来流动人口，在促进这些人口的公共服务方面并没有得到中央财力的相应支持，致使吸纳外来人口较多的城镇政府缺乏户籍制度改革的积极性。

（5）城市发展导向存在偏差，机制不完善。一是对城市发展规律认识不足，因中国城镇化发展速度过快，大多数城市管理者对管理和经营城市尚无经验可循，盲目照抄照搬发达国家城市发展的表面现象。二是一些城市政府在政绩观影响下，过多注重视觉工程，寄希望在短期内使城市发生根本变化，而忽视了城市发展既是长期建设过程，又是制度完善过程。三是一次性土地出让收益的机制在客观上支撑了政府的短期行为。四是政府权力过于集中，基础设施的市场化发育不足，公众参与和监督机制不健全。

（6）城市经济增长方式过度依赖于廉价劳动力。一是一些地方政府崇尚 GDP，通过降低企业成本，鼓励招商引资，对企业逃避社保、侵犯农民工合法权益等行为监管严重不足。二是地方政府在公共服务上，往往重户籍人口锦上添花，轻外来人口雪中送炭，以此来减少对外来人口的公共服务，从而降低城市的发展成本。

二、中国城镇化已经进入转型发展新阶段

（1）城镇化发展速度将逐渐放缓。经济高速增长曾经是推动中国城

镇化快速发展的主要动力。当前中国发展面临着国际竞争压力日益加大，国际金融危机的负面影响尚未消除，碳排放、气候变化等国际制约因素的约束增强，以及国际国内资源环境问题的制约增多。特别是国内劳动力和土地成本上升等各种矛盾，使得中国未来宏观经济不可能继续维持高速增长，也直接影响到中国城镇化速度将会逐步放缓。预计到2020年，如果宏观经济增长速度达6~8个百分点，城镇化的速度将会维持在0.7个百分点。

（2）城镇化仍将是带动经济增长的重要引擎，重点是提高城镇化质量。城镇化释放出巨大的投资和消费潜力主要通过两个方面来实现：一是通过农民工市民化，把农村的消费行为转化为城市居民的消费行为，带动消费需求的增长。中国提高城镇化质量的人口空间接近16个百分点，涉及2.1亿农民工，加上7000万城镇间流动人口，约2.8亿人。通过户籍制度改革，把流动型消费转化为定居型消费，可释放的消费潜力巨大。二是通过城市的基础设施建设，带来投资需求的增长。中国现在镇区人口5万以上的建制镇有740个，实施城镇化政策，解决人口公共服务的基础设施建设也能释放出巨大的投资潜力。三是从即期需求看，解决已经举家迁徙在城市务工经商的农民工和城镇间流动人口的落户，对于刺激当前投资和消费需求具有重要的现实意义。因此，促进城镇化转型、提高城镇化质量有利于稳定中国经济增长和城镇化水平的稳步提高。

（3）行政手段和市场配置资源的方式决定着中国城镇化进程中的人口流向。一方面在一些行政等级高的大城市和特大城市，以行政手段配置资源较多，使得一部分市场资源也集中到这些城市，增加了就业和寻租机会，吸引了人口向这里集中。另一方面按照市场规律，企业投资较多的城市也是劳动力相对集中的城市，比如沿海发达地区的一些城镇，改革开放以来，大量外资进入，使得这里吸纳了大量农民工。判断城镇化人口空间分布的趋势和所谓城镇的资源承载能力，重要的依据是以行政计划还是以市场规律作为配置资源的手段。以行政计划来配置公共资源，尽管资源承载力并不支撑人口在这里过度集中，但并不会改变人口向各类行政等级高的大城市和特大城市流向的空间格局。而完全按照市场规律，根据企业投资的布局所形成的人口流向，实际上因资源承载力而导致的土地价格、劳动力成本和环境成本上升等因素的影响，已经发生了比较明显的变化。如近年来，东部地区吸纳农民工的比重在持续下降。河南、四川等劳动力输出大省，外出农民工总量开始低于省内就业农民工。

（4）推进城镇化转型发展的物质条件已基本具备。改革开放以来，持续快速的经济增长为城镇化发展奠定了物质基础。粮食持续增产，自2004年以来，粮食生产实现"八连增"，连续5年保持在1万亿斤以上，2011年达到11424亿斤，粮食问题不再是制约城镇化发展的主要问题。接近两位数的GDP增长每年带动城镇新增就业人口在1000万人以上，保障了农村进城人口的就业。各级政府财政能力的大大增强，2011年财政总收入已经超过10万亿元，为满足城镇人口的基本公共服务提供了有力保障。城镇内道路交通、供水、供电、供气和排水、排污、垃圾处理等基础设施条件大大改善，城镇教育、医疗、卫生等公共服务设施水平不断提高，城镇承载农村人口进城的能力日益增强。连接城镇间的交通设施条件日益完善，促进了人口跨区域流动，珠三角、长三角和京津冀三大城市群已成为带动中国经济发展的引擎，山东半岛、海西、中原、成渝等新兴城市群正成为中国经济新的增长极。

三、推进城镇化健康发展的政策措施

1. 积极稳妥推进户籍制度改革

户籍制度改革的方向是建立城乡一体、以居住地为依据的人口登记制度。户籍制度改革要坚持自愿原则，不得搞行政命令强制转变农民户口，不得以置换承包地经营权、宅基地使用权、集体收益权为前置条件，可以让农民工带着这些权利进城，要充分尊重农民在进城或留乡问题上的自主选择权。

（1）逐步实现户籍与城镇福利体系的脱钩。新制定就业、义务教育、职业技能培训、社会保障等各类公共服务政策时不得与户籍相挂钩；尽快清理整顿与户口相联系的各项政策，对暂时不能实现脱钩的政策要明确改革进度。

（2）分类制定落户政策。放开城市辖区内本地农民和长期举家在城镇就业的外来农民工在城市落户的限制；逐步放开城镇间流动人口的落户限制。对经过职业技术培训、在城镇有稳定就业的新生代农民工，可优先解决其在城镇的落户问题。

（3）明确各级政府责任。中央政府要尽快制定政策，全面放开长期举家在城镇就业的农民工在就业地落户的限制，并承担解决跨省域举家迁徙农民工落户的责任，省域内举家迁徙农民工的落户问题由省级政府统筹。允许地方政府在符合中央政策精神条件下，针对本地农民进城落户问题进行探索。

（4）规范居住证制度。允许外来人口根据其所持有的暂住证作为连续居住证明免费换取居住证，并累计居住年限，严禁在居住证之外再设立暂住证。对在各类城镇累计居住时间达 7 年以上的外来人口，要放开落户限制。逐步缩小居住证和城镇户籍的福利差距。

2. 推进城镇行政管理体制改革

推进城镇行政管理体制改革，充分发挥市场在资源配置中的基础性作用，逐步改变依照城镇行政等级配置公共资源要素的管理体制，赋予中小城市更多的管理权限和发展机会。

（1）减少行政等级对资源分配的干预。下放城镇的经济社会管理权限。对吸纳人口较多、经济总量较大的县城和小城镇，要逐步赋予其与管辖人口规模和经济总量相适应的经济社会管理权限。增加中小城市和小城镇政府建设项目审批的自主权。政府公共服务资源的配置要与行政级别相脱钩，要下放学校、医院、养老机构等公共服务机构设立的审批权，放宽准入门槛。加快实施省直管县，减少行政层次，暂不具备省直管县的地区，在安排土地利用计划、基础设施建设投资等方面实行省直管县体制。探索实行城镇管理和农村管理分开，避免资源过度向城市倾斜。

（2）完善设市审批制度，按常住人口规模确定机构和编制。尽快制定大中小城市的划分标准。修订设市标准，把城市市区常住人口规模作为设市的重要依据，镇区常住人口规模达 5 万的建制镇可直接设市。把常住人口作为机构设置和人员编制的重要依据。在核定人员编制的基础上，可以根据自身特点决定机构和人员配置。

（3）打破行政区划界限，发挥市场配置基础设施资源的作用。要遵循市场规律，促进相邻城市间基础设施共享，打破行政区划界限，允许多元化投资，建设和经营管理城际道路、城市供水、污水和生活垃圾处理等基础设施。逐步减少相邻城市间教育、卫生、养老等公共服务差距，鼓励市场投资参与城市公共服务项目的建设和经营，推动相邻城市公共服务均等化发展。特大城市要将交通、供水等基础设施向周边中小城市和小城镇延伸，推进特大城市中心城区公共服务功能向周边中小城市和小城镇扩散。

（4）加大对中小城市的支持力度。安排年度土地利用计划，支持中小城市和小城镇发展。要设立专项资金，加强中小城市和小城镇基础设施建设，完善公共服务设施。中西部要重点支持具备承接产业转移条件的中小城市和小城镇，促进农民工返乡创业。

3. 加快土地制度改革

（1）完善征地制度，逐步建立城乡统一的建设用地市场。完善农村集体土地征收办法，提高农民在土地增值中的分配比例，规范政府的征地行为。允许农民或集体经济组织在符合规划的前提下利用自有集体建设用地使用权，以出租、入股、委托经营等方式参与城镇经营性项目的开发。制定集体建设用地流转收益分配办法，合理确定国家、地方政府、集体和个人的收益分配比例。

（2）加强农村土地管理，探索建立农村闲置宅基地自愿有偿退出机制。加快推进农村集体土地所有权、承包地经营权、宅基地使用权、集体建设用地使用权等确权登记颁证。按照农户自愿、协商一致的原则，允许已经进城落户的农民有偿转让在原农村的宅基地。允许农民自主整理复垦宅基地，并在统一公开的交易市场上有偿转让建设用地指标，复垦后形成的耕地仍归原农户经营。

（3）提高城市用地集约度。城镇建设要充分利用存量建设用地。规范新城新区建设，严格控制征占规模。加快发展土地二级市场。通过充分开发城市存量空间，相对集中布局城市建筑设施、密集组团发展等方式节约用地，提高建成区人口密度。

（4）探索建立适应城镇化发展的人地挂钩土地利用机制。在新增用地指标的分配上，城镇建设用地的增加规模要与本地区吸纳进入城市落户人口规模相挂钩。探索建立省内耕地占补平衡指标公开交易市场。研究省内跨县和跨市交易建设用地指标办法。

4. 加快农民工市民化进程

政府要推进基本公共服务对农民工实现全覆盖和均等化，有计划地扩大农民工与城镇居民享受同等公共服务的项目和范围，使农民工的公共服务水平不断得到改善。

（1）以基本公共服务为重点，不断完善农民工公共服务体系。加大中央财政对义务教育经费的统筹力度，各地城镇政府应将农民工随迁子女义务教育纳入本地教育发展规划，按照预算内生均公用经费标准和实际接收人数足额拨付教育经费。加大对民办农民工子女学校的支持力度，合理制定办学准入门槛。允许农民工随迁子女接受义务教育和高中教育后在当地参加高考。努力扩大社会保险对农民工的覆盖面，抓紧制定社会保障制度城乡衔接和跨地区转移接续的实施办法，政府加强监管，提高农民工参加各类社会保险的参保率。将农民工纳入城镇住房保障体系。政府要将农民和集体经济组织利用集体建设用地建设的符合标准的出租屋纳入保障性住房规划，增加对农民工居住区基础设施和公共服务设施的投入力度，改善农民工居住条件。

（2）切实保护农民工的合法权益。加强农民工劳动权益保护力度，消除农民工在就业领域的地域歧视、社会身份歧视现象。依法规范农民工的劳动关系，指导农民工与用人单位依法签订劳动合同。加强对用人单位订立和履行劳动合同的指导和监督。落实农民工工资支付相关保障制度，及时查处拖欠农民工工资现象，加强对地方制定、调整和执行最低工资标准的指导监督。

5. 完善其他相关配套改革

（1）理顺各级政府责任，建立多元化成本分摊机制。尽量细化明确中央和地方政府在农村人口转移方面的财政支出责任，建立政府、企业、个人共同参与的农民工市民化改革成本分摊机制。各级城市政府要统筹考虑农民工转户的需要，加大相关公共支出力度，拓展筹资融资渠道，加快城市基础设施、社会保障、公共服务能力建设，提高人口承载能力，中央政府和各级政府要予以积极支持。企业要自觉地承担起相关责任，按照有关规定缴纳转户农民工的社会保障费用。各级政府探索实行与常住人口规模相适应的一般转移支付，设立针对城镇外来农民工公共服务的专项转移支付，探索建立特大镇政府与上级政府的分税制。

（2）明确城镇发展导向。改变 GDP 导向的政绩考核观，要把对居民的公共服务项目、城市污水排放及治理和垃圾处理等生态环境项目、促进居民收入增长和就业等问题作为政府考核主要内容。要建立收支平衡的经营理念，要防止政府决策中短期行为的倾向。不断提高人口密度，降低服务业发展成本。降低服务业发展门槛，要为方便居民生活的个体经营的小型服务业发展留足空间，发挥其吸纳农民工就业的作用。要重视老城改造，增加对老城区供排水、垃圾收集处理、道路等基础设施的投入力度，改善居民的居住生活环境。

（3）完善城镇规划体制。统筹运用经济学、社会学、生态学、环境科学等多学科的方法，改变以工程技术学科为主的规划编制办法。探索经济社会发展规划、空间规划、土地利用规划等"多规融合"的编制办法，在有条件的中小城市开展"多规融合"的规划编制试点工作。加强公众参与，借助网络、微博等现代技术手段，鼓励和引导公众积极主动参与规划编制和决策。健全规划的监督机制，建立规划责任追究机制，加大对违规的惩治力度。在规划编制、审批和实施过程中，打破规划利益被部门垄断的格局。要根据地方的发展阶段、区位条件等来制定规划标准，避免搞"一刀切"。规划编制必须符合地方发展实际水平，并尽可能体现地方特色，避免脱离实际。尽快出台《发展规划法》。

（4）提高城市管理科学性。在充分尊重中国国情基础上，加大对中国城镇发展规律和城镇化发展问题的研究力度。加强城镇管理干部队伍建设，完善城镇管理人员培训体系，城镇主要负责人要接受正规的城镇管理培训，提高政策水平和管理能力。鉴于城镇化发展事关发展全局问题，要成立专门的政策咨询及管理机构，增强统筹协调能力，确保有关政策的落实。

（2012 年 3 月）

我国城镇化问题

自 1998 年十五届三中全会第一次提出"小城镇，大战略"，到党的十六大决议提出"繁荣农村经济，加快城镇化进程"以来，一系列的党的决议、中央政府的规划，一直把推进城镇化进程作为我国 21 世纪的重要发展战略目标之一。2007 年，我国城镇化率 44.9%，城镇人口 5.9 亿。比 1997 年亚洲金融危机时分别增长 13 个百分点和 2 亿人，年均以 2000 万人的速度递增。

一、我国城镇化的现状和基本特点

1. 我国城镇化进程的人口主体

（1）流动就业的农民工是城镇化的主体。2007 年，全国有 14 个省的城镇化率高于全国平均水平，京津沪三大直辖市的城镇化水平超过 70%，广东超过 60%，江苏、浙江和东北三省、内蒙古超过 50%，福建、山东、重庆和海南超过 45%。沿海各省城镇化率的提高，主要来自农民工进城不断增加（分子变大），浙江、北京、上海、天津和广东，农民工对城镇化的贡献率分别为 30.7、27.9、24.7、24.4、18.6 个百分点。内地各省城镇化率的提高，主要来自农民工离乡不断增加（分母变小），四川、河南、安徽和湖南农民工对城镇化的贡献率分别为 9.5、10.6、13.3 和 16.6 个百分点。

（2）农民工流入经济发达地区，加速了这些地区的城镇化进程。2007 年，北京、天津、上海、江苏、浙江、福建、广东和云南等 8 个地

何宇鹏、窦红、范毅、王俊沣等参与了报告写作。

方净流入的跨省农民工都在 100 万以上，其中京津都市圈净流入 593 万人，长三角城市群净流入 1265 万人，珠三角城市群净流入 1373 万人。河南、安徽、湖南、江西、湖北、四川、重庆、贵州和广西等 9 个地方净流出的跨省农民工在 100 万以上，河南、四川和安徽 3 省更是达到 500 万以上（见表1）。

表1	净流动超过 100 万的省市		单位：万人
净流入省市	净流入量	净流出省市	净流出量
广　东	1372.83	河　南	946.50
上　海	497.08	四　川	637.31
浙　江	440.55	安　徽	519.82
北　京	432.48	湖　南	485.24
江　苏	327.73	重　庆	403.49
云　南	176.65	湖　北	349.28
福　建	167.15	广　西	262.40
天　津	160.27	贵　州	198.55
		江　西	131.25

（3）我国的城镇化进程以流动就业为主要形式，并没有完成农村人口向城镇的定居或者"落户"迁徙。在我国统计为 5.9 亿的城镇人口中，还有 1.6 亿是农业户籍人口，占到了城镇人口的 27%（见图1）。如在劳动力流入大省浙江，被统计为城镇人口的农业户籍人口已经超过了非农户籍人口，达 53.6%。农民工仍是以劳动力流动而非举家迁移定居为主，全国 80% 被统计为城镇人口的农民工都是流动就业，举家迁徙的农村人口仅占 20% 左右，这是我国城镇化进程中区别于其他国家的一个鲜明的特点。

2. 我国城镇发展在城镇化进程中的作用

（1）城镇体系和结构有了较大的变化。2007 年，我国共有 655 个城市，比 1978 年增长 2.4 倍；小城镇数量达 19249 个，比 1978 年增长 7.9 倍。其中，200 万以上城镇人口城市达 36 个，增长 2.6 倍，100 万~200 万以上城镇人口城市达 83 个，增长 3.4 倍。各类城市人口 3.4 亿，占城镇总人口的 57.6%，县城城镇人口 1.2 亿，占城镇总人口的 20.3%，小城镇镇区人口1.3亿，占城镇总人口22.1%（见图2）。

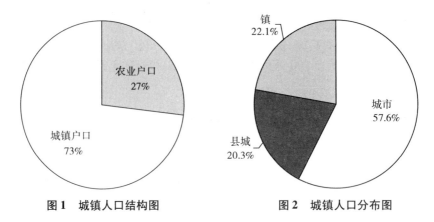

图1　城镇人口结构图　　　　图2　城镇人口分布图

（2）各类城市和小城镇都对转移农村劳动力做出了相应的贡献。2008年，我国共转移农民工2.25亿，其中本乡镇以外就业的外出农民工数量为1.4亿，占62.3%，本乡镇以内的本地农民工数量为8500万，占37.7%。

分地区看，东部地区吸收了67.6%的农民工，为1.52亿人；中部地区吸收了16.9%的农民工，为3800万人；西部地区吸收了15.5%的农民工，为3500万人（见图3）。

分城镇类型看，各类城市吸收了52.9%的农民工，为1.19亿人；小城镇吸收了47.1%的农民工，为1.06亿人（见图4）。

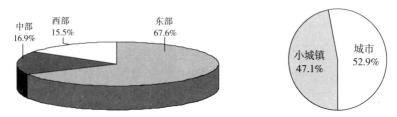

图3　2008年农民工流向图　　　图4　2008年农民工在各类城镇的分布图

（3）城镇总体人口规模依然偏小，发展空间广阔。2007年，我国50万以下城镇人口的中小城市418个，占城市总数的64%。全国平均城市人口还不到52万人。如果平均人口规模增加到100万人，则可容纳6.55亿人，超过了现有城镇人口的总和。我国县城城镇人口平均为7万人，建制镇镇区人口平均为7845人。如果每个县城平均人口增加到10万人，那么可以容纳 1.6 亿城镇人口；如果每个小城镇平均人口达到 1.5 万人，那么可以容纳近 3 亿城镇人口。

3. 城镇化的潜力还没有完全释放

（1）城镇化还处在加速发展时期。按照城镇化的一般规律，城镇化率达到 30% 后开始加速，达到 70% 后趋于平稳，城镇化在 30%～70% 间为加速发展期。我国 2008 年城镇化率为 45.7%，处在城镇化加速发展期的前半期，距离 70% 还有一定的差距。城镇化的快速发展还将持续很长一段时间，有可能为我国经济的长期发展提供巨大的结构调整支持。

（2）城镇化的基础设施建设还有较大的潜力。2007 年，城市基础设施投资 6422 亿元，只占 GDP 的 2.6% 或全社会固定资产投资的 4.7%，低于联合国建议的占 GDP 3%～5% 或占全社会固定资产投资 9%～15% 的标准。如达到联合国建议的高标准，未来我国城镇基础设施投资建设还应释放出更大的经济潜力。

（3）城镇化也将对扩大消费和内需产生积极影响。根据国家统计局数据推算，2006 年，农民工的年均消费支出 5556 元，相当于城镇人口年均消费水平的 64%。农民工占当年城镇人口的 22%，但只占城市社会消费品零售总额的 14%。因为农民工收入主要不在城里消费，消费只占收入的 49%；而在城里的消费又以食品消费为主，占 51%。如果是举家迁移，并且恩格尔系数能降到 43% 左右（当年城镇和农村分别为 36% 和 43%），那么农民工家庭的人均消费就可能增加到 6500 元左右，相当于城镇水平的 75%。这还不包括举家迁徙后购买住房的消费。因此，从根本上解决在城镇流动就业的农村人口举家定居问题，有可能带动城镇低端房地产市场以及工业制成品市场的消费，并带动农产品的商品消费。

二、当前关于我国城镇化研究的主要观点和意见分歧

自 1997 年亚洲金融危机以来，关于城镇化在我国经济和社会发展中的作用已经引起了广泛的争论。虽然，城镇化问题已经列入了我国的经济和社会发展战略。但是由于认识上的差别，以及对可能产生后果的担忧，或者是基于现实城镇利益的考虑，目前，在城镇化问题上观点和认

识还有较大的差距，导致了推进城镇化进程的各项改革政策难以及时出台。以下就涉及有关城镇化问题的主要观点和分歧，做一简要介绍。

1. 关于城镇化的重要意义

尽管城镇化发展的重要意义在理论界已经得到了共识，但是还是存在着一些较大的分歧，直接影响到是否可以开始着手制定推进城镇化的具体政策。

（1）城镇化对于农村发展的重要意义。从 20 世纪 90 年代起，这一问题就已经充分引起了一部分经济学家和农村问题研究专家的重视。"减少农民才能富裕农民"这一重要论点的提出，实际上已经从根本上概括了城镇化对于未来我国农村发展重要性的基本认识，也成为当前制定城镇化政策的重要思想依据。但是也有一部分理论工作者认为，土地是农民最大的社会保障，担心城镇化会造成一部分农民无法承担城镇的失业之痛，还是希望在农村给进城务工就业的农民留有一个所谓土地作为保障的空间，只有把农民和他的土地永远捆绑在一起，才不至于带来人口流动造成的社会不稳定因素。这一观点实际上也影响到了决策层面。

（2）城镇化对于拉动内需的重要作用。从 1997 年亚洲金融危机开始，到 2008 年的国际金融危机，许多国内外经济学家都提出了城镇化有利于拉动内需的重要结论。国际上一些著名的专家在指出 21 世纪的国际经济走向时，把中国的城市化和美国的高科技并列为两个最重要的因素。还有一些国际经济学家在提出解决金融危机的有效办法时，也都提出了中国的城市化的重要作用。2008 年以来，许多国内著名的经济学家也纷纷提出通过城镇化来拉动内需的观点。有国内学者认为，按每增加一个城市人口需要 50 万元投资额，增加 4.5 亿城市人口就需要增加 225 万亿元投资。也有国际专家指出，在未来几十年，中国经济仍将可以保持 8%～10% 的增长速度，如果按 8% 的增速计算，将有 3% 来自农村劳动力向城市的转移。一些农村政策研究专家也指出，城镇化政策会使农民工把长期消费从农村转向城镇，带动低端房地产市场的发展和工业制成品的消费。

（3）城镇化对于城市和小城镇发展的作用。虽然理论界很少从这一角度提出问题，但是也有一部分专家指出，未来城市发展的活力，取决于城市人口结构的改变。主要的观点集中在两个方面，一是较多的城市研究专家认为，应该允许有技能的农村人才或农民企业家进入城市和较大的小城镇，会给城镇带来新鲜的血液和人才补给。但是按照这种观点，城镇化的发展速度会很慢，因为毕竟所谓农村有技能、有知识的人才或企业家数量是极其有限的。二是一些城镇化研究专家认为，农民工是城镇最为活跃的人口主体，也是农村的人才和精英。他们进城定居，将给城市带来活力，并将填充正在逐渐出现过剩的公共资源，弥补大城市养老金的缺口，城市的发展需要大量的青壮劳动力作为新鲜血液的补充。但是这一观点显然还没有得到大多数城市管理者的认同。

2. 关于城镇化发展途径的选择

（1）城镇化和城市化的概念之争。从事宏观经济研究的政策专家和学者们，大多愿意使用城市化的概念。一方面是因为国际上没有城镇化的说法，另一方面是希望未来我国的城镇化道路，还是应该聚焦于各类大中城市和城市群。从事农村政策的研究部门和一些领导同志，根据我国的国情，倾向于采用城镇化的提法，这也是目前中央既定政策的提法。理由是不能把未来农村人口转移集中到各类城市，担心出现拉美国家和印度等国的城市病，担心城市贫民窟引发的一系列社会问题，担心农村人口进入大城市会影响大城市的国际形象，降低城市竞争力。促进小城镇发展是基于我国已经有近 2 万个小城镇，可以把城镇化的矛盾分解到小城镇，在这里进行配套的改革，会把不稳定的因素降到最低。

（2）鼓励农村人口向特大城市集中或者是采取多元化的城镇化发展道路。许多专家学者运用各种数学模型和国际经验比较，支持特大城市优先发展理论。还有观点认为把特大城市和周围的卫星城集合成城市群，有利于发挥城市的规模效益。

大中小城市和小城镇协调发展，这是政策研究部门一致的看法。虽然看起来有些中庸，但是实际上也是对目前中国正在进行的城镇化进程中的多元化道路给予了诠释。

尽管在理论上有着这样那样的争论，但是无论是学者还是政策研究工作者，几乎都忽视了一个问题，就是我国目前无论是大城市还是小城镇，对于外来农民工的进入都采取了严格的限制措施。

3. 关于城镇化发展速度的讨论

（1）中国的城镇化是滞后的。这种观点占主流，认为我国的城镇化水平低于世界平均水平，也低于许多经济发展水平不如我国的发展中国家。中国城镇化滞后于工业化发展是我国特有的发展模式，我国的城镇化发展将是一个漫长的过程。许多国际上的经济学家也同意这种看法，认为我国城镇化水平与经济发展的水平相比还是比较低的，虽然近几年发展较快，但总体上看速度还是偏低。

（2）中国的城镇化是冒进的。这是前两年出现的一个比较极端的观点。认为近10年来中国城镇化脱离了循序渐进的原则，超出了正常的城镇化发展轨道，特别是土地城镇化速度太快，冒进式的城镇化发展模式后患无穷，城镇化可能会带来贫民窟。这一观点在表面上看，是批评城镇化进程太快造成了许多后果，但是实际上是对当前城市发展和建设中出现的许多不良现象进行了深入的批判，特别是反对形象工程和豪华的城市建设，反对大量剥夺农民的土地，浪费公共资源。

4. 关于城镇化内涵的观点分歧

城镇化是要加快城镇建设还是要促进人口转移？虽然在理论界已经明确城镇化是农村人口向城镇逐步转移的过程，也是城镇基础设施和公共服务覆盖更多的农村地区和人口的过程。但是，也有一部分学者在城镇化的内涵里，增加了生态、环保、城市景观的内容，从理论上在城镇化的内涵中增加了城市生活质量的标准。这一观点直接影响到了绝大部分城镇的实际管理者，也直接影响到了近些年城镇投资的导向。人口转移虽然是理论上的目标，但是，城市管理者则更愿意把精力放在对现有城镇户籍人口的服务上，或者是愿意加大对城镇基础设施建设和景观建设的投资，这样能够更多地体现可视的政绩观。

三、我国推进城镇化进程的难点及其分析

城镇化问题提出迄今已经10多年了，重要的进展主要体现在统计指标的变化上。从2000年第五次人口普查开始，第一次把在城镇流动就业超过半年以上的农村人口统计为城镇人口。因此我国的城镇化率在当年

有了较大的提高，从原来的 30% 增加到 36%，此后按照这个标准，每年的城镇化率增长 1 个百分点左右。由于其他有关城镇化的改革措施没有及时跟进，所以到目前为止，我国城乡户籍制度的二元结构仍没有从根本上被打破，农村人口在城镇以流动的形式就业仍成为常态。

是什么原因导致了城镇化进程没有实质性的进展？是什么问题限制了有关城镇化政策出台和落实？这里仅就政策研究层面担心的一些难点和问题进行了简要的梳理和分析。

1. 推进城镇化所担心的问题

（1）担心出现贫民窟。这是发达国家和其他发展中国家无法回避的问题。大量进城定居的农村人口集中在城乡结合部，由于整体素质低下，一旦公共服务出现缺口，可能会造成贫民窟现象的出现，会影响到城市形象和诱发犯罪等治安问题，也影响了现有城镇居民生活质量的提高。

（2）担心耕地的滥占。解决农村人口进城定居，必须同时要解决他们居住和就业的用地问题。以往的农村人口转为城镇户口，是因为城镇建设占用了他们的耕地。而未来要大批的转移农村人口，涉及上千万甚至上亿人口，占用多少耕地，会对我国未来的农产品供求形势产生什么影响，这是难以抉择的重要原因。

（3）担心农民工在城镇的生存能力和社保压力。许多人担心农民工收入水平较低，不能支撑其在城镇定居。另外，城镇居民还面临社保资金严重不足的问题，如果增加了这么多社保供养人口，会不会增加社保资金的负担。

（4）担心公共资源供给的能力。大量农村人口进城一定会占用各种公共资源。特别是像北京这样的城市，部分专家也指出了由于水资源的限制，人口不能再增长。农民工群体的进入，会不会加剧这种资源供给的压力？还有人认为教育和公共卫生资源以及各种基础设施资源，在过去的高标准投入下，才达到了现在的水平。如果允许"低素质"农民工群体占用这些资源，城镇还要加大这些方面的投资，还要降低平均的教育水准，因此城镇的管理者对于放开农民进城落户有着较大的担心。

（5）担心对城镇户籍人口的就业产生冲击。放开农民进入城镇落户，意味着大批适龄青壮劳动力进入城镇劳动力市场。在城镇就业形势尚不景气的情况下，如果农村劳动力进城，一定会和现有的城镇居民分享有限的就业资源，势必影响到城镇居民未来的就业，因此也会导致城镇居民反对农民工进城落户或者定居。

（6）担心实施城镇化政策会遭到城镇管理者和城镇居民的反对。允许农民进城定居和落户，本应是城镇政府的决策权限。实际上，一些城镇也针对本地农民出台了一些较为宽松的落户政策。例如在深圳，强制推行城镇化政策，把当地农民改为城镇居民。但是，在允许外来务工就业的农民进城落户方面，各地一直持十分谨慎的态度。即使在少数几个城市开展了试验，为时不久就退了回来，理由是财政支出不堪重负。正是因为各级城镇政府都不愿意采取放开外来农民进城落户的限制，他们的基本态度也在一定程度上影响了中央政府的决策。而且，从目前网络和各类媒体的舆论上看，鲜见支持外来农民工进城落户的论点。因此，在没有城镇政府和广大城镇居民的明确支持下，出台允许农民工进城落户的任何政策，会带来什么样的社会影响，会不会造成社会不稳定因素，可能都是政策制定者要考虑的问题。

2. 关于城镇化的难点问题的研究和分析

推进城镇化政策，是不是像我们想象的那样难，是不是现在预估的所有的难点，都在实践中得到证实？我们通过研究表明，有些问题并不是不能得到解决，而是不愿意面对；有些问题涉及重大的改革，需要进一步去探索；有些似是而非的观点，已经被研究所证明是多余的担心。

（1）推进城镇化不会导致贫民窟的出现。虽然部分发展中国家在城镇化加速发展时期都出现了大量的贫民窟，但是在中国出现贫民窟的可能性不大，原因是我们可以通过户籍管理制度的逐步改革，有序有条件地分期分批解决外来流动就业的农民工群体进城定居落户。在全国各地的小城镇特别是大城市郊区的小城镇，也可以分散接纳农村人口进城就业和落户。我们在政策上也可以鼓励一部分返乡创业的农民工回到家乡的县城或者小城镇定居，经营小型服务业。我国的各级城镇政府也有经济实力来改善进城定居落户的农村人口的居住环境。这也充分体现了社会主义制度的优越性。

（2）推进城镇化进程只会节约耕地而不会浪费耕地资源。农村人口进入城镇，首先可以把原来在农村占有的宅基地置换给无地农民，缓解农村集体建设用地紧张的矛盾。其次，农村人口在城镇流动就业过程中，并没有导致城镇用地的紧张，而是充分利用了城区内部和城乡结合部农村集体经济组织闲置的住房资源。即使在有序地促进外来农民工进城定居方面，也可以考虑更多地采用租房的方式，低成本地进入城镇，而不是开始就采用所谓提供经济适用房和廉租房的办法，大片地占用土地，加大公共支出的力度，实行福利化的住房供给。

（3）农民工收入水平可以支撑在城镇的稳定生活和定居，并不会成为社保的负担。2007年我国农民工月平均工资为1060元，比城市最低收入户（10%）的收入水平高115.13元（见表2）。一般来说，社会救济救助主要针对10%的最低收入家庭，比如，发达国家的廉租房覆盖率平均为10%。从农民工的收入水平来看，已经不在收入最低的10%范围之内，而且也远高于城市的最低生活保障线，农民工群体并不在低保救助范围之内，可以支撑在城镇的定居。农民工进城对城镇社保的负担不大，而且可以缓解城市老龄化带来的社保资源不足等问题。因为农民工平均年龄为28岁，距社保最终支付期还有32年，现在缴纳社保，也只是为城镇老龄人口作贡献。

表2　　　　2007年农民工年平均工资与城镇居民收入与消费对比

单位：元/人·月

	最低收入户（10%）	低收入户（10%）	中等偏下收入户（20%）
城镇居民月平均收入	944.87	1203.02	1548.96
城镇居民月平均支出	828.35	969.32	1153.25
农民工工资	1060		

（4）农民工进城定居和就业的成本不高，还可以缓解城镇公共资源闲置和过剩的问题。城镇化需要支付的成本是多少，一直是各级政府所关心的重要问题。不少地方都以要支付的公共服务成本过高为由拒绝将农民工纳入财政经常性支出项目，但是多数研究对城镇化的人均成本计算在2万~2.5万元之间（2000年不变价）。随着经济发展，这个成本可能增加，但即使是达到5万元，按每年转移2000万人口计算，年均也只

有 1 万亿元，相当于 2008 年 GDP 的 1/30 或 3.3%。换句话说，城镇化成本随经济发展在经济总量中的份额是下降的。从另一方面看，城市在计划生育高峰时期形成的教育资源随着人口增长水平的下降，已经不同程度地出现了过剩。在上海，农民工子女已经利用了 35% 的公共教育资源，大大地缓解了教师和教育资源过剩的压力。

（5）外来农民工进城就业和城镇居民的就业互为补充，甚至还会创造新的就业机会。据有关部门统计，我国流动就业的农民工基本从事的就业行业集中在建筑业、采掘业、餐饮业、家庭服务业和大量劳动密集型产业。建筑业从业人员中农民工占 80%，制造业中占 68%，而城镇居民在专业技术、办事人员等方面的就业比重显著高于农民工。仅从就业的角度考虑，一旦农民工退出现在的就业领域，所有的城镇都会瘫痪。而且，当农民工大批地进城定居，集中居住，带来城镇人口密集度的增加，会创造更多的服务业就业机会。而城镇化高速发展的直接效果，就是使服务业的就业比重远远高于工业的就业比重。

（6）城镇居民的反对并不会影响城镇化的实际进程。近十几年来，我国城镇化以每年一个多百分点的速度在增长，在城镇间流动就业的农民工已经达到了 1.4 亿，其中 20% 的农民工携家眷进城定居。农民工尽管还没有完全享受到和城镇居民平等的公共服务，但是在就业和居住所在地，已经和城镇居民共同分享着公共基础设施。在部分农民工集聚的地方，确实出现了比较严重的治安和环境问题，造成这种现象的原因主要在于他们处于流动状态，并没有纳入正常的公共服务范畴。一旦有关城镇化的各项政策逐步推进，农民工从流动逐渐转向定居，他们的生活和就业的不确定性的状况就会发生根本的变化。而随着管理和服务纳入常态，流动性引发的问题就会大大降低。因此，城镇居民担心和反感的理由也会逐步消失。

四、城镇化所涉及的体制层面上的问题及政策建议

国际上的城市化进程，是农村人口自由向城市迁徙的过程。西方发达国家曾经有过的经验，就是把城市化进程中可能产生的社会矛盾，放

到城市里来解决。而中国在 20 世纪 50 年代末实行城乡二元的户籍管理体制以来，在遇到大的经济波动时，习惯于把矛盾分散到农村去解决。实行了半个多世纪的城乡二元的分割体制，已经固化了城乡现有的各种体制关系，也成为未来推进城镇化进程中的体制障碍。

1. 现行体制上的阻力和约束条件

（1）户籍管理制度改革进展缓慢。我国的户籍管理制度不仅限制了农村人口向城镇的转移，城镇人口向农村的转移以及农村户口之间的转移也受到严格的限制。向城镇转移，影响到城镇公共福利的供给能力。向农村转移，直接关系到基于农村集体经济组织的财产权利和土地权利的分割。值得注意的现象是，在经济发达地区和大城市郊区，农村人口不愿意转为城镇户口。在这些地方，无论是城镇还是农村集体经济组织，对于外来务工的农村人口的落户都采取了严格限制的措施。而真正想进城特别是进入经济发展较快的城镇落户的，一般都是外来流动就业的农村人口。而在这方面，户籍制度的改革几乎没有任何进展。

（2）用地管理制度改革面临着挑战。城镇化进程不仅仅是人口的城镇化，而且一定要伴随着土地的城镇化。近些年，在城镇建设较快的地方，土地城镇化远远快于人口城镇化。城镇发展大量的低价征用土地，土地补偿的资金并不能解决农村人口进城就业和落户的问题。拥有土地所有权的农民，并不能具有分享土地升值的权利。即使是通过建设用地发展了工业和服务业，也很难通过确权形成和城镇国有用地同等的土地权益。这也是《物权法》和《土地承包法》一直在回避的问题。对于中西部地区以农业为生的农民，土地没有升值预期，只能靠进城务工就业获得收入的增加，他们未来和土地承包权的关系，在办理城镇落户手续之后是否有自由的处置权利，也是目前政策研究中的一个难点。

（3）城镇间的行政隶属关系也制约着城镇对于外来人口的公共服务能力。我国城镇发展区别于世界其他国家的突出特点，就是城市管理城市、城市管理城镇，造成了低级别的城镇的公共管理能力不足，财政上缴，无法服务于日益增长的外来人口的需要。例如，东莞的虎门镇本镇人口 10 万，外来人口 90 万，这样的 100 万人口的城市，只是一个建制镇的管理权限。财政上缴给上级政府，而无力承担 90 万之巨的外来人口的公共服务的需求。在珠三角和长三角，这类问题十分普遍，已经严重影响到了环境和治安的现状。这一问题也间接反映出，管理权限和财政能力，以及机构设置和公务人员的编制，仍然按户籍人口设置，还没有考虑到实际管理人口的需求。甚至也反映出，我国的城镇管理体制，城镇的设置都要进行相应的变革。

（4）城镇管理农村的体制使得资源向城镇倾斜。我国自改革开放以后，开始实行了市管县体制，之后就是乡改镇、地县改市。虽然原来的地方的行政管理体制重点是管理农村，但是改市以后，无论是来自市场还是来自政府的资源，都在不同程度地向城镇倾斜，但是要素中最活跃的劳动力资源仍然被滞留在农村。导致城镇建设得越来越漂亮，城乡的公共服务差距在不断加大。然而在城镇建设得漂亮的同时，进入城镇的门槛却越来越高，使得城镇化的起步成本在不断抬升。

（5）推进城镇化的管理职责不清，影响到政策的出台和落实。在党的十六大决议中，加快城镇化进程和繁荣农村经济并列在一起，说明城镇化的战略是要从根本上解决农村发展问题。但是，解决农民进城和相关设施投入的权限却在城市和小城镇，也就是说城镇的管理者有权决定是否可以放开农村人口进入城镇定居和落户。而城镇的管理者，从城镇发展的现实利益考虑，并不愿意接纳农村人口进入城镇。从另一个方面看，城镇是否接纳农村人口特别是外来人口进入，是城镇本身的局部问题，还是服从于中央的城镇化发展战略的全局性问题，在职责上也没有明确的定位。因此，由中央还是地方或者某主管部门来推进城镇化，到目前为止，还没有进入议事日程。

2. 关于推进城镇化的有关体制变革和支持政策的建议

鉴于推进我国城镇化无论对农村的长期发展，还是对城镇的发展，增加城镇的活力，或者是对于拉动内需，都具有十分重要的意义。中央政府应不失时机地着手制定有关政策，改革束缚城镇化发展的不合理体制和障碍，并加大对促进农村人口向城镇转移的资金和项目支持力度。具体建议如下：

（1）稳妥有序地改革户籍管理制度。传统的户籍管理体制已经给我们稳定有序地开展农村人口向城镇逐步集中创造了有利的体制条件。因此，应充分利用户籍管理制度的功能，逐步分期分批有条件地解决长期在城镇务工就业的外来农民工进城定居落户问题，使城镇化的潜能在可控的情况下稳定地释放出来。一是要在外来人口不多的小城镇，完全放开农民进城落户的限制；二是允许携家眷长期在城镇务工就业的外来人口办理城镇落户手续；三是在大城市郊区的小城镇，可以通过户籍管理制度改革，允许外来农民工有条件地办理小城镇落户手续；四是可以先期开展试点，就以上内容进行试验，取得成效后逐步推广。

（2）探索集体土地用地制度改革，为农民工进城定居创造条件。允许各级城镇政府探索集体建设用地使用权的改革模式。稳步推广"宅基地换房"、"农村集体建设用地减少和城镇建设用地增加挂钩"的经验；允许农村集体经济组织和农民在集体建设用地和宅基地上建设农民工住宅，出租或者转让给农民工使用；划拨一部分用地指标，重点解决农民工返乡创业的小城镇用地问题；允许已经进城定居和落户的农民有偿转让在原农村的宅基地和承包地，转让对象在集体经济组织内部成员优先的前提下，可超出原集体经济组织范围；允许城镇居民到农村合作开发和长期租赁承包地、宅基地以及农村住房，鼓励城乡要素的双向流动；对农村集体经济组织和农民在集体建设用地或宅基地内的自建房，应在规划上予以引导，不能以各种理由对建房的形式、规模和容量进行限制。

（3）探索城镇间的行政管理体制改革。继续加快省管县的改革，推广江苏、浙江等地省管县的先进经验；重新研究设"市"条件，应根据现有城镇集中居住的常住人口规模（不仅仅是户籍人口），作为设"市"的前提条件；应允许设立"镇级市"，并把设立"镇级市"的权限下放到省一级；逐步实现省直接管"市"，并对设市单位按照实际管理的人口规模，确定行政管理权限、行政机构的设置和人员的编制；要研究按实际人口管理规模来确定各级政府的财政分配关系，要考虑到发达地区的城市和小城镇已经增加的外来人口管理负担，给予必要的财力支持，解决人口日益增长的治安、公共服务和环境问题。

（4）要研究城镇管理和农村管理的分工问题。鉴于我国目前的以城镇为主体的行政区域管理，城镇还负担着管理农村的职能。要在减少地方行政管理层次的基础上，逐渐弱化城镇政府对农村的直接管理职能，探索对农村实行地区管理的模式，确保中央和各级政府对农村发展的转移支付和项目资金，切实地投入到农村区域中。防止城镇利用行政手段，向城镇集中资源，扩大城乡差距，抬高农民进城门槛。

（5）中央要加大对推进城镇化的政策支持力度。要结合拉动内需有利时机，把一部分资金直接投入到推进城镇化进程的项目中去，充分体现扩大内需"以人为本"的原则，从而带动有效需求。先期重点解决农民工集中居住地区的公共基础设施改善问题。要结合各项配套制度的改革，在大城市城乡结合部的小城镇，加快基础设施建设，并将基础设施延伸到农民工集中居住的集体建设用地空间内。对于返乡创业的农民工集聚的中西部小城镇，要列入专项资金，加快适用的基础设施建设，改善农民工的创业和居住条件。可以考虑先行进行试点，在沿海发达地区和中西部地区，各选择 500 个试点进行改革和配套的公共基础设施建设。

（6）明确中央和地方以及有关部门在推进城镇化进程中的职责。促进城镇化的发展，是 21 世纪我国重点的战略目标，也是关系到国计民生、城乡经济和社会发展的重要任务，也是落实科学发展观和以人为本的改革举措。推进城镇化进程，重要性和难点不亚于 20 世纪开始的农村改革。责任在中央政府，政策的主导权也在中央政府，只有中央政府下定决心，才有可能要求地方各级城镇政府贯彻和落实。因此，要从现在起，着手制定文件和政策，稳妥扎实地推动城镇化进程。推进城镇化，事关户籍、土地、规划、农村、城镇管理、行政区划管理、机构和编制、基础设施投入等综合职能，既有改革又有发展。建议将推进城镇化的职能放在综合部门，成立主管司局或者办公室，确保有关政策的落实。

（2009 年 5 月）

我国城镇化发展的现状、问题和政策建议

　　自党的十六大确立城镇化战略以来，我国城镇化进程加快，取得了显著的成就。十六届三中全会提出，必须坚持科学发展，坚持以人为本，在构建和谐社会新的历史高度上为实施城镇化战略注入了新的内涵。我们认为，促进城镇化健康发展，一方面要求通过城镇发展转移更多的农业劳动力和农村人口，另一方面要求城镇公共服务不断向邻近的农村地区延伸。当前，我国城镇化推进面临着前所未有的战略机遇，但是，由于城镇管理体制改革滞后于城镇化推进，在城镇发展中也出现了一些不利于城镇化健康发展的问题。对此，要继续按照党的十六大提出的"消除不利于城镇化发展的体制和政策障碍"的要求，深化改革，使城镇化进程步入健康、稳定、有序发展的轨道。

一、我国城镇化的基本情况

1. 城镇化发展的成就

　　城镇化促进了农村劳动力转移，增加了农民务工收入。2005 年与 2000 年比较，农村转移劳动力数量增长了 20%，达 1.83 亿人；转移劳动力占农村劳动力的比重提高 5.8 个百分点，达 37.4%；农民人均纯收入中务工收入增长了 67%，达 1174.5 元；务工收入占农民人均纯收入的比重提高了 4.9 个百分点，达 36.8%。在 2005 年转移的农村劳动力中，约 84.3% 的人进入城镇就业，比 2000 年提高了 18.7 个百分点，人数增加了

　　袁崇法、何宇鹏、张同升等参与报告写作。

5492 万人[①]。

城镇化带动了服务业的发展，对扩大就业的作用显著增强。2005 年与 2000 年比较，服务业吸纳的就业人数提高了 3.9 个百分点，达到 31.4%（见图 1）。"十五"期间，第二、三产业新增就业 5753 万人，其中服务业新增就业人数 3888 万人，占 67.6%，成为扩大就业的主要来源。

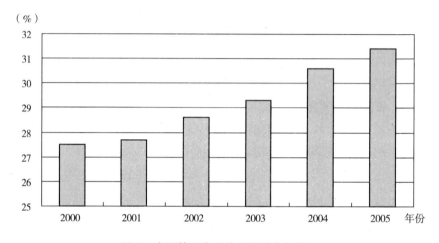

（%）

图1　中国第三产业就业比重变化趋势

城镇化滞后于工业化的严重失衡现象初步得到了扭转。长期以来，我国城镇化严重滞后于工业化发展。改革开放之初，我国城镇化率落后于工业化率 24.8 个百分点。2000 年时，我国城镇化率仍落后工业化率 4.2 个百分点。2004 年，我国城镇化率首次超过工业化率。2005 年，我国城镇化率为 43%，高于工业化率 1 个百分点（见图 2）。

---

①　2000 年，建制镇共吸纳农村转移劳动力 3715 万人，占当年农村转移劳动力总量的 24.5%，加上当年进入县级以上城市的农村转移劳动力，在城镇就业的农村劳动力为 9948 万人，占转移总量的 65.6%。此后，国家统计局发布的农村劳动力转移数据分类发生了变化，不再公布建制镇的农村转移劳动力数量。综合国家统计局建制镇基本情况统计资料和农村住户抽样调查数据推算，2005 年，在建制镇就业的农村转移劳动力占总量的 38% 左右，加上当年在县级以上城市的农村转移劳动力，在城镇就业的农村转移劳动力 15440 万人，占当年农村转移劳动力数量的 84.3%，比 2000 年分别增加了 5492 万人和提高了 18.7 个百分点。

图 2　中国的工业化率与城镇化率演变趋势

城镇化水平不断提高，已和世界平均水平接近。在城镇化战略的推动下，我国城镇化水平与世界平均水平的差距不断缩小。2000 年时，我国与世界平均城镇化率相差 10.9 个百分点。2005 年，这一差距缩小到 6.2 个百分点（见图 3）。

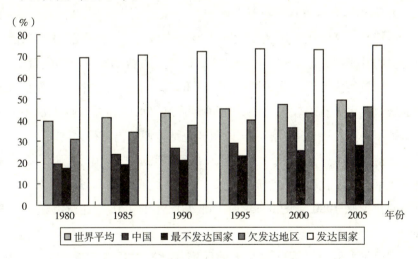

图 3　中国与世界城市化水平的比较

城镇化推动了城镇空间布局的调整，带动了沿海地区城市群的形成。改革开放之初，中国 193 个城市和 7916 个建制镇的分布极为分散。到

2002 年, 城市数量增加到 660 个, 建制镇数量增加到 21290 个。占国土面积 14.2% 的东部地区, 集中了 60% 的超大城市、53.3% 的特大城市、51.6% 的大城市、48.9% 的中等城市、36.5% 的小城市和 37.6% 的建制镇 (见表 1)。2005 年, 全国百强县和千强镇中, 分别有 56% 和 74.6% 集中在长江三角洲和珠江三角洲地区。大中小城市和小城镇协调发展的格局在这两大都市圈初步呈现。

表 1　　　　　　　2002 年三大地带城镇数量及构成　　　　　单位:个

类别	全国		东部地区		中部地区		西部地区	
	数量	比重(%)	数量	比重(%)	数量	比重(%)	数量	比重(%)
超大城市	15	100	9	60.0	3	20.0	3	20.0
特大城市	30	100	16	53.3	10	33.3	4	13.3
大城市	64	100	33	51.6	27	42.2	4	6.3
中等城市	225	100	110	48.9	79	35.1	36	16.0
小城市	326	100	119	36.5	128	39.3	79	24.2
建制镇	21290	100	7996	37.6	6181	29.0	7113	33.4

2. 城镇化发展差距的国际比较

尽管我国城镇化发展速度较快, 但是应该看到, 这种快速增长既有对历史的补偿性, 也反映了近年经济高速增长对劳动力资源的配置要求。从国际比较的角度看, 我国城镇化水平依然与工业化水平和同等收入国家的城镇化水平有着较大差距, 比同等城镇化水平和同等收入水平国家的城镇服务业发展也远为滞后, 说明产业结构调整仍有很大空间。

城镇化和工业化的关系尚未进入合理区间。根据国际经验, 合理的城镇化率与工业化率的比值范围在 1.4~2.5 之间。我国城镇化率与工业化率的比值从 1980 年的 0.44 上升到 2005 年的 1.02, 还没有进入合理区间。

城镇化水平与同等收入水平的国家相比, 仍然存在着较大的差距。利用世界银行和联合国开发计划署 (UNDP) 2006 年的数据, 分别选取 7 个与中国人均 GDP (现价和购买力平价) 较为接近的国家, 比较发现, 按现价计算, 中国 2004 年的城镇化率低于 7 国平均的城镇化水平

（56.2%）约 17 个百分点，如果按购买力平价（PPP）方法计算，则低 27 个百分点（见表 2）。

表 2　　　　　中国与同等收入水平国家 2004 年的城镇化率

国家	人均 GDP（美元）	城镇化率（%）	国家	人均 GDP（美元，PPP）	城镇化率（%）
刚果	1118	59.8	斯威士兰	5638	23.9
印尼	1184	47.0	多米尼加	5643	72.5
巴拉圭	1220	57.9	秘鲁	5678	72.4
安哥拉	1258	52.7	黎巴嫩	5837	86.5
叙利亚	1293	50.5	**中国**	**5896**	**39.5**
乌克兰	1366	67.6	委内瑞拉	6043	93.0
中国	**1490**	**39.5**	斐济	6066	50.3
摩洛哥	1678	58.0	乌克兰	6394	67.6

数据来源：1. World Bank. 2006. World Development Indicators 2006. CD – ROM. Washington, D. C. ; aggregates calculated for the Human Development Report Office by the World Bank.

2. UN（United Nations）. 2006e. World Urbanization Prospects：The 2005 Revision. Department of Economic and Social Affairs, Population Division. New York.

与同等城镇化水平和同等收入水平国家相比中国的服务业发展滞后。比较发现，2004 年，中国服务业占 GDP 的比重为 41%，比同等城镇化水平的 12 个国家的平均水平 47.9% 低 6.9 个百分点（见表 3），比同等人均 GDP 的 7 个国家的平均水平 45% 低 4 个百分点（见表 4）。2002 年，服务业就业比重比与我国城镇化和人均 GDP 水平相近的印度尼西亚低 8.3 个百分点。服务业发展滞后，说明了我国以流动为特征的城镇化对第三产业就业效应的释放极为不利。

3. 城镇化发展的任务仍然十分艰巨

从我国城镇化进程及其国际比较的分析不难看出，我国城镇化的历史任务尚未完成，还有着很大的上升趋势和发展空间。

需要转移的农村劳动力数量依然巨大，必须通过城镇化加以解决。目前，我国农业劳动力依然占就业总量的 44.8%，与农业产值仅占 GDP12.6% 的状况极不相称。随着城镇化的推进，农业劳动力人均占有耕地面积从 1995 年的 4.1 亩上升到 2005 年的 6.5 亩，但是农村人口人均

表3   2004 年与中国城镇化水平相近国家的第三产业发展情况比较

国家	城市化率（%）	服务业占 GDP 比重（%）
赞比亚	34.9	52
津巴布韦	35.4	60
乌兹别克斯坦	36.7	44
中非	37.9	23
海地	38.1	55
几内亚	38.9	38
多哥	39.4	36
中国	**39.5**	**41**
苏丹	39.8	36
塞内加尔	41.3	63
毛里求斯	42.4	64
埃及	42.7	48
阿尔巴尼亚	44.6	56
12 国平均值	39.3	47.9

表4   2004 年与中国经济发展水平相近国家的第三产业发展情况

国家	人均 GDP（美元）	服务业占 GDP 比重（%）
刚果	1118	37
印尼	1184	41
巴拉圭	1220	49
安哥拉	1258	33
叙利亚	1293	50
乌克兰	1366	51
中国	**1490**	**41**
摩洛哥	1678	54
7 国平均值	1302	45

资源占有量（按农村人口计算的人均占有耕地面积只从 1995 年的 1.7 亩上升到 2005 年的 2.6 亩）低的局面还没有从根本上得到缓解。通过减少农民实现富裕农民，解决农村发展人地关系紧张的深层矛盾，需要进一步转移农业劳动力，并使他们和家庭成员逐步进城定居，才能增加农村人均资源的占有量。据农业部测算，我国需要转移的农村劳动力数量在 1.5 亿左右，每年转移 800 万农村劳动力的任务需要通过推进城镇化进程来实现。

尚未完成与农村劳动力进城务工就业相对应的农村人口城镇化。2005 年，按统计口径计算的 5.6 亿城镇人口中，有 1.5 亿是农业人口，占城镇人口比重的 26.8%。这个数字正好与 2005 年进城的农村转移劳动力数量相吻合。如果允许已经进城务工就业的农民举家在城镇定居，如果城镇基础设施和公共服务延伸到城镇邻近的农村地区，则城镇化的水平还有较大幅度的上升空间。

虽然近年来农村劳动力在城乡间的流动大大推进了城镇化进程，但是农村人口的平均资源占有状况并没有得到根本改观，城镇公共服务的范围和对象也没有实质性地延伸和扩大，使得城乡收入差距还在扩大。2005 年与 2000 年相比，城乡收入差距由 2.8∶1 扩大为 3.2∶1，是国际平均水平 1.6∶1 的 2 倍。综合以上分析表明，我国以农村劳动力流动就业为主要特征的城镇化，已到了要和农村人口城镇化匹配的关键时期。只有全面释放城镇化的潜力，才能促进城镇化健康发展。

二、中央推进城镇化战略的主要政策导向

为稳步推进城镇化进程，走出一条适合我国国情的城镇化道路，中央政府根据实际条件和发展需求，从转移农村劳动力这一长远战略目标出发，分阶段、有步骤地出台了一系列积极稳妥的政策措施。

1998 年，党的十五届三中全会提出的"小城镇，大战略"，以小城镇为突破口，拉开了我国城镇化战略的帷幕。2000 年的"十五"计划，明确提出实施城镇化战略，转移农村人口，走出一条符合我国国情、大中小城市和小城镇协调发展的城镇化道路。2002 年，党的十六大报告提出"全面繁荣农村经济，加快城镇化进程"，进一步明确了我国城镇化的重要发展方针，把解决农村富余劳动力问题作为我国城镇化的核心内容。2006 年，"十一五"规划再一次强调了城镇化对于统筹城乡发展的重大意义。

根据每阶段的战略目标和要求，国家、地方和有关部门制定颁布了一系列推进城镇化的具体政策和有关制度的改革措施。

2000 年 6 月，中共中央、国务院下发《关于促进小城镇健康发展的

若干意见》，选择影响大而震动较小的小城镇，开始了户籍制度的改革探索。一些地方已经将这项改革推进到中心城市。上海、北京、重庆、深圳等城市，对进城落户和招聘人员的户籍限制也开始放宽。

2003年1月，国务院办公厅颁布了《关于做好进城农民工管理和服务工作的通知》，要求取消对农民进城务工就业的不合理限制，改善进城农民工生产生活条件，解决农民工子女就学问题，把农民工纳入到流入地管理。2006年3月，国务院发布了《关于解决农民工问题的若干意见》，要求各地增加公共财政支出，逐步健全覆盖农民工的城市公共服务体系，探索适合农村外出务工劳动力特点的社会保障制度，开展农民工进城务工就业的服务工作，提高农村劳动力的综合素质和就业能力，为稳定农民工进城就业以及定居创造了有利的政策条件。

与此同时，为引导城镇化的健康推进，纠正城镇发展中出现的滥占土地、盲目建设等问题，中央从土地管理、金融政策、行政手段等多方面采取了措施。要求各地按照工业化、城镇化发展方向和进程，根据经济社会发展条件和资源环境容量，控制城乡建设用地总规模；组织编制城镇体系规划，加强城镇规划的编制和监督实施工作。2006年，"十一五"规划又提出了按照对全国不同主体功能区的要求，引导城镇的产业发展，提高城镇综合承载能力，按照"循序渐进、节约土地、集约发展、合理布局"的原则，积极稳妥地推进城镇化的工作要求。

三、城镇化发展中面临的几个突出问题

虽然中央已经明确提出的城镇化发展战略，核心是解决农村富余劳动力向城镇转移的问题，但是在相当一部分人的观念中，仍然把城镇化的发展理解为城镇建设，理解为城市的发展和城市的现代化，而且严重地忽视了我国现阶段经济和社会发展水平的基本条件，忽视了我国农村劳动力向城镇转移所需要的就业和生存条件，以及城镇的建设成本是否适应确保一定数量的农村人口转移的承受能力，忽视了在城镇化发展进程中市场经济的推动作用。因此在城镇发展的导向、城镇建设的基本思路、产业结构的调整以及规划指导思想上出现了偏差。突出表现在以下

几个方面。

1. 城镇化发展导向的偏差

在一些地方政府和部门，把推进城镇化理解为城市建设和推进城市发展的现代化。在这种理念主导下，许多地方把城镇建设作为推动城镇化发展的主要目标，在贯彻推进城镇化进程的会议上，直接要求各级城镇政府加快城镇建设的步伐。有的规定了大拆大建的数量指标，作为政绩考核的标准之一。有的要求城镇面貌在短期内出现较大的变化，符合所谓城镇现代化的发展潮流。一些政府和部门把推进城镇化看做加快城镇建设的大好时机，而忽视了城镇化发展中最重要的转移农村人口的长远目标。在城镇形象改变的同时，抬高了城镇的门槛，拉大了城乡的差距，使农民进城就业和定居的成本上升，实际上延缓了城镇化的进程。

2. 城镇公共服务目标的偏差

十六大提出的以人为本的科学发展观，已经明确了我国未来经济建设和政府管理的基本指导思想。然而一些地方政府在城镇发展和管理的思路上，却基本是背道而驰。城镇的公共设施投入热衷政绩效应和视觉效果，偏重于政府的行政办公中心。对比之下，城镇老城区的居民生活社区的基本设施条件却没有得到根本地改善。即使在一些著名的大城市，所谓的城乡结合部的居民区还在使用明沟排水，供水系统也没有和市政配套。而在一些中心城市的办公行政区和居民居住区，基础设施的配备形成了鲜明的对照。中部地区某县修了豪华的办公楼和行政办公区，当被舆论质询时，上级政府的解释是没有对居民和干部进行摊派。问题是这些公共资源是应该为政府的办公人员服务还是应该用于解决居民生活和就业条件改善的问题。在一些城镇，居民区的垃圾不能随时清运，街道脏乱不堪，居民为排污、供暖、通讯设施的畅通，甚至是为雨天道路的泥泞而发愁。在农民工集中居住的区域，更反映出城镇管理的缺陷。

3. 城镇建设的过程中，公共资源造成了严重的浪费

一些城镇政府在进行城镇建设时，不惜浪费公共财政资源和土地资源。这是近些年城镇发展和建设中一个比较突出的问题。有条件的在建设，无条件的也在建设。盲目照搬照抄发达国家城市建设的模式，追求

的是大广场、大马路、摩天大楼、会展中心、大中心公园绿地和景观工程。甚至在一些中西部地区城镇，尽管产业基础薄弱，财政入不敷出，也在不惜举债铺开摊子，大规模搞城市建设。它们提出的目标和口号是：花园城市和国际性大都会城市。为确保这些不切实际的目标的实现，出现了大量的政绩工程和形象工程。这种现象无论是在省会城市还是在地级市和县级市，比比皆是，随处可见。

4. 土地城镇化快于人口的城镇化

据统计，从 2000～2005 年，我国 660 个县级以上城市的建成区面积增长了 44.93%，同一时期，这些城市的常住人口增长幅度远低于城市建成区面积的增长幅度，而全国的城镇人口也仅增长了 22.45%[①]（见图 4）。虽然土地城镇化的增长速度在中央严格的宏观调控措施下，得到了进一步的遏制，但已经形成的现实是一些城市政府在推进城市发展和建设中，不惜大量占用耕地，进行城市的扩张。而同时，农村耕地在不断丧失的过程中，农村人口向城市转移的重要战略目标并没有相应的实现。

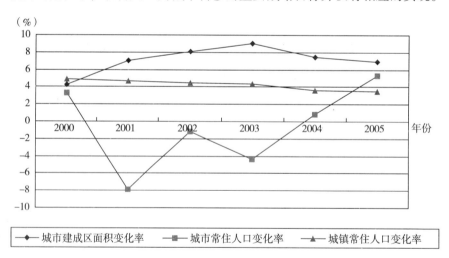

图 4　中国城市建成区面积、城市常住人口与城镇常住人口增长率比较

---

① 根据中国城市建设统计公报，城市常住人口从 2000 年的 38820.45 万人减少到 2003 年的 33805 万人，之后，开始恢复性增长，到 2005 年，增长到 35894 万人。中国城市常住人口的增长幅度远低于全国城镇人口的增长幅度。

5. 盲目追求工业投资的增长，忽视了城镇化发展进程中服务业增加就业的巨大潜力

在许多地方，甚至是沿海发达地区，"工业强市"几乎已成了发展城镇经济的普遍口号。一些城镇政府强行下达指标，要求增加工业投资项目，使得各级城镇政府不得不把大量的工作精力放在招商引资、获取占用耕地的审批等方面。而一些城镇管辖区内，由于工业承载负荷过重，外来人口过多，管理能力不足而导致了严重的环境污染和社会治安问题。与此同时，由于工业占地在不同级别的城镇政府间展开并扩张，造成了工业发展较快的地方城乡工业区分布面积过广，因而不能形成服务业发展所依赖的人口和产业集聚的空间，使得在城镇化快速发展期间内，服务业的发展速度相对迟缓。而研究表明，在城镇化发展高速增长期，服务业推动就业增长的潜力远远大于工业。

6. 等级化的城镇管理模式，限制了以市场力量推动的城镇区域合理布局的形成

虽然"十一五"规划从资源开发利用角度对全国进行了功能区划分，但是以行政级别为基础形成的等级化的城镇管理模式，使得资源自上而下地分配和自下而上地上缴，更多地集中到中心城市。而各级中心城市的发展目标基本上处于自我扩张的阶段，基础设施的投入和管理也自成体系。这样一来，大中小城市和小城镇协调发展的城镇布局体系很难得到实现。而通过市场经济发展所形成的发达的小城市和小城镇，虽然在增加就业和转移农村富余劳动力方面发挥了巨大的作用，但其获取的公共资源过少和承载投资的负面效应过大，公共管理职能又受到上级政府的制约，使得这些城镇在未来承担转移农村人口的能力上受到了极大的制约。

7. 城镇规划的方法和体制已经远远落后于城镇化发展的现实

以上列举的城镇化进程中出现的种种问题，规划部门难辞其咎。因为所有的政绩工程和发展导向、公共服务目标的偏差等，基本上都有规划作为依据。问题主要源于三个方面，一是计划经济的规划方法已经严重地不适应"以人为本"的科学发展观的要求。二是盲目攀比国外城镇建设标准的超前规划指导思想，已经超越了我国城镇发展的实际水平。三是规划体制中行政管理的缺位，规划单位之间不正当的竞争，加之利益因素的诱导，致使规划单位在如此众多的问题前起到了推波助澜的作用。

四、关于促进城镇化健康发展的政策建议

中央确定的稳步有序地推进城镇化健康发展战略的方针，已经在我国的经济建设、城乡协调发展中起到了重要的推动作用。如何按照"以人为本"的科学发展观，继续落实好中央十六大以来提出的一系列促进城镇化发展的有关方针和政策，还需要进一步加快改革，转变观念，特别是要促进各级政府和有关部门公共管理和公共服务的职能和角色的转换。应充分认识到我国尚处在社会主义初级阶段，现实的国情要求遵循客观规律，从长远的发展目标上，引导我国城镇化发展进程步入健康、有序的轨道。

1. 进一步明确城镇化发展的导向

应加快起草促进我国城镇化健康发展的指导意见，在意见中，重申我国城镇化发展对于解决城乡协调发展、推动农村富余劳动力转移、调整产业结构和就业结构、引导城镇合理布局健康发展的重大意义。要求各级政府按照科学发展观的要求，通过改革和科学规划的办法，逐步解决城镇化发展进程中面临的具体问题。

2. 要发挥政府和市场的双重作用，促进城镇的合理布局

要发挥大中小城市和小城镇在城镇化进程中的合理分工，充分尊重市场力量对于人口在城镇间流动的推动作用。各级政府要在完善对城镇居民公共服务的基础上，通过规划，改善城镇间的交通设施配备条件，尽量缩小地区间和不同规模城镇间区位条件和公共交通设施配备的差别，以利于创造城镇化发展进程中城镇之间良好的公平竞争条件，并有利于公共基础设施在城镇之间的共享，使城镇的公共资源的分布更为合理。中央政府特别要加强对中西部地区城镇交通、通讯、给排水和电力设施条件的投资，扩大这些城镇对外经济和社会交流的通道，以利于这些地

区的城镇发展水平在较低的起点上，尽快得以提高，以便更多地吸纳农村人口的转移。

3. 节约用地，推动建设用地政策的调整和改革

要严格限制城镇发展中对耕地的占用，特别是杜绝通过各种形象工程和政府办公工程对土地的滥占。要重点支持促进经济发展和改善居民生活的用地，并鼓励开展农村集体建设用地整理，在城乡之间合理调配建设用地，盘活存量建设用地。在进行农村集体建设用地减少和城镇建设用地增加的挂钩试验中，要严格禁止侵犯农村集体经济组织和农民利益的现象发生。允许集体建设用地进入市场，改革土地出让金征收制度，把一次性征收变成长期收益或者是改不动产税的方式。从促进农村非农就业的长远目标出发，对于工业用地的供给和分配，应注意到劳动密集型产业和传统产业的发展，特别是对于欠发达地区有投资机会的城镇，应给予重点支持和考虑。

4. 增加城镇人口密度，促进服务业的发展

研究表明，在人均 GDP 超过 1000 美元的时候，服务业的发展开始处于高速增长期。因此，服务业应该是未来就业的重点。增加服务业最有效的办法，就是加快人口向城镇的集中，提高人口密集度才能创造出服务业就业的空间。城镇政府应该明确采取提高人口密度的方式，规划城镇商业服务区、居住区以及城镇内交通体系。应防止把提高城镇视觉效果作为城镇管理的短期目标，要为就业提供充足的空间和地点，来满足居民对于服务业方便快捷的需求。在人口密集区域，服务业一定会根据市场规则自动生成新的就业机会。

5. 把农民工纳入城镇居民的服务范畴

应把在城镇暂住的外来流动就业人口纳入人均 GDP 和各项公共服务的统计范畴，如人均财政收入、人均建设用地、人均公共绿地、住宅、人均教育支出和卫生支出、人均社会保障费用等指标。各级城镇政府在确定年度预算时，应把农民工的服务事项列入在内，其中应包括对农民工子女教育的支出、农民工子弟学校建设的费用和教师及学校教学设备的支出、农民工防疫体系的设立、农民工居住区基础设施状况的改善、

农民工集中区域文化娱乐配套设施建设等。在农民工集中的地方，应建立政府的服务机构或者街道办事处等，警力和治安机构的配备应把农民工的数量作为重要依据。

6. 城镇政府的公共服务和管理要对农民工一视同仁

应取消政府公共服务对外来流动就业的农民工的歧视，应取消在办理城镇政府有关服务项目中，要求出示本地身份证件的限制。在购买经济适用房和租用廉租房、购买汽车办理银行贷款手续等，乃至于办理婚姻、出生、计划生育等事宜，应允许持有暂住证明的外来农民工享有同等权益。城镇的就业不应对农民工实行限制，应开放所有的岗位，允许农民工参与就业竞争。城镇对低收入人口的就业培训计划，也应该把农民工作为培训对象。应加快户籍管理制度改革，为农民工的定居和落户创造条件。

7. 以公共服务为导向，转变城镇政府职能

城镇政府的公共决策行为应首先服务于社会需求，重点是改善城镇管辖区内与居民生产和生活条件有关的基础设施建设。要把居民的公共卫生安全（如饮水、污水排放及治理、垃圾处理、居民居住区道路和清洁卫生）、义务教育和贫困居民救助、社会治安、低保等问题作为政府服务的重要项目，要把促进居民收入增长和就业作为政府的战略目标。要根本上杜绝所谓的政绩观、指标观，要防止政府决策中短期行为的倾向。应尽快制定新的设市标准，允许人口和经济规模达到了一定水平的小城镇设市，以利于这些小城镇完善管理职能，根据未来城市发展的需要，对居民负起公共服务的职能。

8. 加快规划体制和方法的变革，以科学发展观统领城镇发展规划和空间规划

应改变传统的计划经济的规划模式，运用多学科的方法，对城镇的发展和空间布局进行合理的规划。要把经济社会发展规划和空间规划有机地结合在一起，调整规划单位的学科结构，把经济和社会分析作为规划制定的首要内容。应建立规划责任追究机制，对于造成浪费的好大喜功的规划，上级主管部门应发挥行政监督作用。特别是要调整规划的收

费标准，对于节约资源、降低城镇建设成本的规划，要重点推广，并和收费机制挂钩。有关部门应抓紧研究规划体制改革方案，并加快推出符合科学发展观的规划样板。

9. 把城镇的公共服务向与城镇连片的农村集体建设用地延伸

应允许在城镇规划区内国有建设用地和农村集体建设用地并存。城镇政府应把公共基础设施延伸到与城镇连片的农村集体建设用地，把城镇市政管辖的给排水、供电、交通、有线电视和网络以及垃圾处理等设施延伸到"城中村"和已经与城镇连片的农村集体建设用地范围内，使城镇的公共服务更迅速地扩展到有条件步入城镇化进程的农村地区。城镇的教育、医疗卫生、社保等网络也应尽快地覆盖这些地区，改变在城镇辐射区范围内的农村集体经济组织自给自足的基础设施供给方式。通过城镇公共服务的延伸和对城乡居民服务的均等化，加快城镇密集区和工业化发展速度较快的农村区域的城镇化进程。

10. 建立促进城镇化和规范城镇发展导向的协调机构

推动城镇化发展涉及的范围广、内容多、层次高，并不是某一个具体部门可以承担的职能。这里既涉及农村问题，又关系到城镇发展的导向和规划问题；既要促进就业的增长，制定宏观的经济发展政策，又要推动户籍管理体制改革；既要解决城镇体系合理布局的基础设施投入的方式问题，又要关系到城镇行政管理体制的调整和改革；等等。因此，应以国务院综合部门牵头，成立有关协调机构，制定有关政策，并指导各项政策在各级城镇政府得到落实。

（2007 年 5 月）

发展小城镇，推进城镇化进程

自党的十五届三中全会提出"小城镇，大战略"以来，我国的小城镇发展取得了长足的进步，在促进农村劳动力转移，非农产业的集聚和农村产业结构调整、升级，以及作为农村公共服务载体等方面的作用都在日益增强。但是，如何把小城镇问题与促进农村发展、推动城镇化进程和拉动内需等国家重大战略问题结合起来，还需要进一步加深对小城镇的认识和了解，以便更好地制定相关支持政策。

一、小城镇发展的基本情况

1978 年全国仅有建制镇 2173 个，以城关镇和工矿镇为主。2008 年末全国共有建制镇 19234 个，新兴的以建制镇镇区为基础的小城镇，正在发展成农业服务、商贸旅游、工矿开发等多种产业为依托、各具特色的新型小城市和农村公共服务中心。

1. 小城镇规模扩大，经济实力显著增强

2008 年全国小城镇人口占城镇总人口的比重由 1978 年的 20% 上升到 45% 以上。建制镇[①]镇区总人口已达 1.5 亿，比 2002 年增长了 36.4%，而同期全国城镇人口增长速度为 18%；平均每个镇区为 9280 人，是 2002 年的 1.65 倍。小城镇企业创造的税收占全国地方税收总额的 26.6%，平均每个建制镇的财政收入、企业缴纳税金分别为 3017 万元和 2939 万元，分别比 2002 年增长了 165.6% 和 214.4%。江苏省和浙江省小城镇企业上

乔润令、范毅、景朝阳等参与报告写作。

① 下文中没有特殊说明，有关建制镇的数据不包括城关镇。

缴税金占全省税收的51.1%和54.1%。全国财政收入超过10亿元的镇已有45个，超过20亿元以上的镇有12个，财政收入千强镇全部过亿元，一些镇的财政收入甚至大大超过一些县市的水平，表明小城镇是中国经济增长中最具活力的源泉之一。

2. 小城镇成为吸纳农村劳动力就业的重要载体

2007年全国建制镇（含城关镇）共吸纳2.13亿非农就业人口，占全国就业总量的46.7%。东部地区小城镇非农产业吸纳就业能力更强，江苏非农产业从业人员70.4%在建制镇（含城关镇），山东、上海、广东分别为61.2%、56.4%和55.5%。2007年平均每个镇拥有企业从业人员数量5061人，比2000年增长了25%。小城镇工业企业吸纳就业人员占全国第二产业总量的31.5%。在长三角和珠三角，大中城市和小城镇的产业互补关系更为显著，上海小城镇工业企业吸纳就业人员占全市第二产业从业人员的60.5%，江苏、浙江和广东分别为47.8%、47.5%和52.7%。表明小城镇在转移农村剩余劳动力、扩大非农就业上，具有十分重要的作用。

3. 小城镇在促进农民增收方面发挥了重大的作用

务工收入成为农民增收的主要来源。2007年，人均工资性收入对农民增收的贡献率为40%，人均工资性收入在农民人均纯收入中所占的比重为38.3%，比2002年提高4.4个百分点。2008年，我国共转移农民工2.25亿，其中本乡镇以外就业的外出农民工数量为1.4亿，占62.3%，本乡镇以内的本地农民工数量为8500万，占37.7%。分城镇类型看，则各类城市吸收了52.9%的农民工，为1.19亿人，小城镇吸收了47.1%的农民工，为1.06亿人。小城镇以为农民提供非农就业和创业机会的形式，为农民增收和改善生活做出了巨大贡献。

4. 小城镇已成为农村公共服务体系的中心

2006年全国村镇建设总投入比2002年增加了58.2%，其中直接关系农民生产生活条件改善的公共建筑、市政公用设施建设投入分别增长64.3%、70.5%。2006年村镇自来水用水普及率达到50%，比2002年提高了1.2个百分点；40.5%的行政村通了公交车或客运班车，排水管道和沟渠长度达到 13.7 万公里，部分村庄开始了垃圾集中收集。2007 年平均每个建制镇拥有医生 43 名、病床 50 张，平均每个建制镇拥有学校 12.6 所、在校学生 4521 人、教师 282 名，幼儿园和托儿所 6.3 个、图书馆和文化站 1.3 个、医疗卫生单位 2.3 个、体育场馆 0.3 个、敬老院和福利院 1.14 个，农村公共服务设施的主体、承担农村劳动力转移培训的主要机构——技工学校、职教中心、就业培训中心等都分布在小城镇，小城镇已成为农村的市场信息、公共设施和社会服务中心。

5. 大城市周边小城镇已成为流动农民工集聚的主要区域，农民工消费潜力巨大

全国 1.4 亿农民工，70% 集中在东部沿海地区，仅广东、上海、浙江、江苏、北京，就聚集了农民工的 70%，他们多居住在大城市郊区小城镇中当地农民的出租屋里。北京农民工租住各类房屋的占 51.3%，居住在城乡结合部的占 48%。上海农民工租房居住的占 75.7%，居住在浦东新区和近郊城乡结合部的占 51%。

2006 年，农民工的年均消费支出 5556 元，相当于城镇人口年均消费水平的 64%。农民工占当年城镇人口的 22%，但只占城市社会消费品零售总额的 14%。因为农民工收入主要不在城里消费，消费只占收入的 49%；而在城里的消费又以食品消费为主，占 51%。如果农民工举家迁移，并且恩格尔系数能降到 43% 左右（当年城镇和农村分别为 36% 和 43%），那么农民工家庭的人均消费就可能增加到 6500 元左右，相当于城镇水平的 75%。这还不包括举家迁徙后购买住房的消费。因此，如果解决农民工举家定居问题，有可能带动城镇低端房地产、工业制成品、农产品的消费，拉动内需的潜力巨大。

6. 一部分小城镇发展突出，主要分布在东部沿海地区

千强镇占据了小城镇经济的"半壁江山"，它们主要位于长江三角洲和珠江三角洲的城市群。2006 年国家统计局最后一次评选的千强镇中，江苏入围 275 个，浙江入围 266 个。如果再加上上海和广东，这四个省市的入围镇数占全国的比重高达 74.6%，约占千强镇的 3/4。经济方面，行政区划面积仅占全国小城镇总面积 2.3%、人口仅占全国小城镇总人口 10% 的千强镇，所创造的财政收入达 2461 亿元，占全国小城镇总财政收

入的 54.1% 。教育方面，千强镇平均每个学校在校学生人数 841 人，是全国小城镇平均水平的 2 倍多，教师数量也是全国小城镇平均水平的 2.3 倍。医疗卫生方面，千强镇平均每万人拥有的医生数达到了 23 人、拥有的病床数 26 个，分别比全国小城镇平均水平高出 27% 和 38% 。

二、小城镇发展改革试点的工作和进展

2000 年，《中共中央、国务院关于促进小城镇健康发展的若干意见》，对于小城镇发展，系统地提出了政策性意见。2003 年 1 月，国务院办公厅发出《关于做好农民进城务工就业管理和服务工作的通知》（2003 年国办 1 号文件），对完善城市和小城镇农民工的管理和服务等问题，做出了具体部署。党的十六大明确了"大中小城市和小城镇协调发展"的中国特色城镇化道路的方针。2008 年，十七届三中全会指出：统筹城乡基础设施建设和公共服务，依法赋予经济发展快、人口吸纳能力强的小城镇相应的行政管理权限，促进大中小城市和小城镇协调发展。允许农民以多种形式流转土地承包经营权，允许农民通过多种方式参与开发经营集体土地建设非公益性项目。

按照中央的要求和部署，国家发改委等部门积极采取措施，促进小城镇发展，探索又快又好发展小城镇的新路子。

（1）支持小城镇基础设施建设和产业发展。截止 2006 年，国家发展改革委累计安排中央投资 18.2 亿元，吸引地方政府和社会投资 90 多亿元，建设经济综合开发示范镇项目 910 个，约占全国小城镇总数的 4.7% ，促进了示范镇的基础设施建设和产业发展。2008 年底，为拓展示范镇的资金渠道，国家发改委确定了中西部的湖北、湖南、甘肃和广东四个省作为利用世界银行贷款建设经济综合开发示范镇项目试点省份，世界银行为此提供 2 亿美元的 30 年期低息贷款，并成立世行贷款项目办公室，专门协调该项工作。

（2）组织小城镇发展和改革试点。2004 年，国家发展改革委下发了《关于开展全国小城镇发展改革试点工作的通知》（发改办规划〔2004〕1452 号），明确了小城镇试点的主要内容：推进政府职能转变

和管理体制改革；科学规划、合理分配公共资源，城乡一体化发展；培育经济基础、发展特色经济；加强对农民工管理和服务的探索；农村土地使用制度改革探索（农地流转与城乡建设用地增减挂钩试点）；开展节能减排和循环经济试验；不断提高小城镇的公共服务水平等七个方面。目的是通过试点的探索，走出一条可持续的、资源节约的、广大农民能够分享成果的、又好又快的城镇化道路。2005 年和 2008 年公布了两批全国发展改革试点小城镇共计 278 家。试点镇中，综合型小城镇占总数的 30%，工贸型占 50%，旅游型占 10% 左右，城郊型和农业型占 10%。在上述几种类型中，有一批以农民工为劳动力主体的小城镇，也有一些具有代表性的贫困地区的小城镇。从地区分布看，东部地区占 40%，中西部地区占 60%。

（3）积极推进土地使用制度改革的探索。2006 年，国家发改委办公厅和国土资源部办公厅联合下发《关于在全国部分发展改革试点小城镇开展规范城镇建设用地增加与农村建设用地减少相挂钩试点工作的通知》（发改办规划〔2006〕60 号），在全国部分有条件的小城镇进行城乡建设用地增减挂钩的试验，探索小城镇发展中集约节约使用土地的新路子。目前天津华明镇的宅基地换房、北京宋庄的集体建设用地使用权交易等探索试验正在进行当中。在集体建设用地的使用上怎样尊重农民的土地财产权益，仍然是试点面临的最大挑战。

（4）农民工管理和服务工作不断完善，以城镇化统筹城乡发展的工作取得了新的进展。2005 年以来，国家发改委在小城镇试点工作中，把完善农民工管理和公共服务问题纳入重点试验领域，并在全国几个重要城市选择了 10 个农民工社区融入试点。在试点中，要求把农民工管理工作从原来的政法系统的社会治安综合治理转向发改委牵头的公共服务管理机构；要求探索逐步解决农民工和原城镇居民的公共服务均等化。其中包括解决农民工子女教育问题，完善计划生育的免费服务问题，健全农民工社会保障体系问题，农民工的居住区社会治安安全管理问题和居住区的基础设施条件改善问题等。

（5）按照试点政策精神，一些省市出台专门政策，支持小城镇试点的发展。2007 年，浙江省总结多年试点经验，出台了对有潜力的小城镇和重点镇扩大自主权的省政府文件（浙政发［2007］13 号）；安徽省委省政府出台《关于实施扩权强镇的若干意见》（皖发［2009］15号）；上海市政府也印发了《关于本市开展小城镇发展改革试点的政策意见》（沪政发［2009］41 号）；甘肃省政府也专门出台文件，推进试点镇的改革创新；辽宁以小城镇为载体，实施县域经济突破战略，准备把试点镇的范围扩大到 100 个，加大支持力度；北京市政府也准备出台专门文件支持小城镇，以推进城乡一体化发展；吉林省出台了《百镇建设工程实施方案》，提出将分 3 年在吉林省完成"百镇建设工程"，推进行政管理体制改革，赋予百镇县级管理权限，将部分具备条件的小城镇发展为小城市，力争拨出 100 亿元贷款支持小城镇发展。除了省级政府外，还有宁波、哈尔滨、西安、绍兴、济宁等 30 多家地市政府专门出台文件，加快政府管理体制改革，精简机构，合并乡镇，下放管理权限。有些地区还分别在规划、土地、资金、项目、税费和组织领导方面给予小城镇大力支持。

三、小城镇发展中存在的主要问题

虽然小城镇的发展取得了巨大的成就，但是如何认识小城镇发展在我国农村发展和城镇化中的作用，特别是正确区分东部和中西部小城镇发展中所存在的不同特点和问题，还需要进一步加深认识。东部地区小城镇面临着如何适应城镇外来人口增加、城镇管理职能完善的问题。中西部地区小城镇在明确区分县城、重点镇和一般小城镇的情况下，如何进一步加强小城镇的公共服务职能，并如何解决返乡创业农民工进城就业和定居的有关政策问题。还有一大批位于中心城市和特大城市城乡结合部的小城镇，解决如何促进农民工集聚区的基础设施环境改善等问题。

（1）东部地区一批发达小城镇政府职能不健全，削弱了政府公共事务的管理能力。随着部分小城镇外来务工人口的大量增加，相应的管理体制却未及时调整。几十万人口的大镇和几万人口的小镇，在机构设置和干部编制上几乎相同。如吴江市盛泽镇有 30 万人口，其中外来人口 17

万，全镇公安民警仅有 65 人，严重不足；真正在日常担当维护治安角色的是遍布城乡的"游击队"，自聘的联防队员，2008 年人数达到 900 多人，这些联防队员在维护秩序、警卫、侦查、追捕等活动中，具体负责社会治安问题。但是因为没有执法权，对很多治安案件，不能及时进行执法管理。再如广东省东莞市的虎门镇，全镇近 100 万人口，外来人口 90 万，已经是大城市的人口规模，但只是镇级管理权限。广东珠三角社会治安问题如此突出，公共服务和管理的机构与人口规模显然不匹配，严重地削弱了这些小城镇政府的管理能力。这些问题在长三角、珠三角非常普遍，存在多年，一直无法得到解决。

（2）东部发达小城镇的现行财政体制不适应城镇发展的需要。我国目前分税制只实行到县，县级政府对小城镇大部分仍实行统收统支的财政体制。在经济发达地区，小城镇的财政收入有的达到几十亿元，一般好一点的小城镇财政收入也有上亿元，但是绝大部分上缴到县级政府，而上级政府只是根据镇级政府的人头费下拨财政支出数额。在我们调查的所有经济发展较好的试点镇，基本都是这样的情况。财政收入的来源在于小城镇工业和其他产业，而产业的集聚带来了大量集中在这里的外来劳动力，也带来了大量的工业污染。可是外来人口的过度集中和环境污染，所需要的公共服务和环境治理，按照镇里实际支配的财力，是无法完成的。因此我们看到在东部地区的小城镇，人口众多，社会治安问题突出，环境污染严重。

（3）中西部地区小城镇发展相对滞后，与东部地区相比，公共服务差距日益拉大。2007 年，东、中、西部小城镇财政收入比为7.53∶1.32∶1，企业从业人员比为4.38∶1.62∶1，企业上缴税金比为9.11∶1.56∶1。中西部小城镇的发展是否能够复制东部地区小城镇发展的路径，从区位条件、发展时机和政策约束来看，都不乐观。按照农村税费改革的思路，中西部地区一般的小城镇都实行乡财县管，改革的重点在于精兵简政，减少负担。但是小城镇作为农村公共服务载体的功能也在日渐弱化，特别是一些有发展潜力的小城镇，基础设施较差，无法满足大批返乡创业的农民工进镇开办小型服务业的设施需求。例如，在基础设施上，发展最快的是由中央政府负责的通讯和交通部门，据第二次农业普查数据显示，平均每镇通电、电话、路的村数都达到了95%以上。而发展较慢的是由地方政府负责的供排水和垃圾处理部门，仅有36.7%的镇有垃圾处理站，19.4%的镇集中处理生活污水。按三大地带划分，同样，以中央政府为主负责投资的路、电、通讯等经济基础设施差别不大，但是以地方政府为主负责投资的供排水、垃圾处理等环境基础设施差别较大。

（4）大城市城乡结合部的"城中村"现象比较突出。虽然以往各级城市政府对于"城中村"问题都有关注，但是解决问题的办法并不多。原因是政府的出发点基本上是从城市形象来考虑，而忽视了城乡结合部"城中村"比较集中的小城镇所面临的一些体制层面上的问题。一是当地农民对于集体土地升值的预期和财产性收益的强烈关注；二是大量外来农民工在这里可以寻找到成本较低的居住、生活条件；三是城市扩张的不确定性，使得规划预期和实际的基础设施改造有着较长的时间差；四是这些小城镇政府在管理和规划实施上没有决策权，基本服从于城市政府规划的指令，因此没有主动改造的财政能力和积极性。各级政府对于城乡结合部的小城镇功能的定位基本服从于城市的总体规划，但是在利益问题和体制问题未能有效解决的前提下，特别是对于外来人口处于总体排斥的情况下，城乡结合部的小城镇在推进城镇化发展、低成本吸引外来农民工进城就业和定居的重要功能被严重地忽视了。

（5）社会上对小城镇发展在推进城镇化的作用上，认识还有待加深。十五届三中全会提出"小城镇，大战略"，主要出发点是把小城镇作为推进城镇化政策的突破口，充分利用小城镇这个载体，更多地以低成本的方式转移农村劳动力。但是，在很多研究报告中，更多地希望按照计划经济的支持方式来解决小城镇的基础设施建设问题，忽视了小城镇自身发展中更多地需要通过体制创新，来带动农村劳动力的集中。一些观点把东中西部小城镇笼统地看为一个模式，在政策上采取"一刀切"的做法，遏制了小城镇发展的体制优势。还有的观点要求小城镇按照大城市的标准来进行基础设施的超前建设，也在事实上增加了小城镇发展的成本，抬高了小城镇进入的门槛。在政策上，随着土地管理趋严，原来优先保证的重点小城镇的建设用地指标得不到安排，土地有偿使用收益也被上收。一部分曾经在试点中取得明显成效的财政超收全部或大部分用于小城镇的做法，在实施一段时间后，又多被收回。一些探索性的改革试验和提法也始终没有得到落实。也有很多人担心，是不是促进了小城镇的发展，就会造成遍地开花的投资局面，造成资源的浪费。更有一些想法出于利益的考虑，认为应该重点支持大中城市，小城镇发展应该进一步限制。所有这些观点和做法，都在很大程度上约束了有关支持小城镇发展政策的出台。

四、支持试点小城镇发展，推进城镇化进程的建议

总体上看，小城镇发展的成就，是在我国特殊的国情条件下城镇化进程中的重要产物。正是因为户籍制度严格地限制，使得农村的生产要素迅速向小城镇集中，使得小城镇在东部沿海地区成为农村工业的载体。实际上，在东部沿海地区小城镇的发展明显地具有市场的特征，各级政府扶持的力度很小，大量的企业是在廉价土地和廉价劳动力供给的基础上发展起来的。目前看，支持小城镇发展，要分清不同类型地区发展途径的差别，更重要的是明确支持小城镇发展的重要目标是为了推进城镇化进程，转移农村劳动力。而实现这一过程，一定要遵循低成本的发展规律，更多地利用制度创新，使得一些已经聚集在小城镇的人口真正地转化为城市人口。而不是盲目地为了小城镇的发展，大搞基础设施建设，拉大小城镇和农村的差距，抬高农民进城的门槛。

（1）把发展小城镇和推进城镇化发展战略结合起来。发展小城镇，就是要利用小城镇门槛较低的特点，实现低成本转移农村人口进城的战略目标。因此，支持小城镇发展的政策重点应根据现实情况和外来务工农民的实际分布状况，明确解决三类小城镇的问题：东部沿海地区经济发达的小城镇农民工公共服务与当地居民的均等化问题；特大城市和中心城市城乡结合部小城镇或"城中村"农民工集聚地居住和生活条件改善问题；中西部县城镇和经济发展较快的小城镇基础设施改善，有利于农民工返乡创业问题。

（2）改革特大型镇的管理体制，推动千强镇和特大型镇成为中国经济新的增长点。据 2006 年国家统计局统计，千强镇平均每镇 7.2 万

人，其中吸纳外来人口约 2.2 万人，占全镇人口的 30%。共吸纳外来人口 2200 万人，占小城镇吸纳外来人口的 47.3%，占农村流动人口的 18.3%。部分镇的外来人口已经超过户籍人口。这些强镇，实际具备了发展成为城市的条件，但在管理上还是乡镇政府机构编制格局。要探索在千强镇中部分特大型镇直接设市，并研究配套改革，按照精简的办法，合理设置机构编制，理顺千强镇和上级政府的管理关系，加强这些小城镇政府对外来人口的公共服务能力，率先在千强镇推进户籍管理制度改革，推动千强镇和特大型镇成为中国经济新的增长点和新兴城市。

（3）在农民工集聚的大城市郊区小城镇实施农民工居住和生活条件改善工程，稳定城镇化成果，拉动消费需求。建议把大城市郊区小城镇农民工居住条件改善工程列入国家的刺激内需的扩张性财政政策。通过中央政府投入和地方政府的配套，在已经形成城市群的京津冀、珠三角、长三角等区域及具备形成城市群区域的中心大城市郊区，选择 500 个农民工密集的小城镇实施农民工居住和生活条件改善工程，搞好基础设施建设，改善公共服务网点布局。制定政策，引导集体经济组织和本地农民按规划和标准建设农民工出租房，做好金融服务，为农民工贷款购房或改善居住条件提供信贷服务，给集体和建房农民提供小额信贷服务。通过这项工程，增加农民工就业和本地农民财产性收入，改善城乡结合部面貌，拉动消费需求。

（4）在中西部地区的部分小城镇，实施农民工回乡创业工程。为促进农民工返乡创业和东部地区劳动密集型产业向中西部转移，建议重点选择 500 个已经形成产业规模、农民工外出密集地区的县城镇和有一定经济规模的小城镇，明确各级政府投资责任，改善基础设施条件。主要用于优化产业发展环境、改善公共服务设施。因地制宜、合理测算投资强度，加强综合配套改革。按财权与事权相统一原则，转变职能，增强项目镇的公共财政能力，允许农村集体建设用地以参股、租赁、转让等形式参与开发。

（5）妥善解决小城镇发展用地问题。为适应农村工业化和城镇化进程的需要，继续实施乡镇企业向试点小城镇集中的用地政策。有关部门应在用地机动指标中，切块支持试点小城镇的发展，应把小城镇的工业发展用地纳入省（自治区、直辖市）、市（地）、县（市）土地利用总体规划和土地利用年度计划。应鼓励试点小城镇在采取严格保护耕地的措施下，节约用地，通过挖潜改造旧镇区，进行迁村并点、城乡土地挂钩，解决小城镇建设用地。加快农村土地有偿使用改革，完善集体建设用地流转制度。小城镇土地有偿使用收益，原则上应留给镇级财政，统一用于小城镇发展和对失地农民的补偿。

（6）把农民工问题纳入试点城镇政府的公共服务和管理范畴。应取消政府公共服务对外来流动就业的农民工的歧视，应取消在办理城镇政府有关服务项目中，要求出示本地身份证件的限制。在购买经济适用房和租用廉租房、购买汽车办理银行贷款手续等，以至于办理婚姻、出生、计划生育等事宜，应允许持有暂住证明的外来农民工享有同等权益。城镇的就业不应对农民工实行限制，应开放所有的岗位，允许农民工参与就业竞争。城镇对低收入人口的就业培训计划，也应该把农民工作为培训对象。应加快户籍管理制度改革，为农民工的定居和落户创造条件。中西部的小城镇应当全面放开户籍管理，大中城市也应根据农民工在城市就业居住的年限，把举家迁徙在城市长期就业的外来务工经商的农民，解决城镇落户问题。

（7）加强小城镇规划的引导作用，合理配置资源，防止浪费。建议把发展改革委经济社会发展规划的试点扩大到小城镇的范畴。在试点小城镇进行发展规划、空间规划和土地利用规划甚至包括环境规划相互衔接，统一修编和制定的实验。改变以往规划重技术、重工程忽视资源合理配置，大搞形象工程的现象，使得规划编制注重镇情，因地制宜，符合发展水平和发展阶段，直接关注产业发展、就业增长和居民增收，而不是一味追求建设形象，追求超前规划，从而造成基础设施建设严重浪费的现象。

（8）鼓励和支持小城镇加快体制改革的步伐。改革开放30年来小城镇发展的实践说明，中央的各项政策措施基本上都来源于地方的实践。先试点、总结成功经验逐步推开是非常重要的方式。换言之，未来小城镇发展改革和探索的主要动力仍然在于地方政府，包括省一级、地市一级和县一级政府。先试点、后推开仍然是城镇化的重要方式。要支持小城镇的体制创新，在政府管理体制、建立符合小城镇特点的公共财政管理体制方面加快改革步伐，鼓励小城镇在规划、土地、社保、特色产业、产业积聚、户籍制度、农民工服务、节能减排、公共服务等方面大胆试验，大胆探索，大胆实践，走出一条小城镇科学发展的新路。因此，建议在全国分不同类型和不同地区，扩大发展改革试点，把政策支持和改革试点工作结合起来。通过政府政策引导市场资源，共同促进小城镇的发展，而不是完全依赖于政府政策和资金的支持。

（2009 年 10 月）

城镇化政策面临的挑战

"十二五"期间，我们即将开始实施新一轮的城镇化发展战略。稳步有序地通过缩小城乡公共服务差距，渐进地开展户籍管理制度改革和其他综合配套改革，使一部分农村人口进入城镇落户、定居。尽管这个设想，希望通过一系列政策调整来逐步实现城镇化的战略目标。但从实际看，目前面临的难度很大。

各类城市是否支持这项改革？从重庆和成都进行的探索看，对于当地农民进城落户的障碍基本上已经大大减小，毕竟他们手中还有土地，即使"穿衣戴帽"进城，土地的升值预期可以使他们置换城市的公共福利。但是并没有哪个城市愿意放开外来人口进城落户，特别是外来人口相对集中的经济发达地区的各类城市，包括小城镇。一方面涉及人口众多，另一方面满足外来人口的公共福利必须要消耗财政开支，影响到原城镇居民的福利。

北京市已经明确表示要控制外来人口，发达地区的各类城市和小城镇制定的引进人才措施，也不包括农民工。中西部的中小城市和小城镇，如果没有充分的就业条件，农民工也不会到这里来定居和落户。已经看到那些发展非常迅速的西部资源型城镇，在制定城市发展政策中，明确地把外来人口排除在外。例如，陕西神木的全民医改、内蒙古鄂尔多斯的城市发展政策，都只解决本地户籍人口的公共福利。

新讨论的有关户籍制度改革方案，已经明确了几个问题：一是强调了城镇化政策是中央事权；二是明确了农民的承包地和宅基地的所有权属性，进城定居落户不需要交地；三是明确了地级市以下城市的户改条件，总体是宽松的。最关键的内容是把改革的主导权交给城市，那就意味着城市可以改也可以不改。从各地贯彻国务院控制房价上涨的具体操作方案中，限制外来人口买房实际上等于彻底否定了户籍管理制度改革的方案。因为连有能力在城市定居的人都被排斥在外，何况农民工了。

各类城市只欢迎农民工来就业打工，而不欢迎他们定居落户，这是一个普遍存在的事实。就业可以更多地为城市的发展提供剩余价值，而落户则需要城市付出。大批农民工进城并不意味着城市会变得更美好，因为他们是低素质、低端就业、低收入的人口。作为一个群体，在城市的生存就要有低端的住宅和低端的聚居区，这恰恰和现在城市管理者的城市发展理念产生冲突。城市管理者提出"世界城市"和国际性大都市理念以及各种美好的景观生态、低碳城市理念中，怎么能够允许这些外来的人口在城市严重地影响形象呢？这就是城市的利益，城市管理者的理念和城市户籍人口的利益，结合在一起，就使得我们的城镇化政策成了空中楼阁，无法在现实中操作。

如何面对城市群体公共利益对城镇化政策的"挑战"，实际上也是对城镇化政策制定者的挑战，就是如何面对现实，应对利益结构的调整，拿出可供操作的过渡性方案。

一是对城市进行空间的分解。我国的城市实际上是行政管辖区而不是严格意义的城市。如北京，管辖 1.68 万平方公里，下辖 16 个区县，100 多个乡镇。如果仅提出控制大城市人口，是不是北京市所有的管辖区都在控制范围之内？在制定城市发展政策中，通过大城市辖区空间的合理配置来解决人口分流和外来人口的安置问题，有很大的操作空间。

二是要充分强调户改中中央事权的重要性，对在城市就业和居住十几年的外来人口，由中央颁布政策，直接解决落户问题。如果交给地方，很难落实。

三是中央政府实行鼓励性政策，利用行政区划的审批权、机构编制的设置权以及重点安置项目的投资权，调动地方落实城镇化政策的积极性。例如，对外来人口集中的城镇，直接设市并减少和省级政府之间的管理层级，在财政分配关系上进行调整，鼓励这些城市接纳外来人口落户并减少财政压力。增加对农民工居住区基础设施的改造资金项目，要求地方配套，调动地方解决外来农民工公共服务的积极性等。

四是降低改革难度，减少改革成本。不要把所有的事情全都由政府承担起来。例如，住房政策，政府不一定全部包下来。目前出租屋已经是广东农民工的主要居住形式，在北京，也开始进行当地农村集体经济组织建设公租房的实验，可以允许各级城市在住房保障方面进行大胆探索。如果不包住房，改革的成本可以大大降低。

五是确立城市发展导向的目标。选择一批城市，按照科学发展模式，重点解决民生问题为典型，推广经验。引导城市注重实际和国情，把解决居民的就业和生活作为重点。

（2011 年 2 月）

中国城镇化的政策难点与改革方向

一、中国城镇化发展的现状

1. 近10年中国的城镇化率

2000~2010年城镇化率从36.22%提高到49.68%，年均提高了1.35个百分点，城镇人口由4.8亿增长到6.7亿，10年间城镇人口增长了1.9亿，平均每年约有2000万农村人口进城。这样的速度不仅快于改革开放后20年平均增长1%的速度，也大大快于同期世界城镇化水平提高的平均速度。

2. 城市的数量和规模

2009年，我国共有城市654个，其中人口在100万以上的城市有124个，人口在50万~100万人口的城市有117个，人口在20万~50万的城市有151个，20万人口以下的小城市有262个。1000万人口以上的城市有北京、上海、广州。人口在400万~1000万的城市有天津、沈阳、哈尔滨、南京、杭州、武汉、重庆、深圳、汕头、成都、西安。按照2011年4月28日发布的第六次人口普查主要数据，首都北京的常住人口已达到1961.2万人，其中，外省市来京人员704.5万人，占常住人口的35.9%。

3. 中国城镇人口的空间分布

城镇化的空间分布呈现出向东部沿海地区集中的特征。我国东部地

本文是作者在大连达沃斯论坛上的演讲。

区平均城镇化率最高达到 56.96%，其中京津沪的城镇化率甚至超过 70%。2009 年，占国土面积 14.2% 的东部地区，集中了 60% 的超大城市、53.3% 的特大城市、51.6% 的大城市、48.9% 的中等城市、36.5% 的小城市和 37.6% 的建制镇。2008 年，全国百强县和千强镇（按财政总收入排序）中，分别有 53% 和 62.7% 集中在长三角和珠三角地区。

二、当前的政策难点

1. 进城人口享受不到同等的公共服务

现在统计概念上的 6.7 亿城镇人口中包括了 1.67 亿在城镇居住 6 个月以上的农民工及其家属（这其中包括了 3000 万举家迁徙的进城人口和几千万的城市间流动人口）。他们长期在城镇工作和生活，却不能享有与城镇居民同等的子女教育、公共医疗、社会保障等基本的公共服务，处于"半市民化状态"，由此引发的各种社会矛盾日益突出。如果逐步推进外来人口与当地居民的公共服务均等化，允许他们在城镇落户定居，有助于引导他们把长期消费行为转向城市，可带动住房消费，进而带动工业制成品消费和其他基础设施消费。

2. 城乡用地制度改革面临挑战

近些年，土地城镇化远远快于人口城镇化。城镇发展依赖于低价征用土地，政府利用土地出让金收益作为城市基础设施建设资金，开发商则获取土地增值收益，获取巨额利润，而拥有土地所有权的农民，因不具备土地开发权而不能平等分享土地升值的收益。土地出让金制度加剧了政府的短期行为，导致城市用地的粗放利用，并加剧了征地的社会矛盾。

3. 城市基础设施建设投资结构不合理

城镇化速度加快，但城市的建设重表面、轻地下，重形象、轻设施，重短期、轻长远，重政府、轻民生，重新区、轻老城的现象十分普遍。道路交通、给排水、排污和垃圾处理等项目远远滞后于城市的发展。居民生活区改造的速度远远落后于政府行政办公区和新区建设。大量的城市负债经营搞表面建设，而基础设施投入资金也严重不足。

4. 房地产发展出现结构性失调

近年来中央政府采取了一系列限制房价的政策，同时提出了加大保障房建设力度的措施。这主要是由于核心城市房价上涨过快，低收入群体住房供给无法满足。形成房价上涨的主要原因是不同行政等级城市之间的公共服务差距过大，使得高收入群体在高等级城市购买住房可以有较高的升值预期，并获得较高的公共福利。城市间公共福利差别如果持续扩大，房价上涨的趋势虽可以得到暂时遏制，一旦政策失效，还会导致房价的反弹。而保障房措施是否能够落实，不会改变核心城市商品房上涨的趋势，可担心的问题是政府如何使得有限的保障房分配更加公平，如何能确保保障房建设的资金来源。

5. 限制大城市发展和中小城市的政策关系

值得注意的问题是，一些特大城市开始出台诸如限制外来人口购房、买车、关闭农民工子弟学校的各种政策，试图以此来缓解城市交通拥堵和人口管理的压力。很多人打着城市承载力有限，因而只能容纳多少人的旗号，反对更多的外来人口进入城市。然而资源的分配是按照城市的行政等级来决定，所谓特大城市可利用行政手段获取资源，必然伴随着人口要素的流入。因此，应重点提升公共服务能力，并加快特大城市辖区内郊区的建设，通过完善公共服务和交通设施条件，向周边中小城市和小城镇分流人口。

6. 城市服务业的发展对于增加就业的潜力

在中国，"工业强市"几乎已成了发展城镇经济的普遍口号。由于工业占地在不同级别的城镇政府间展开并扩张，造成了工业发展较快的地方城乡工业区分布面积过广，因而不能形成服务业发展依赖的人口和产业集聚的空间，使得在城镇化快速发展的同时，服务业的发展速度相对迟缓。与同等城镇化水平和同等收入水平国家的服务业相比，中国服务业发展滞后。据世界银行数据显示，2007年中国第三产业产值占GDP的比重为40.1%，比13个同等城镇化水平国家52.9%的平均水平低12.8个百分点，比7个同等人均GDP国家62.5%的平均水平低21个百分点。

而研究表明，在城镇化发展高速增长期，服务业推动就业增长的潜力远远大于工业。这也就意味着，未来中国的城镇化进程，服务业的发展潜力是巨大的。

三、改革的方向

1. 推进户籍管理制度改革

中国政府推进城镇化进程，重点要推进户籍管理制度改革。我们的改革思路是循序渐进，首先解决在城镇举家迁徙长期就业的外来务工就业人员（其中包括农民工和城市间流动人口），同时逐步缩小外来人口和当地居民的公共服务差别。

2. 打破行政区划，实现基础设施共享

应考虑根据常住人口规模重新研究"设市"政策，适度增加设市数量。把常住人口作为机构设置和人员编制的重要依据，强化对外来农民工的公共服务能力。对吸纳人口较多、经济总量较大的县城和小城镇，逐步赋予其与管辖人口规模和经济总量相适应的经济社会管理权限。同时，要通过改革使得城镇之间、城乡之间实现公共基础设施共享，打破不同城市之间的公共基础设施的碎片化状态，城镇政府应把公共基础设施延伸到与城镇连片的农村集体建设用地，把城镇市政管辖的给排水、供电、交通、有线电视和网络以及垃圾处理等设施延伸到"城中村"和已经与城镇连片的农村集体建设用地范围内，使城镇的公共服务更迅速地扩展到有条件步入城镇化进程的农村地区。

3. 增加多元投资方式，逐步缩小土地出让金占城市基础设施建设的比重

充分发挥市场力量在城市基础设施建设中的作用，允许多元化的投资渠道参与城市基础设施建设。鼓励民间资本投资和经营城市有收益的基础设施项目，加强金融资本在城市基础设施建设的作用，发挥中长期贷款支持城市基础设施建设，减少土地出让金在城市设施建设中的比重，有助于增加城市管理者对城市基础设施建设和经营的长期行为。

4. 加大土地整治开发与置换，促进土地集约节约利用

我国已经把土地整治战略与规划上升为国家战略。开展城镇用地整治，鼓励对一些土地产出较低甚至负增长的城镇用地置换为附加价值较高的产业用地。严格禁止非公益性用地的征地行为，逐步缩小征地范围。公益性用地征地行为的补偿将参照同区位土地市场价值及时足额对农村集体组织和农民进行补偿。允许已经进城定居和落户的农民，在自愿的前提下，有偿转让在原农村的宅基地和承包地。

5. 提高城市密度，加快服务业发展，促进节能减排

加快人口向城镇的集中，提高人口密集度才能创造出服务业就业的空间。城镇政府在规划中，应该明确采取提高人口密度的方式，来规划城镇商业服务区和居住区以及设置城镇交通体系。应为就业提供充足的空间和地点，来满足居民对于服务业方便快捷和便宜的需求。在人口密集区域，服务业一定会根据市场规则自动生成新的就业机会。当人口聚集起来以后，资源和能源的消耗也会降下来，有利于促进节能减排。

6. 发展智慧城市，提高城市管理水平，加大政府决策的公共参与

智慧城市理念应当是强调政府决策智慧和公众参与，社会监督智慧对接，强化公共服务和民主管理。通过利用微博以及其他网络信息交流平台，促进网络创新城市管理功能。

7. 积极展开中小城市和小城镇改革发展试点

在城镇建设用地制度方面，在部分试点城镇开展城乡建设用地增减挂钩试点，能够解决城镇发展空间不足的问题；在规划体制方面，选择有条件的试点城市进行"三规合一"规划编制探索实验；在融资体制方面，积极引导民间资本参与城镇建设发展。根据一些地区发展的特点，适时开展不同类型的城市试点。

（2011 年 9 月 15 日）

我国城镇化进程的改革政策研究

我仅就城镇化问题的整个轮廓作个基本介绍。为什么题目叫"我国城镇化进程的改革政策研究"呢？因为现在对城镇化问题的研究，都在关注城市群、城市布局、大中小城市支撑等这些内容，然而在我们自己的研究中，并没有把它当作重点。

内容大致有三个方面：一是我国城镇化发展的现状；二是认识国际城镇化规律和我国城镇化发展特点；三是当前城镇化进程中面临的改革难点。

一、我国城镇化发展的现状

1. 城镇化快速发展，城镇人口迅速增加

从 2011 年开始，我国的城镇化率到了 51.27%，带来的影响也是很大的。对我们自己来说，可能未来城市会在中央决策中占主导地位，不像原来，农村人口占大多数。但是，国际上对此却特别担心。2012 年 5 月份在中欧城镇化高层论坛上，大家都说，中国的城镇化有 6.9 亿的城镇人口，这预示着什么？预示着竞争、预示着挑战、预示着资源的占用。这件事情对国际的影响特别大。

为什么要建立中欧城镇化伙伴关系？实际上是要在这一层面达成共识。看到城镇化的数字，6.9 亿的城镇人口相当于什么概念？比欧洲人口的总和还超出 2 亿，比美国和日本人口加总起来还超出 1.9 亿。很多人认为，人口如此庞大的城镇化，对世界来讲是个灾难，因为要重新分配资源。

本文是作者在"第十八次全国发展改革系统研究院（所）长会议"上的主题发言。

2. 城市规模不断扩大，城镇体系不断完善

我认为，我们的城市规模在不断扩大，但这并不是值得夸耀的地方。我们的城镇化有着6.9亿的城镇人口，却还只有658个城市，相对于世界其他国家来讲，意大利几千万人口就有几万个城市，美国也有几万个城市，我们的城市是多了还是少了？

我们还要注意到，中国城镇化的特点就是人口基数大。我们现在看，1000万以上人口的城市有5个，400万以上人口的城市有14个，100万以上人口的城市有125个。这么多的特大城市，在世界上是很难想象的。然后，我们还有19683个建制镇。这些"镇"，按国外对城市的定义，平均人口超过1万人的其实就是城市。如果把这些建制镇的镇区都算上，我们有将近20000多个城市。

3. 区域间存在明显差距

东部与中西部间有着多于10个百分点的差距。但是，值得注意的变化是，最近中西部地区的城镇化水平在提高。

4. 城镇化发展的空间变化

从几个数字可以看出来，东部地区外出农民工的比重已经在下降，而且"内流"的，也就是说省内就业的人数在增多。在本省就业的农民工已经远远超过了外省就业的，比如河南、四川、重庆省市外就业的农民工比重在减少，几个大省市都是趋向于在本省流动，这也是区域结构上农民工流动的重要变化。

5. 关于城镇化的理解

特别要强调的是，在跟所有的地方政府，大部分专家打交道的时候，他们对城镇化的理解有较大的偏差，尤其是住建部门。住建部门认为"城镇化就是城镇建设"，需加上生态、绿化等各种建设指标，我们研究的城镇化其实很简单，就是农村人口向城市转移的过程，在国际上也是这样。我们当年研究，"农村人口进城"是城市化的核心，现在我们可以加上"城镇基础设施和公共服务向农村覆盖"，当覆盖的人口越多，城镇化水平也就越高。这是很重要的观念，离开了这个本质，就容易造成研究虚化，忽视了在这个转移过程中所涉及的一系列改革问题。

举个例子，我们现在说，基础设施和公共服务向农村覆盖，城中村是什么？是城市还是农村？其实，它就是城市，但是由于有一块集体土地，我们就把它当成了农村，由于有农村户口，我们就把他们当成农民。本质上讲，基础设施已经将它们覆盖了，它是以现有的常住人口统计、将外来工统计在内的城市化地区。

二、认识国际城镇化规律和我国城镇化发展特点

1. 认识国际城镇化规律

我们如何来认识西方和中国的差别？

（1）人的迁徙是自由的，并有制度保障。国外的规律很简单，并没有城镇化政策制定的过程，是后人，比如钱纳里，根据这些国家的城镇化水平提高，统计出的城镇化发展规律。他们没有特意去制订城镇化政策，因为他们的人口迁徙是自由的。国外人口迁徙取决于几个条件，一是收入，二是就业，三是生活成本，四是对乡土的眷恋，没有宪法的限制。但是中国有严格的限制。

（2）低成本转移，贫民窟伴生的过程。低成本转移对于研究城镇化问题特别重要。国际上的城镇化进程就是农村人口向城市迁徙的低成本的过程。试想，农民进城，不是富人进城，他会是什么样的状况？所以，它还是"贫民窟伴生的过程"。贫民窟产生的时间要追溯到很久远了。

我们分析欧洲、西方国家的城市化，花了几百年的时间，但是我们知道18世纪、19世纪的城市化，我们虽然没有看到他们当时的城市是什么样子，但是从狄更斯的《双城记》、《雾都孤儿》等很多小说中都能看到，包括马克思、恩格斯的阶级斗争的理论，当时的创作的背景。那个时候，劳资矛盾、贫民和富人的社会矛盾，冲突尤为激烈。因为农村人口大量集中到城市，所以矛盾显现得尤为严重，于是就产生了阶级斗争的理论。我们再看，巴西、印度、墨西哥等国家的城市化过程也一样，有着大量的贫民窟。国际上，由于不限制人口迁徙，人们为了追求生计、追求就业，到城市定居，所以会有大量的贫民集在一起，所以产生了贫民窟。而这个贫民窟的产生过程，也是城市治理不断完善的过程。巴

西的市长曾对我讲，我们没有理由限制他们进入，只有责任去改善他们的生活、就业和居住条件。巴西在这件事情上做得很好，尽管有大量的贫民窟存在。我们现在给各个城市做规划，有哪个城市的规划，留下了给农村人口进城的空间呢？哪个规划是从不同人口结构的角度出发，为这些进城贫民的生存、就业、居住提供合理的空间的呢？现在，大量规划都是从产业、技术、现代集群等角度，而很少从"人"的角度，从我们国家"大量人口进入城市"的角度，来考虑怎样解决这些问题，来探讨城市的空间规划和发展，这确实是我们要面对的问题。

（3）长期缓慢的过程。除日本外，其他国家都是长期缓慢的发展过程。日本战后有其特殊性，在朝鲜战争后，由于大量的订单增加，日本的就业大幅度增加，所以它的城镇化速度超过了其他国家。

我们在开展北京市人口调控课题研究时发现，仅就地铁分析，把纽约、伦敦、巴黎的地铁修建时间和北京来比，他们 100 年、150 年才修 100 多公里、200 多公里，而北京 11 年就修了 420 公里。在经济快速增长、人口快速集聚的过程中，我们的矛盾也在迅速集中。但发达国家城市的矛盾在长时间内得到了逐步地化解，而我们在制定地方规划的过程中，我们制定的都是短期的、迅速聚集的规划。

（4）市场化过程，特别是土地产权等要素自由交换的过程。在《财经》年刊"2013 年：预测与战略"上，我发表了一篇文章，题为《推进城镇化进程要尊重城市发展规律》。我说，中国的城镇化过程和国外不一样，国外人口自由迁徙伴随着的两个制度条件是我们不具备的。一个制度条件是要素的自由交换，我们中国的要素是不能自由交换的，特别是土地。在研究中国的土地问题时，我们都知道有两种土地的公有制，以及不平等的征用过程，还有建立在土地公有制之上的迁徙制度，以及等级化的城镇管理体制。在市场经济国家，要素自由交换过程中，其他制度也是有保障的。比如，国外的自治城市，人口自由迁徙的城市，民选的体制等等，但这些都是我国所不具备的，可见，国外的市场化过程有着一系列的制度作保障。

2. 认识我国城镇化发展特点

（1）我国城市和国外城市的区别。我们现在研究的城市群、大城市、中小城市等发展战略中，我们很难注意到中国的城市特点。

第一，中国的城市是有等级的，这和国外不同。中国的城市大致可分为六七个等级：直辖市（是正部级的）、副省级城市、地级市、副地级市、县级市，还有处级镇和科级镇，五花八门。这个等级的特点，决定了资源分配的走向。在国外，所有城市都是平等竞争的，比如在洛杉矶，最大的城市 500 多万人，最小的城市几千人，同一个级别，没有大小之分，资源交换都是平等的。

第二，我国的城市是上级城市管着下级城市，下级城市得要对上级城市负责，而财政体制、计划分配体制等都通过这个体制来完成，就导致了资源分配的不均等。

第三，城市是管辖农村的。国外的农村是社区自治，城市是城市自治。中国的城市是行政区。我们曾提出建议，能不能把城市和农村管理分开，城市和城市的管理分开？在研究北京市人口调控问题的时候，北京市到底能容纳多少人口？北京市有 16800 平方公里，有主城区、功能拓展区、城市发展新区，还有建制镇等，很多区就是个独立的城市，但说起来都是北京市。比如，北京市堵车了，但北京市的郊区并不堵车；北京市的市区内有很多地方矛盾集中了，但郊区和周边的中小城市并没有这些问题。往往一条政策，却把北京市全部的空间都覆盖了，比如，限购政策、户籍制度等。说"北京市不能容纳更多的人口"，到底是北京市的主城区不能再容纳更多人口？还是北京市 16800 平方公里都不能再容纳更多人口呢？这就是说，我国所有的城市都是行政区，而不是单纯意义上的城市。

第四，我国的城市是非开放的。作为行政区，就有公共服务的差别。公共服务是封闭化的，户籍制度是不开放的，这和国外不一样。为什么欧洲的城市自治？他们从中世纪起就开放了，农奴只要进入城市，就可以宣告自己是自由民。中国建国后到 20 世纪 50 年代年实行的户籍制度，无论是城市间的人口，还是农村人口进入城市，都有户籍制度的限制。反过来，城市人口也不能进入农村，村和村之间也不能自由流动。不光是农村人不能进城，城里人进村也不那么容易，因为土地是集体所有的，你来了，我不能给你土地。这也是中国的特点。

（2）限制人口流动的过程。我们只能从 20 世纪 50 年代末以后，来研究城镇化的政策，它是一个限制人口流动的过程。一方面是限制农村人口进入城市的过程。20 世纪 50 年代末到 80 年代，只是限制农村人口进入城市；另一方面对城市间人口的流动也有一定的限制，但还没有那么突出。现在，农村人口进城，和城市人口到农村，都是不能互换的，甚至包括村庄间的人口流动，以及城市间的人口流动。

（3）30 年高速发展且矛盾迅速积累的过程。中国的几十年的高速增长，把发达国家几百年的矛盾积累到一起。其实，我国的城镇化也是这样，我们看到了北京的严重塞车、很多城市的城市病问题。我们的人口增长，以北京为例，从 1996～2011 年人口增加了 800 多万，仅仅用了 15 年的时间，而在发达国家，东京是用 50 年的时间，而其他国家都是多于 50 年，甚至 100 多年的时间。这么多人口在这么短的时间内，迅速聚集在一个城市内，所展现出的矛盾也是非常集中的，生态问题、交通拥堵问题、环境问题、社会分化、就业问题等，矛盾不断积累，使我们的城市政府疲于应付。

（4）通过政府干预，低成本地获取农村劳动力剩余价值和土地增值收益的过程。我们研究经济增长的时候，很多人把它归结为中国特点。如果排除了制度性因素，我们有企业竞争力，有市场的作用等等。但是和其他国家存在的最大的区别就是我们国家有廉价的土地、廉价的劳动力和廉价的环境。

国有土地和农村集体土地，这两种土地进入城市开发的过程中，是不平等的交换过程。农村集地土地必须经过征地获准后，才能进入城市开发。在征地过程中，就导致了大量的利益流失。《第一财经日报》发表的一篇访谈中，对这个问题提出了两个看法：一是我们从道德角度提出了征地问题，但是如果从全局的角度看，我们低价地获取农村土地，换来了每年 1000 多万人的就业。特别是在 20 世纪 80 年代到 90 年代期间，土地带来了工业投入的大量增长，我们的农业劳动力价格可以比马来西亚、印度、越南高，但这些国家的土地价格绝不会比中国低。我们有一个低价征地的过程，正是因为有了这个过程，才形成了我国工业超高速增长的制度条件。所以很多人说，我们征地有非道德因素的问题，这是另一回事情。但是从全局上来看，它在中国经济发展过程中，确实发挥了一个不可或缺的作用。而我们讲的"土地城镇化"的进程，是通过行政力量来主导的。

（5）中国的城镇化是形成等级化的城市公共服务差距的过程。中国的城市是有等级的，上级管着下级，但是如果忽视了等级化的城镇管理体制，就等于说对中国的城镇化进程几乎一无所知。

我们从 20 世纪 90 年代中期，就制定了户籍制度改革政策，当年提出了"县级市以下的户籍制度全部放开"，但结果是只解决了一两千万的当地农村户口转入小城镇户口，剩下的户口几乎没有发生大的变化，最终只是在郑州、石家庄做了一年的改革后，又全部退回到了原点。而现在的改革就越来越难，难就难在等级化体制决定了我们国家的资源分配在城镇之间的流向。

我在 2012 年的《财经》发表的文章中讲，"大中小城市"的研究、"大中小城市的道路之分"，是一个伪命题。为什么是一个伪命题呢？

第一，老百姓选择就业，自己会选择流动方向，不是根据我们所谓的政策来选择。20 世纪 80 年代我们就提出发展小城镇、发展中等城市、控制大城市等，结果根本干扰不了这个流向。为什么说 1000 万以上人口的城市是 5 个，400 万以上人口的城市是 14 个呢？人的选择是不受政策干扰的，所以提出的"大中小城市"的政策是没有意义的。

第二，行政等级化的资源分配体制，决定着资源一定是流向高等级城市。举个例子，计划分配的土地资源，基本上被省会城市所截留。前些日子去八省调查，询问当地负责人，"你们每年的土地指标是多少？"他说是 35% 的土地指标。我又问，"贵阳市人口占全省的多少？"他说是12.5%。35% 的土地指标都集中在了贵阳市，而只有 12.5% 的人口集中在贵阳市。我们知道，土地要素是未来最大的资源储备。我们到贵阳工业区考察的"中煤基地"的一个项目，用地是 1000 亩，每亩可增加就业1 人，这个土地的利用价值，对于我国的城镇化来讲，是高还是低？再举个例子，成都市吸纳了全省土地指标的 50%，但容纳的人口只占全省的17.5%。而且现在地方吸引工业的时候，不像 20 世纪 80 年代的"三来一补"、劳动密集型，地方发改委做的规划中，提倡的都是"产业升级"、

"更新换代"、"腾笼换鸟"、"新型产业"、各种"高新产业",连服务业都是现代的、资本密集型的、技术密集型的,都是替代劳动的,怎么能解决人口的转移呢?恰恰这些大城市、高等级城市把土地指标都截留下来了。大量的资源被截留,那么就意味着,他们将比低等级城市、中小城市获得更多的发展机会。

我们研究的北京市人口调控报告中指出,我们在 20 世纪 80 年代就提出 1000 万、1300 万、1600 万、1800 万的人口目标,发改委部门做的规划都认为人口极限是 2400 万。可是从 1996 ~ 2010 年的统计数据看,平均每年有 60 多万的外来人口进入北京,2010 年增加的外来人口有 90.5 万。如果维持这个增长速度,按照 2006 ~ 2011 年平均每年 80 万的数字粗略推算,加上后 9 年增长的人口,总人口将要达到 2700 万。

再算一下北京的物价。我们将北京与来京外来务工人员比重占 40% 的河南、山东、河北等三省相比较,北京的几种副食品价格都低于这三个省,北京的水价收入比低于这三省,电价、气价全部低于这三省,而地铁价 2 元为全国最低,公交 0.4 元也是全国最低。此外,在没电的时候,华北要停电保北京的用电,没气的时候要保北京用气。在全国的省会城市,地级城市也是通过这种方式调配资源的,那又如何阻止人口向这些城市流动?

水资源也同样,很多的规划部门做了自然承载力的研究,我们算的数据和他们的差距太大。他们的研究是在主观上认为"我们不让人进来"的意识下做的,但事实上开放型的城市一定是人在往里面进。2008 年之前之所以人口进来比较少,是因为产业限制不让人进。2008 年之后,投资虽然少了,但招商引资力度却加大了,人进来得越来越多。工业企业(如三一重工)在往北京迁,原因是什么?北京的优质资源和特殊的行政资源条件。

再往下,县镇的分配关系、地县的分配关系,基本上以地为主,还是一个谈判制的、包干制的关系,还没有完全分税,财政资源、土地出让资源和各种要素都集中在高等级城市,就导致了高等级城市的发展非常的快,但是问题也十分严重,后面还要再讲。

当这些高等级城市在发展的时候,它不是按照国际的城市发展规律来运行的。我们现在所有的高等级城市，都在现行户籍管理制度下，制定了一个限制人口进入的城市。苏州制定的"十二五"发展规划中说，城市要发展500万人，他们提出要引进副教授、技工、博士等人才，哪儿有那么多的这类人才呢？数量最多的就是农民工。这种城市发展规划和人口结构不相称。在各种资源集中的情况下，我们还看到，一些规划专家提出各种"生态城市"、"智慧城市"、"绿色城市"等目标。城市搞得这么漂亮，农民能进得来吗？农民进不来，他们要去哪里？我们的城镇化进程要如何才能实现？所以，了解到这个等级化城市公共服务差距，我们就看到了等级化体制造成的资源分配的不均等、公共服务的不均等。而这个户籍制度就建立在这个不均等的、多元的城市利益格局之中。这就是我们城镇化发展中的现实，也是中国城镇化发展的特点。

（6）参照系水平过高，和发展阶段较低并存的过程。我们跟西方国家的一些专家交流的时候，经常讲，他们在城市化高速发展的时期，尽管有大量的贫民窟，相对于农村、相对于过去，仍然是一个好的过程。农民进入贫民窟以后，收入比以前高，环境虽然差，但也比农村没有基础设施要强。但中国是后发的城镇化国家，面临着相当大的一个难题：就是城里的有识人士、精英、管理层、决策层，包括媒体、教授、学者、专家、政府管理层，都在向欧美看齐，所以就出现了千城一面的、以欧美为样板的、现代化的城市形态。可是，我国还要面临着有2.5亿的农民工，甚至有更多的农民工在等待着被纳入城镇化进程，他们需要的是在城里有一处安身之地。这个并存就导致了城镇化在发展中出现了扭曲。

一方面我们在提出"加快城镇化进程"，而地方政府和住建部门系统提出的却是"加大城市建设力度"的进程，而一些学者专家提出"以各种指标来美化我们城市"的过程。最典型的例子，还要举北京。北京现在有几十万的外来农民工子弟，公办学校容纳的只占其中的一部分，还有十几万是被民办学校接收的。我们在研究中发现，北京市关闭农民工子弟学校的原因是什么呢？就是达不到公办学校的标准和水平，那么公办学校的标准和水平又是向什么看齐的呢？是按照现在城里人的要求，就说我们现在已经是发达国家的城市水平了，农民工到这里来，肯定不符合办学条件。就因为他们不承认城市里有贫民、农民工，怕农民工的孩子都进来会对自己的利益构成威胁，因而他们采取排斥的态度。我们这次去广东东莞调研，去的是公办学校，实际上77%的农民工子弟被民办学校接纳了，只有23%的才进入公办学校。在广东的东莞等地到处都是这样的民办学校。在广州市，民办学校和公办学校有很大的差距，可是这两种办学体制并存，一种是我们不承认的，一种是我们按照发达国家标准制定的，是按现有城市标准制定的公共服务目标。

在我们的城市化进程中，面临着矛盾的选择。我们制订规划，是面对高端人口、城市的富裕人口、精英人口制订规划和公共服务标准的，还是承认城市公共服务差别化的现实存在，并给这2.5亿的农民工提供一定的空间？所以，为什么很多人提出"发展小城镇"，意思就是"你就别来大城市了"，农民工到小城市、贫民窟放在小城市里就可以了，但是放到哪里的小城镇？北京的郊区也有很多的小城镇，这些小城镇可不可以容纳他们呢？实际上，大部分农民工都住在这里。在一些大学里，教授们讲课时都反对农民工进城，那还扯什么城镇化呢？所以，我说"参照系水平过高，和发展阶段较低并存的过程"是我们迈不过去的一个槛。

三、当前城镇化进程中面临的改革难点

1. 户籍管理制度改革面临来自城市利益群体的压力

我想，压力不仅仅在于城市利益群体，也在于我们自身。为什么说在于我们自身呢？第一，我们对城镇化的认识，有没有基本统一。第二，在座的城市的精英阶层，允不允许农民、较低素质的农民工在城市里跟我们共同分享这一块蛋糕，或者是分享这一杯羹，这是个很现实的问题。所以我们看到了，只要一提城镇化，大家都欢呼雀跃，都在进行研究，但是一碰到实质的问题，比如异地高考，就都开始排斥。刚说要颁布异地高考的文件，北京市市民就去北京市教委上访，然后在网上也能看到两种尖锐对立的观点：城里人说，"你凭什么到我这里来？"农民说，"你凭什么不让我进去？"结果就是使得异地高考慎之又慎。像异地高考，刚刚放出了口，又遭到了强烈反对，所以需要制定异地高考的严厉准则。这还只是针对孩子上大学。所以，利益群体担心公共服务的分摊是一个

最大的难点。

这些高等级城市，从上到下，从北京、上海、苏州、无锡、杭州，一线城市、二线城市、三线城市都不愿意外地人在本地落户。除了中西部县城、小城镇是愿意进来就进来，就连发达地区的建制镇都不愿意外地户口的人进来。比如，东莞长安镇100万人，本地人口有10万人，农民工有90万，如果让这90万农民工到长安镇定居，户籍制度能放得开这90万吗？后来讨论说，光在选举的问题上就不能让他们进来。如果是民选的话，90万外来人口进来后该怎么选？华西大队50000多人口，本地核心人口才2000多人。外来的人口分两类，即外村并村和外来农民工，要是都进来的话，那吴仁宝是当不了书记的。从担心分摊公共服务到民主政治等，都没法大量让农民工进来，所以利益群体的问题是我们改革中的最大的难题。

2. 土地管理制度面临城镇基础设施资金来源的压力

大家都在提土地征用制度改革、农村集体土地同权等，可是我们现在面临更大的难点，是土地出让金政策的改革，到底怎么来进行？我们讨论到农村，就是要改，就是要解决农民的利益补偿，集体土地征收增加十倍，这也是杯水车薪。

但是，真正的改革能不能进行下去，面临着城市的压力。这次的"限购房"政策给全国的一二线城市，都带来了极大的压力，它使得可以拿到的预期的土地出让金没了。我们要是了解城市财政制度的话，就知道城市的税收是保运转、保吃饭的，而城市的发展、建设靠的是土地出让。那么，如果把土地出让给断了，那就断了近期和远期的两条财路。远期财路，工业用地的招商引资力度就会大幅度下降，因为工业用地减少了。工业用地都是零地价、负地价，而这部分成本以及基础设施供给的资金，要靠什么来给呢？只有靠房地产这块新增的高额的增值收益来补。如果这块可以补的收益没有了，工业又没了，等于两块都断绝了。后来我们又提出了"房地产税"，可是房地产税的征收难度暂不讲，单看重庆、上海的征收额度才一两个亿，能解决我们现在的嗷嗷待哺的城市居民的需求吗？北京十几年就搞了420公里的地铁。在这么大的建设压力下，又没有补贴，你说，土地不出让能行吗？这种压力就导致了城市基础设施供给一旦断粮，城市的公共服务水平就会下降，城市居民带来的压力就会上升。在这个问题上，如果城市建设的资金来源不解决，相应的改革就面临着很大压力。比如，如果要改农地这块，是城里人管农村，而不是农村人管城里，城里人能同意吗？这次讨论征地制度改革，最大的压力就在城市这块。

3. 完善社会保障体制、改善农民工公共服务水平面临着企业成本增加的压力

我们知道，农民工进城一定要完善社保。可是，我们还得知道，中国有两个低成本，分别是土地成本和劳动力成本，社保就是劳动力成本的一个因素。现在广东的社保率是67%，全国平均是百分之十几。社保率低的核心障碍是企业不愿意缴。因为企业要缴了，成本就加大，而政府也不愿意监管。如果逼着企业缴了，企业就不到这里来投资了，招商引资的政绩就会大大下降。所以，所有的政府对企业缴纳社保都是睁一只眼闭一只眼。尤其是中西部地区，这个问题不解决，我们怎么样才能提高社保水平，来使农民工真正纳入城市的公共服务体系？这是一大难点。这和我们国家几十年来低成本的发展模式有直接的关系，也和城市的利益密切相关。比如，富士康到哪儿投资，你要强迫我缴纳社保，那我不上你这里来，我去另一个地方，那个地方欢迎我。

4. 等级化城镇行政管理体制改革面临着上下级政府资源分配、结构调整的压力

等级化的体制要不要改？目前还看不出来。但是，我们提出，是不是先解决设市问题啊？中编办就说设市的话，机构首先就要膨胀。还有些同志讲，658个城市已经不少了，我们弄那么多的城市干什么啊？那么，省管县，要管财政，要管干部，比如江苏是省管县一管到底，但这还涉及各级政府之间的利益关系要做一次根本的调整。而我们的改革还要从各级，一级一级地贯彻下去。当你的改革政策要通过政府各层级，一级一级地贯彻下去的时候，你把最重要的一环节的利益给吞掉了，强行分摊下去了，那还能不能实行这项改革？你认为，地级市市长和省会城市的市长会同意这样的改革吗？不会。他会提出一系列的困难，然后，他会通过我们所谓的城市群的规划，大城市规划，还是强调我这儿的发展最为核心。最后的结果，就是这种改革还是无法实施。

5. 城市发展方式的转变面临着既定利益格局的压力

首先，既定利益格局的压力就包括了政绩观、干部管理体制、城市政府既定的执政模式，还包括以往的规划方式等，这种既定利益格局的压力就导致现在的城市基本上在不断累积短期行为。

其次，土地的粗放型发展和粗放型利用。我们现在两边的占地过多，农村占地多，城市占地多。这个问题到现在也得不到解决。

最后，我们服务业的发展弱。最近我们在八个省调研，发现都在提出工业主导的模式，特别是在城市化率达到60%的江苏、浙江，还在提出工业主导模式，这一点我们要认真反思。

我们的研究，发达国家，如日本、美国、德国、英国、法国，服务业增加值占 GDP 的比重与工业增加值占 GDP 比重的倍数，德国是 2.5 倍，英国是 3.6 倍，美国是 3.8 倍。在城镇化率达到 60% 以上的时候，是服务业高速发展的时期，而越是到了 60%、70%、80% 的时候，服务业占比会是工业占比的 2~3 倍以上。因此，我们国家最大的就业潜力不在工业，而是在服务业。当工业实现了资本技术密集型的时候，解决我们增长的主要产业是服务业。可是，我们中国的服务业，不仅仅低于发达国家、低于中等收入国家，甚至还低于下等收入国家近 7 个百分点。我们在给地方制定发展规划、发展战略的时候，忽视了国际发展规律，忽视了城市发展规律。什么叫城市？城是圈起来，里面就是市，市就是服务业，一个城市发展的过程，特别是一个大城市的发展过程，是一个"退二进三"的过程。可是，我们在制定产业规划的时候，还在强调工业主导，我们要不要进行反思？

（2012 年 12 月）

第二篇
城镇化发展进程中的土地问题

加快集体建设用地改革，
促进城乡经济要素的双向流动

一、加快集体建设用地改革，有利于提供未来城镇化发展的保障用地

城镇化的发展要求未来几十年内，农村人口要向城镇转移。如果按照到 2020 年我国城镇化率达到 55% 的水平，我国将有 8 亿左右的人口进入城镇居住和就业。2008 年我国的城镇化率为 45.7%，城镇人口为 6 亿。未来的 12 年间，还要转移约 2 亿农村人口，直接面临的问题就是，进城落户农民的居住和非农就业用地如何解决。

按照现行的政策，要保住 18 亿亩的耕地红线不被突破，继续占用耕地要受到严格地限制。因为我国目前的耕地保有量为 18.25 亿亩，可供未来建设用地的空间已经没有太多的余地，而且还要考虑到交通设施的改善和大项目工程对耕地的占用。可能采取的措施无非以下几种：一是加大耕地开发的力度，这估计资源有限；二是限制城镇化进程，这估计和未来的发展战略相悖；三是在集体建设用地上做一些文章，这可能是目前预期的最好解决办法。

我国集体建设用地大约为 2.5 亿亩，容纳着 67.2% 的农村人口（包括已经被统计在城镇人口中的农村外出流动就业人口）。按实际人数统计，人均占有 188 平方米，如果按统计的城镇化率来计算，人均占有 229 平方米，如果城镇化率达到 55% 的水平，农村人均集体建设用地将为 265 平方米，这说明农村集体建设用地还有较大的整理空间。因此，加快集

体建设用地的改革，可能是未来城镇化进程中最重要的政策保障。

二、加快集体建设用地改革，各地已经有了很好的探索

在集体建设用地上进行改革，各地已经进行了很好的探索。尽管有些改革在制度上还未得到认可，但是已经成为既成事实，对当地经济的发展和农民财产性收益的提高，发挥了重要的作用。

广东珠三角农村集体大量地出租厂房，农民在宅基地上兴建出租屋。

长三角农村集体经济组织运用集体建设用地兴办企业。

在一些大城市郊区，集体或者农户开办农家乐等观光旅游休闲服务业，也大量地利用了集体建设用地。

允许城镇居民到农村长期租赁宅基地或者集体建设用地。（北京通州的宋庄、怀柔的官地村，成都郊区的农家乐等）

在天津、成都郊区开展的"宅基地换房"等。

目前由国土资源部推动的"城乡建设用地挂钩试点"。

三、加快集体建设用地改革，要尊重集体或者农民的产权

集体建设用地的改革，核心问题是在多大程度上保障了集体所有者或者是农民的最大权益。取决于两个因素：

一是政府主导，这种形式比过去低价征用耕地有了进步，农民可以获得更多的补偿。但是，仍不是在平等协商的基础上进行的。目前在各大城市开展的挂钩试点政策，就充分说明了，政府和开发商占主导地位的形式，有利于整片开发，但是开发的收益部分，农民或者村集体经济组织拿到的仅仅是通过住房替换的补偿。

二是集体主导，可以通过开发，满足集体的最大收益。但是值得注意的是，在集体开发过程中，透明度较高的，可以得到内部成员的拥护。但是目前存在较大的问题是，在开发过程中集体组织成员和管理层因为开发利益分配透明度不高形成的矛盾。

三是农民自主的形式。农民在自己的宅基地上开发或者是通过租赁

的方式开发，可以在有限的政策空间内获得最大的收益。

三种形式，各有利弊。对城市发展，政府开发有利于降低开发成本。村集体开发，有利于村集体公共积累和公共福利的形成。农民自主性开发，有利于农民的财产性收益的提高，但是很难形成规模，对城市的整体发展在规划和形态上也很难统筹。但是，如何在开发过程中真正让农民获得财产性收益，可能是第一位的。只有农民在集体建设用地上的长期收益得到充分保障，集体建设用地的有效和集约利用才可能转变为现实。

四、要通过集体建设用地的改革，鼓励城乡要素的双向流动

推动城镇化进程政府的资源是有限的，而且很大程度上也是通过对农村土地资源的行政性征收，来获得收益，才有可能进行再开发和投入。但是市场的资源往往在城镇化进程中没有得到充分的认识。这就是要在集体建设用地改革过程中如何充分认识市场资源的流向，有效地发挥作用。

以往我们认识的城镇化，就是人口和土地非农化的过程。这是由城市政府和开发商来主导的城镇化。其实，当大量的城市资本以零散的方式进入农村，也一样可以带动农村的城镇化。

在现行的户籍管理制度中，我们只注意到了农村人口进入城镇落户有很大的限制，反过来注意一下，城镇人口进入农村落户，一样受到限制，这缘于集体土地的公有制。城镇化的发展实际上是一个开放的要素流动的过程。但是集体土地所有制，是通过封闭的产权关系，限制了要素的流动。除非有一个强力的外在因素打破这种封闭的所有制关系。政府和房地产商可以强力打破这种封闭所有制关系，形成强制的城镇化进程。但是这只是一种方式。因为大量的零散资金进入农村投资时，一样会产生对封闭的集体所有制的瓦解，通过宅基地、建设用地的置换，从本质上改变了集体成员内部的产权关系，形成了开放的要素流动状态。例如，北京通州的宋庄，3000多名艺术家住了进去，你很难说那里现在还是传统意义上的农村。尽管政府的大市政还没有及时跟进，但是从居

住形态和人口结构上，我们几乎可以说那是一个新型意义上的城镇。

最近，我遇到了很多城镇政府的官员来探讨开发模式，其实，放开这种要素交流的管制，可能是对农村发展的最好的效果。资金、土地要素流动起来了，农民在宅基地和建设用地上的交易，给农民带来了长期甚至永久的财产性收益。城里人也通过自己的经营理念扩大了对地处农村的资本利用的方式，使得闲置的土地和住房，发挥了最大的经济效益。地方政府也在各种具有活力的经营模式中得到了经济和社会的发展。参与的主体都得到了好处，为什么还要得到管制呢。问题出在什么地方上呢，就是观念和认识。

这里既不涉及耕地保护的问题，也不涉及侵占农民权益的问题。但是就是因为我们仍然站在某一个已经逐渐在过时的制度上，不能以中国飞速发展，市场经济的步伐在大步前进，城镇化进程以多种模式在展开的角度来看问题。

我记得当年农村改革就承包问题的讨论，确实是一次解放思想的大讨论，结果是让我们现在还享受着农村和农业发展和进步的好处。那么关于集体建设用地改革和城乡要素流动的问题是不是可以试验、讨论呢？答案应该是肯定的。

（2009 年 6 月）

如何认识城镇化进程中的土地制度变革

中国的城镇化进程从 20 世纪 80 年代起呈现出高速增长，平均每年一个多百分点的速度，城镇化水平从 17% 提高到 2012 年的 52.6%，城镇化人口已经达到 7 亿人以上。在中国城镇化高速增长的过程中，土地制度的作用不可忽视。如果我们认为户籍制度在城镇化进程中起到了限制和约束作用，土地制度至少曾经在很长一段时间内发挥了积极的作用。

如果分析中国城镇化的实质，实际上是一个人口的非农化过程。如果把户籍制度作为衡量城镇化水平的重要标志，中国的城镇化率只有 36% 左右。户籍人口和统计上的城镇常住人口相差约 17 个百分点。这 17 个百分点的所谓常住人口就是在城镇就业的外来农民。也就是说，按照年均 1 个百分点的增长速度，从 20 世纪 80 年代中期起，每年有一千多万的农民从农业转向非农产业就业。随着非农产业从村村点火，处处冒烟逐渐向城镇集中，农民的非农就业也逐渐集中到城镇，变成了统计上的城镇人口。

一、现行土地制度曾经发挥的积极作用

为什么我国有如此众多的农村人口在长达 30 年的过程中，逐步从事非农就业？一方面取决于劳动力价格的便宜，但是更重要的因素是土地价格的便宜带来了投资的迅速增长，进而吸收了大量的就业。不能不承认，现行的土地制度在吸收农村人口从事非农就业过程中曾经长期发挥了积极的作用。

本文刊登于《中国地产市场》2013 年第 3 期。

20 世纪 80 年代逐步兴起的乡镇企业，几乎占据了国民经济的半壁江山。很多人忽视了一个十分重要的制度因素，就是农民在几乎没有成本的前提下，利用集体经济的土地，兴办乡镇企业，吸收了大量的农民从事非农产业。即使到后来，随着土地制度进一步强化对在集体土地兴办乡镇企业诸多的限制，城镇仍可以利用现行的土地政策，兴办开发区，低价征用土地，招商引资，发展工业，增加了大量的非农就业机会，使得 80 年代起的投资增长在增加非农就业机会中发挥了关键的作用。如果我们现在对各类城镇的所有开发区进行调查，地方政府为了吸引投资，对于投资者提供的工业地价，去掉政府的基础设施投入，几乎是零地价或者是负地价。

很多人把经济增长和非农就业大幅度的增加归于劳动力价格的低廉。但是同样劳动力价格的东南亚国家和南亚国家，为什么并没有出现如此高速度的持续增长？其实真实原因是在于中国特殊的土地制度导致了政府通过低价征用集体土地，促进了投资的增长，进而带来了大量的非农就业的增长。

当然，低价的征地政策也对城市的基础设施改善发挥了积极的作用。如果没有低价征地，政府在和农民的谈判中会付出过高的成本，而导致城市基础设施的改造速度大大放慢，城镇面貌的改善和基础设施的供给也会出现严重的供给不足。30 年的经济高速增长的后果，也使城市面貌发生日新月异的变化。我们看到的城市外表仅仅在几十年的发展进程中就可以与西方发达国家相媲美，原因在于低价拿地，降低成本，高价卖出获得土地出让金，解决了城镇发展的基础设施资金来源问题，不能不说也有赖于现行的土地征用制度。

二、现行土地制度带来的负面影响

虽然土地制度在增长过程中曾经发挥了积极的作用，但是因利益制约，继续去享受土地制度的收益，而不愿意调整用地政策，在城镇化高速增长的今天，负面影响的比重也在大大地增加，使得未来改革的难度加大。

（1）对于土地出让金的依赖，使得城市"摊大饼"地平面扩张，加大了基础设施建设和维护的成本。因为政府为了工业投资增长，不得不增加开发区面积，以零地价出让土地，吸收工业投资。为弥补成本，还要通过加大房地产开发力度，获取高额土地出让金，维持工业用地成本和确保基础设施投入来源。结果是使城市的发展路径不得不通过各种土地出让的方式形成平面扩张的趋势。而摊大饼摊得越大，基础设施供给的战线越来越长，投入和维护的成本就越来越高。所形成的恶性循环导致了对于现行的土地制度严重依赖。

（2）土地制度形成的城镇粗放型扩张严重限制了服务业的发展。城市发展的历史是服务业逐渐增长的过程。从发达国家的经验看，当城镇化率达到50%以上的时候，服务业比重将占主导地位，到了60%以上的时候，服务业将出现高速增长，在经济中所占比重将超过工业的2～3倍，吸收就业的主要潜力在服务业。然而，由于我国城镇的平面扩张发展路径已经严重地制约了服务业的发展。服务业的发展要求城镇人口的高密度，要求服务业的服务半径在单位时间内能获得规模效益。而摊大饼的城市发展模式大大提高了服务业半径，抬高了服务业的成本。

（3）现行的土地出让制度形成了对于工业发展一家独大的过度依赖。土地出让模式使得城镇摊大饼地发展，依赖于土地出让金维持城镇发展和运行成本。由于服务业发展的严重滞后，服务业就业的严重不足，政府只能依赖于传统的工业发展途径，解决财政税收和就业增长问题。即使在城镇化率已经高达60%以上的沿海发达地区，地方政府的发展政策仍然是强调工业化为主导。这种工业主导模式虽然强调了产业升级，但是由于工业需要低廉的土地成本作为条件，限制了产业更新。而持续依赖于工业增长，也带来了环境污染和外来人口大幅度地增加，对城市未来的可持续发展和低碳的发展路径带来了隐忧。

（4）现行的土地出让制度加剧了政府的短期行为。因为土地出让金按年度征收的方式，使得政府可以通过低价征地迅速地获得大量短期收益，也助长了政府的短期行为。每一届城市政府可以通过巨额的土地出让收益，满足政府官员由政绩主导的主观决策行为，使得城市发展模式表面化、短期化、形象化，而忽视了公众的长期利益，忽视了老城区的改造和关系到居民公共卫生安全的基础设施投入。短期行为的叠加，也使得后任政府因利益诱导仍对土地出让金形成严重的依赖。

（5）现行的土地出让制度使得政府的基础设施管理和融资难以实现市场化的改造。目前虽然讨论进行物业税的改革，但是所得收益仍不能弥补城镇基础设施欠账的巨额开支。而原来很容易通过强行征地所实现的土地出让收益，在城镇基础设施投入中，通过短期行为，变成了城镇居民的福利开支。而这种福利越来越固化，使得改革的难度加大。国际上城市基础设施的运转资金和投入来源取决于市场化投资主体的介入和金融的参与。而还款和收益机制的建立则要求政府的不动产税的支撑、市场化的基础设施高效的管理机制以及合理的价格机制。虽然与不动产税相关的物业税改革正在逐步扩大试点，但是基础设施管理的国有体制运行效率低下的状况短时期内不通过改革很难实现。更难的是基础设施收费体制福利化，使得增加收费的难度要面临公众的质疑和挑战，相应的改革举步维艰。

（6）现行的土地征用制度也加剧了政府和被征地农民之间的矛盾。大拆大建、强拆强征，使得居民看到的是房地产商高额的收益，这种利益的严重不平衡，使得被征地农民心理失衡，对补偿不满所导致的群体及个体恶性案件的不断发生，也引起了社会的强烈反应。也是当前社会不满的一个重要根源。

因篇幅所限，很多问题不能一一赘述。至少我们看到，从改革开放开始我们享受到的土地制度红利已经释放殆尽，而出现的负面影响已经成为经济增长和城镇化进程的严重桎梏。如果不进行相应的政策调整和大胆的改革，可能会使得城市发展所面临的债务危机越来越严重，未来非农就业转移的速度会大大放缓，所谓的可持续发展的城镇化途径难以得到实现。

三、土地征用制度改革的思路

很多人寄希望一夜之间私有化，我想问题所在是对改革过程中利益结构调整还没有根本的认识。这里不是一个简单的农民利益的问题，也不是通过所谓的私有化会释放多大增长空间的问题，而是要按照已经形成的区别于世界其他国家的发展途径的选择问题。解决问题的思路在于以何种方式进行利益的调整，而且还要确保增长的机制不受到严重的束缚。

首先是提高集体土地在城镇开发中的权益比重，也就是说逐步实现城乡土地在城镇开发进程中的同权。一般意义上地方政府担心是否会影响到土地出让金的收益。当然会影响到短期的收益，但是会通过税收结构的调整，增加政府的税收和长期收益。而且还会遏制政府的短期行为。至于农民的收益是否过高，这是在开发商和农民之间的利益分配问题，其实应该有助于缓解社会收入分配差距过大的压力。最重要的是可以降低城市开发的成本，农民自己的开发减少了开发商的过高成本。

其次是在规划范畴内只要不涉及占用耕地问题，允许农民在集体建设用地上开发工业区，实现各种商业的开发用途。这不仅仅有利于降低开发成本，更有利于促进工业布局的合理化，使得工业尽快地向城市的远郊区布局，降低中心城市的污染压力。而且农民自身的开发也有利于降低服务业发展成本。在自己的房子和土地上发展服务业至少不用还银行贷款或者交给开发商购房款或租金。这些成本对于大众和中低消费者至关重要。

三是加快物业税的改革，降低土地出让金在政府收益中的比重，增加政府的长期行为，遏制短期行为。但是这项改革的难度需要其他改革的配套，例如城乡土地制度改革的配套进行，特别是对农村集体土地和房屋的不动产税收的界定，也要解决历史遗留问题和土地出让年限的界定问题。

四是要对城市的基础设施投资和运行管理体制进行相应的改革，降低政府对于土地出让的依赖，从制度上解决各种城市发展资金的金融模式对于土地的依赖。例如，出让国有的基础设施运营企业的股份，出让的收益可以解决政府的短期投入压力问题。按照市场化的机制建立基础设施收费合理标准，确保企业在基础设施运营中不至于亏损或者减少亏损的压力。

（2013 年 2 月）

我所认识的"城中村"

"城中村",顾名思义是城市里的村庄,按道理讲应该是个很美丽的地方。在城市里保留着那么一点田园的风光是如此惬意的事情。可是,我所遇到的绝大部分城市政府的管理者,提起"城中村",大有点谈虎色变的味道。中国的城市发展得如此迅速,"城中村"问题似乎是城市的伴生物,一直是地方政府的一块心病,每届政府上任之始,大有信誓旦旦,一扫"城中村"之势,可是到了届满,往往是无功而归。原因是什么,难道真的是无解吗?我看确实有深入探讨的意义。

一、"城中村"的起源

为什么在中国的城市里偏偏出了无数个"城中村","城中村"到底是什么样的景观和现状?其实说起来也很简单,"城中村"确实是城里的村庄,但是并不是以村庄的形式表现出来。只不过这里的建筑大多很简陋,这里的基础设施显然和城区的其他地方有明显的差距,这里基本是处于城乡结合部地带,因为和所谓的现代化城市在形象上有明显的反差,土地和房屋属于农民集体所有。

"城中村"肯定是改革开放的产物,如果没有经济的发展,没有城市的迅速发展,所谓的"城中村"肯定是一片被农田所包围的村庄。可是,当城市迅速扩张到城市郊区村庄的所在地时,"城中村"就不可避免地走进了城市发展的历史舞台。20世纪80年代甚至90年代,城市的发展不愿意占用村庄的建设用地,因为那时利用政府的权力强制征用农民的耕地是一件很容易的事情,每亩地万八千的价格,顶多也就几万元的补偿,这样的成本对于城市的开发,简直是太划算了。当时的城市政府并不是很有钱，当然即使是以后有钱了还是习惯性地愿意从农民手里低价拿地。如果要是拆迁村庄，就要解决农民住宅和建设用地的搬迁补偿问题，显然与低价拿耕地相比成本要高很多。因此，无论是城市政府还是房地产开发商，大家都比较愿意通过规划公关，去拿低价的耕地，村庄也就幸运地保留了下来。其实，"城中村"村庄的保留形式多种多样，但是无非是政府不愿意增加拆迁的成本，给了城乡结合部农村集体经济发展和农民获得非农收入的一线生机。

"城中村"的存在，最大的因素来源于我国的土地所有制。如果没有我国的特殊的国有和集体两种公有制的土地形式，可能"城中村"的存在就没有任何法律和行政的依据。一般情况下，形成开发性的建设用地，必须由政府将农村集体土地征为国有，才能将土地进入一级市场开发。可是，当城市扩展到城乡结合部的农村时，由于担心拆迁成本的问题，而没有及时征用农村集体建设用地，保留下的村庄恰恰利用了城乡结合部或者是城市开发的夹缝寻找到了自己的生机。因为集体建设用地也可以利用自己特殊的身份转化为经营用地，而且居住在宅基地的农民也可以通过自己的住房找到在城市边缘获得收入的机会。村庄在城市发展中的获益就是从"城中村"开始，村庄可以自己在建设用地上办企业，盖厂房或其他经营场所，农民可以加高自己的住房向在城镇流动的外来人口出租住房，或者是自己经营服务业。"城中村"就是这样在城市的发展中给了自己明确的定位。因为村庄建设用地或者是宅基地，是否可以转化为经营用地，法律和文件从来就没有给予明确的解释和说法，因此，"城中村"也可以说是在政策边界上打了一个擦边球，然而就是这个擦边球经过时间的磨炼，成为城市政府改造的老大难。

"城中村"的出现是农民和政府博弈或谈判的结果。"城中村"从来就没有得到政府的承认，因为按照规划，"城中村"的存在应该是"非法"的产物。因为没有规划的认可，或者没有行政管理部门的批准，"城中村"的建筑和经营场所的存在，等于是违规或者"违法"的。更值得注意的是，"城中村"所在的位置，也应该在政府的规划中另有"安排"，只不过是因为成本的原因或者是开发进度的原因，迟迟没有列入开发计划。农民等待拆迁补偿无望，只有自己捷足先登进行"开发"了。但是农民的开发是被动的，因为他们清楚地知道城乡规划法的界定，没有被纳入城市的规划范畴，自己的开发总是不那么踏实。总会有一天，很可能还要面临着拆迁和补偿的谈判。因此，农民最初的动机无非是多盖点住房，增加点面积，准备在和政府谈判中获得更多的补偿。毕竟原来对于村庄的拆迁是按实际的住房面积进行补偿的。一旦增加了面积，得有效地利用，而且城市的发展恰恰出现了大量的流动人口，需要廉价的住房，这样本地农民对外来农民的住房租赁一拍即合，农民的廉价住房得到了充分的利用价值。时间久了，因为楼房的面积增加了，开发商感觉到成本在增加，还是去占用耕地为好。而农民在侥幸的心理下，再增加点楼层，多开发点经营思路，于是"城中村"的建筑开始形成了规模。当政府看到"城中村"已经形成规模时，再去拆迁或者谈判，面临的利益压力就更为严重。毕竟在这个时候，农民开始在乎自己的利益，这个利益不仅仅是原来补偿的利益，而是长期以来构成自己收入最重要部分的财产性收益。拆迁的谈判几乎是不可能的，补偿的标准永远也达不到农民长期性财产收益的要求，于是，"城中村"对于城市管理者开始"尾大不掉"。

"城中村"的存在还是因为建筑形态、建筑的标准和基础设施的供给仍然是"村庄"的水平。一是既然是违法或者违规的，农民在胆战心惊的状态中不敢高标准地投入，因为补偿只是按面积，而不是按质量，何况政府认定的非法建筑，一旦较起真来，农民还是底气不足。二是农民的建筑和经营只是短期行为，只要达到了增加补偿面积的目的，没有必要再提高质量要求，加上政府规划管理部门经常性地光顾，也使得农民不敢在违规建筑上加大投入。三是时间已久，"城中村"的经营对象基本是外来流动人口，高标准的建筑和经营场所这些人还承受不起，如果失去了这些主要客户，农民的收入会有较大的影响，所以也影响到农民投入改造标准的积极性。四是这里是农村集体建设用地，没有开始进入规划的实施期，政府在没有征用这些土地之前，大市政的基础设施是不进村的。由于基础设施不配套，使得"城中村"的环境脏、乱、差，公共设施不健全，更显得像是农村。五是这里没有规划，建筑用房也没有产权，土地也不能进入一级市场，房屋和土地都不能作为贷款抵押，因此没有外来投资者愿意涉足此地，农民也缺少贷款来改善住房和基础设施条件，等等。"城中村"也就这样在城市开发和扩张的大趋势中，成为另类。当然也就成为城市管理者心目中的"老大难"。

二、"城中村"的症结所在

所谓"村"，当然也就是指的农村集体建设用地或者是农民的宅基地。其实这里的要害是对土地所有权和规划权的认同。

如果我们抛开土地的所有权性质，这里已经处于城市内部或者是城乡结合部，这里的村庄建设用地基本都是从事二、三产业，这里的农民要么已经从事非农产业，要么就是经营着自己居住用房延伸功能的产业，或者寻求各种方式的财产性收益，我们从这些方面总也看不出他们是农民，看不出这里是农村。那么我们为什么还要把这里叫做"城中村"呢？

原因在于我国 20 世纪 50 年代以后，只有农村集体经济组织才有自己的土地，只有农民才有可能平均分配到一份耕地和宅基地。而其他身份的人或者说是城里人，没有这个权利。因此我们界定农村和农民的身份，只是凭着这个标准，当然也因为只有在户籍制度上认定是农民，才有权利分享到集体土地的使用权。时代已经发生了根本的变化，农民所从事的产业已经不再是农业，因为户籍的关系，因为土地的关系，我们还把他们叫做农民。城市郊区的农村已经完全被城市吞没，这里的土地已经完全非农化，可是因为这块土地所有权的性质，以及因土地的纽带维系着这一社区群体，我们仍然把这里叫做村。正是因为这一社区特性，正是因为土地关系的维系，这里的村庄或者集体仍然保留着顽强的组织结构，无论从分配关系，还是从土地股权的所有，甚至包括社区集体成员的管理，都和城市的社区有着根本的差别，所以这里我们也只能叫做村。

在城市化的浪潮中，我们如何认定这些村的存在价值，其实并没有实际意义。因为土地所有权、集体的分配收益和管理，使得这些村有着顽强的凝聚力。也正是这些顽强的集体利益构成的凝聚力，使得政府在改造、拆迁等问题的谈判中，望而生畏。

在国外，根本不存在着身份的认定问题。即使在中国建国前的历史中，我们也没有身份认定的问题。国外实行土地私有制，几乎所有的人都拥有自己的土地，我们不能管这些人叫做农民，我们只是明确地把有着自己的农地并仍然从事着农业的人叫做农民。在历史上的中国，当然还是近代以来，已经在城里从事着工商业的资本家或者是工人，还有很多在农村仍然有自己的耕地、住房，我们却从不承认他们是农民。可是现在我们没有选择，毕竟是合作化以后的历史给予了这些人特定的土地和特定的身份，所以我们在这样的所有制和身份核定制度面前，只能暂时还要把这里称呼为村，还要把这里的社区成员称呼为农民。因此，外界的各种要素，很难进入这个特定的社区组织。也正是因为如此，政府对于"城中村"的规划很难实施，政府的基础设施也很难进入，城市的公共服务阳光留下了一些阴影。

其实，换一个角度来理解，很容易得到答案。在国外，我们没有因为有人拥有土地，我们就重新界定他们的身份。我们只能根据他居住的地方或者是从事的职业来确定身份。那么，如何来理解现在这些"城中村"的农民呢？如何理解这些"村庄"的身份呢？假设我们参照国外的标准，其实他们只是一批拥有自己土地的城市人。而在中国，也正是因为他们所拥有的部分土地的所有权和使用权，他们才被界定为农民。在这里，所谓的就业，所谓的土地用途，显然是不那么重要了。恰恰也就是这个看起来简单，实际上很复杂的原因，导致了我们对"城中村"无从下手的现实。

因为土地的关系，我们无法承认"城中村"是合法的；因为土地的关系，我们不能把城市的基础设施直接地铺设到"城中村"；因为土地的关系，我们在规划上没有给予他们自己开发和建设的许可；因为土地的关系"城中村"永远在风雨飘摇中生存。所以说，我们认定"城中村"的症结在于农村集体土地的不完全所有权。所谓不完全，就是因为这些土地的所有者没有自己开发的权利，没有自己决定这些土地未来的权利，因此这些土地的所有者和地上的建筑附着物，仍然只能保留着自己在城市的"村庄"的地位。

三、解决"城中村"问题的思路

其实，解决"城中村"的办法很多。有些是采用强制拆迁的办法，当然这取决于城市政府管理者的"魄力"。只要他不担心上访，只要他不担心群体性事件，只要他可以通过政绩迅速地得以升迁，应该说"城中村"的地位还是不稳固的。解决"城中村"的另一种方法是具有足够的补偿能力，特别是对于大城市和特大城市来说，当开发商看到了拆迁、补偿后面隐藏的巨大利益时，出一点血本买断"城中村"的土地和房屋，也是可以顺利实施的事情。在一些大城市实行的"旧村改造"就是一种比较可行的结果。问题是在已经形成规模的"城中村"，或者是集体、农民对长久利益非常在乎的"城中村"，或是城市的规模还没有足够的补偿能力的时候，这些"城中村"自然而然地成为政府和开发商的眼中钉、肉中刺，拔也拔不得。

如果我们换一个角度，并不是把矛盾的焦点对准"城中村"，其实很多城市中心的贫民区，也一样面临着这样的问题。例如，在前些年，北京市的舆论就认为前门地区就是北京的贫民区，拆迁的成本很高，政府无法承受，只能允许他们自己来解决房屋的改造问题。这是一个十分现实的办法，没有必要硬撑着。

在这些地区，也不是没有好的解决办法，当然有足够的拆迁补偿标准，是可以解决问题的，不过还是有更好的实践供我们参考。例如，在北京的什刹海周围，原来也是北京贫民比较集中的地方，因为楼房不能加高，改造的成本太大，没有开发商愿意涉足这个地方。还是"非典"给这里带来了契机，一些人看中了这些地方人流较多，可以开酒吧，获得高额收入。这些有经济头脑和有一定经济实力的人和原来的房屋所有者、贫民阶层进行谈判，结果是原来的房主高高兴兴地拿着补偿或者股份搬走了，而新来的经营者也搞到了一块"风水宝地"，什刹海从一个夜生活十分寂寞的地方变成了北京夜生活的新景观。

我们从什刹海的变化能够发现什么吗？这里也是严格限制加盖楼房的地方，这里的原住民也是要价比较高。问题是市场给了最好的答案，而且在这里我们甚至可以忽略规划的限制问题。为什么我们不能把这样的例子移植到现在的"城中村"呢？为什么我们不能认定"城中村"的所有者和经营者也应该有同样的权益呢？其实，这里仍然隐含着一种歧视，我们仍然把农民的集体所有，看作是一个不平等的条件，认定这些农民和集体经济组织没有开发的权利。因此，一个个所谓的文件出台了，禁止城里人到农村购买宅基地，禁止城里人涉足"城中村"的开发和改造，导致了"城中村"仍然按照原来的轨迹"不合法"地生存着。还有一个原因，就是我们从来都没有相信过农民，即使他们曾经实践了"家庭联产承包责任制"开辟了农村改革的伟大创举，即使他们创造的乡镇企业曾经独领风骚几十年，占据了中国工业的半壁江山，即使他们创造的小城镇，开始了自我城镇化的进程，我们仍然不自觉地认为，他们是农民，我们仍然认为他们的理念比起城里人还要差很多。正是在这样的缘由下，我们的一些城里人认为，只有通过专家的规划，只有通过政府推动的改造，只有通过城里的房地产开发商，才能推动城市发展。可是我们睁大眼睛看看，目前城市发展和建设出现的如此之多的误区，不都是城里人错误规划、建设和实践的结果吗？

很多人喜欢新开辟的古镇游，喜欢中国历史的建筑形态和景观，喜欢那里的自然和建筑景观融为一体。可是我们走进去看看，里面的土地利用极为集约，建筑的每一个角落，都可以感觉到对土地的珍惜和利用，但是在这样合理地配置资源的前提下，街道、建筑、空间形态有机地结合在一起，给所有的参观者留下了美轮美奂的感官和视觉享受。如果我们再仔细地关注一下，所有的建筑设计和所有者，都是中国最传统的农民，所有的建筑都是私人建筑，我们能认为，农民在城镇形态、建筑景观的创造性上亚于城里人吗？我们能认为私人的所有者在建筑形态的设计上，认知水平上低于政府的管理人员或者是规划人员吗？回过头来，我们再看一下"城中村"，这里的问题并不在于是谁来建设和规划，关键的问题在于我们是否给予了他们建设和规划的权利，是不是承认农村的集体经济组织和农民对土地的真正的所有权和经营权。如果解决了这些法律和权利的问题，"城中村"的问题就会迎刃而解。只要农村集体经济组织和农民有权利在自己的土地上进行开发，从历史的经验看，他们对土地的使用会更加节省,他们对所谓的"城中村"的开发,一点都不亚于城市的规划者和管理者。

那么所谓的办法就是承认"城中村"的现实,承认农村集体经济组织和农民在建设用地上长期的开发权和收益权,市场自己会去选择开发的形式,一些投资商也会放下身段去和真正的土地所有者进行谈判,未来的土地开发收益只不过是房地产商少拿了很多,农民多拿了很多,政府一样会得到税收,而且是长期的不动产税。政府只要有了长期的税收,也就把自己的行为放得更长远一些,对这些土地的投入也就会更慷慨一些。"城中村"也就自然地成为历史,城市的发展也就会逐步地减少了痼疾,而最重要的是,我们在"城中村"开发过程中的改革,很可能会对经济增长带来更大的拉动。

(2009 年 10 月)

关于《弱者的产权是如何形成的》之我见

如何理解中国的产权问题，特别是在农村集体土地的产权问题上，目前存在着很大的争议。其实不仅仅是现在，即使在中国的历史上，土地的产权是否清晰，也曾经是我们经常讨论的问题。

首先对于本文的标题就可以造成一些误解，即中国现阶段的农村，产权问题是一个从无到有的形成过程，我估计这是作者的笔误。因为产权一直都存在，不存在着形成的问题。问题在于对产权主体的认定和产权中利益的分配还有相当大的差异。

我们在讨论中国历史上土地所有关系的时候，最大的争论集中于土地到底是私有还是国有。前者的观点是，从小农到土地被兼并演化的过程是一个完全的私有化过程，基本上是市场的行为。而后者的观点则认为，私有权是有限的，因为国家或者政府可以动员行政力量来干预土地的所有权，例如对土地的重新分配，或者是强制地迁徙罚没等。这种争论从来也没有得出大家都能接受的答案，因为两种情况并存于中国的历史。其实无论私有还是国有，普天之下，莫非王土，国家或者是皇权对于私人产权的干预却是一个不争的事实。

1949 年新中国成立以来，其实就是国家力量对土地产权干预和演变的历史。无论是平均地权，还是合作化到目前的两种公有制形式，无不体现出国家对土地所有权的强制干预力。但是都不能影响到一个基本的现实，产权是有的，问题是归谁所有。

产权公有在中国是一代人革命理想的成果，而公有的概念并不源于对土地所有权认定。生产资料公有，基本上还是对西方国家工业化过程中资本主义的否定。然而中国革命的动力恰恰来自于农民对土地私有的渴望，而这种私有是建立在平均地权的基础上。城市工业资本的国有化，在革命后应该是一种必然的趋势，但是1956年之后，农村土地的公有化却带有了明显的偶然性、瞬时间，所有的土地都被公有化了。正是农村土地的集体所有和城市土地的国有两种所有制的并存，进而演变成现在各种土地产权的矛盾和纠纷，也造成了土地权益分配的不平等。问题是，形成这两种土地所有制形式的时间和出发点，都是制度的制定者始料不及的。因为当时的计划经济体制，工业化还是依赖于农业的积累；所有制的形成都基于一个公共利益的目标。因此，制度形成的一开始就带有了明确的指向，农村要为城市服务，农业要为工业提供积累，目标是尽快地使我国实现工业化。

当改革后计划体制向市场体制过渡时期，中央政府在调整土地的所有制过程中，并没有看到两种土地所有制形式蕴含着如此巨大的利益。虽然，农村耕地作为农业用地为工业积累的时代已经过去，但是城市化所释放的巨大能量使得农村土地暗含的潜在价值，已经远远超出了农业用地本身的价值。因此，农村要为城市提供服务，农业要为工业提供积累，基本体现在土地和劳动力的廉价供给上。在计划经济时代为了完成国家的工业化战略的公共目标，现在则变成了城市向农村索取廉价资源的目标。土地的产权问题在这里显得日益弱化，以公共目标为形式通过两种公有制产权的转换，则变成了一种群体性的剥夺。而这种剥夺的前提不是以私有产权关系转换或者兼并为起点，却是城市公共群体通过政府向农村公共群体的索取。这种索取或者剥夺关系的形成，在于《宪法》并没有赋予一个自然人在农村土地的所有权，也没有赋予农村人口向城镇自由流动和落户、并享受和城镇居民同等的公共服务权。同时也是局限在20世纪50年代对加速国家工业化进程的憧憬中，继续要求农村集体土地低补偿的向城市提供建设用地，不管建设用地的用途和收益归谁所有。

产权是自始至终存在的，而且产权本身也无所谓强势和弱势。关键在于，产权的主体是公共的，城市的国有土地是以国家为代表的大的公共主体，而农村集体土地则是被分割成一个个村集体经济组织的小公共主体。而在不同的公共主体之间，却凌驾着行政的管辖权。产权就这样被行政的管辖权所制约、所分割。尽管同属公共，在《宪法》的保护下，行政管辖权所具有的无限的公共强制力，也就凌驾于狭小的村庄集体管辖权之上，以至于土地的产权以及所隐含的利益分割也不得不屈服于行政的管辖权。

我们注意到了近些年来，在土地产权关系上所显示的利益分配格局的变化。但是，值得注意的是，这种利益关系的变化，只是在土地收益率大幅度提高之后，仍然是作为政府补偿的一种形式，并没有从根本上改变两种土地所有制所隶属的产权主体，附属于行政管辖权的基本格局。但是也不妨存在一些作者并没有深入调查的地区，例如，广东珠江三角洲发达地区，一部分农村集体经济组织和农民充分地实现自己的土地利益最大化，真正地体现了产权主体对土地的使用权和所有权，尽管在法理上或者有关行政管理条例上，这种对土地的利用仍被列为"非法"。我们也注意到了一些大城市的"城中村"，农村集体经济组织也通过各种方式试图使自己在土地上的受益权最大化，并在与政府的博弈中，形成了城市景观的特殊风景线。但是，不能否认，这些博弈在政府越来越强势的过程中，所谓的集体公有产权的主体——集体经济组织或者农民，必须也不得不依赖于政府在所谓补偿方式方面的让步，因为集体本身也仍然是政府在基层的微观代言人。

在土地产权问题的研究上，我们不能照搬西方的产权理论，来评价中国的公有制下的土地产权问题。尽管仅仅只有50多年的历史，但是已经形成的这种固化的利益关系，调整起来或者是倒退回去，确实是有现实的难度。首先，改变两种公有制形式是否可能；其次政府的行政管辖权凌驾于产权之上的管理格局有多大的调整空间，况且，政府目前还要通过加强行政权力来控制耕地的占用；再次，遗留的利益分配矛盾在调整中能否得到解决，是否会引发新的社会矛盾，讨论两种公有制下是否可以通过更为民主的方式解决利益分配关系，这能否替代现存的行政管理方式；而最后，把所有问题归结为政府管理体制的改革，可能会使问题解决的难度加大，因为利益关系一旦固化以后，没有更大的强制力去调整现存的利益关系，一切都只能是纸上谈兵。谁愿意去改变这一切呢？

（2010年8月）

城镇化——拆解土地财政困局

如果要讨论城镇化，土地是绕不开的话题。城镇化核心内容之一是土地的城镇化转型，涉及提高土地利用效率及土地流转方式的改革。究竟目前的土地制度存在怎样的问题？怎样降低地方政府对土地财政的过分依赖？发改委城市和小城镇改革发展中心主任李铁提出了他的看法。

要了解中国土地的问题，首先要了解中国的土地制度。与西方不一样，中国土地都是公有制，城市土地归城镇政府拥有，农村土地归农村村庄集体拥有。农村土地要转入城市开发，必须由城市政府征用，变成国有用地，才能进行开发。而土地征用的矛盾都因此而生。

一、资源利用不善

政府征地时要区别公益性用地和非公益性用地。公益性用地要给较低的一次性补偿；开发用地则通过谈判方式，用市场价进行补偿，比公益性用地的补偿价格要高。为招商引资，虽然工业性开发用地同属非公益性用地，但政府给予投资企业的地价非常低，因此补偿价格比较低。农民预期补偿和实际补偿之间的差异造成了很大的矛盾。

李铁说，这种政策的确损害了部分农民的利益，但从长远角度看，也带来一定好处。改革开放30年，中国城镇化率从17%到约53%，平均每年增长1%，每年有1500万农村人口转移到城市，这么多人口可以从事非农就业岗位的重要前提，就是中国在经济增长过程中的成本很低。

本文是香港电台金融网主持人刘羽葳对作者做的采访，刊登于2013年2月25日香港《信报》。

由于这种制度可以低价从农民手中获取土地，为企业投资创造低成本的条件，造成了中国经济的快速增长。因此，虽然亚洲国家的劳动力价格都低廉，但中国土地成本的低廉令大量企业进入，带动中国人口迅速的非农化。每年有1000多万农民得以就业，可以说中国土地制度发挥了一定的积极作用。

李铁说，目前土地制度主要存在多种问题。

第一是土地征用中损害了农民利益。最近几年政府通过提高征地标准、加大补偿措施、限制强制性征地来缓解矛盾。

第二是这种制度令地方政府对土地出让金过度依赖。卖的土地愈多，政府收益愈高，这就助长了政府在投入中的短期行为，造成了很多"形象工程"。

李铁笑言，内地一些二、三线城市可能比香港还漂亮，人口很少，却有很宽的马路、很漂亮的基础设施，这些都是形象工程，侧面显示出土地资源利用不善，城市资源利用效率很低。根据他的调查，目前中国城市人均占有土地是155平方米，而建设部规划要求应该是人均80～100平方米。

第三，土地财政依赖导致城市过度扩张，为了房地产开发，城市面积愈来愈大。北京"十一五"规划中，城市地铁线路总长为442公里，但现在已经完全无法覆盖整个城市的面积，未来需要1000公里才能做到基本覆盖。这种"摊大饼"式的发展，通过卖土地的收入来支持现有基础设施建设；但卖地之后，城市扩张，就需要更多基础设施的覆盖，这样就形成了恶性循环。目前中国绝大部分城市都面临这个问题；而上海作为内地城区土地利用率最高的城市，400公里的地铁线路已可覆盖整个城市。

第四，这种城市扩张导致的高地价，也限制了服务业发展。当城市面积愈大，服务业成本就愈高。中国目前城市化率是53%，但服务业发展水平还低于下等收入国家将近8个百分点。中国沿海地区城市化率达到60%，接近发达国家水平。但发达国家服务业比重超过工业比重2个百分点左右，但中国大部分城市还是以工业为主导，很重要原因就是服务业成本太高。

这种开发方式提高了城市的门槛，令低收入的农民难以进城。

第五，这种制度令地方财政不能健康发展。每届政府都需要资金投入，而土地财政大概占政府收入一半的水平。

一般而言，税收收入可以保证政府日常运作，土地出让金则令城市得到发展。这种情况下，中央政策一旦限制土地供给，将令地方政府背上沉重的债务负担。其次，每一届政府遗留下的大量工程，以及在任期间大量的基建和福利投入，给下一届政府造成了严重的财政压力。

总而言之，这种土地制度增加了城市发展成本，增加了农民矛盾，加剧了政府短期行为，严重限制了服务业发展。

二、基础设施市场化

未来应该如何拆解地方政府依赖土地财政的困局呢？李铁认为有几个方面可以做。

首先，他认为，地方政府可以通过基础设施的市场化，甚至是私有化，为地方政府带来收入，减少公共补贴，提高基础设施运营价格，避免出现依赖土地出让金支持基础建设的现象。

现在地方政府基础设施投入由政府供给，都由国有企业管理，管理效率很低，基础设施的价格也很低。以北京为例，地铁统一票价 2 元、巴士票价 0.4 元，而每年北京地铁需要补偿 100 亿元；如果不改革，这种状况不可能持续下去。

另外，土地也需要制度改革。李铁认为要增加谈判的难度。如果征地太容易就会出现滥用，而如果征地困难，就会提高土地利用效率。

他认为，农村的土地可以进入市场流转，令农村集体土地所有者和城镇政府、城镇用地者有同等权利共同进行开发。这可以限制政府短视的开发行为，提高土地利用率。长期而言，有助于促进地方经济的健康发展。

李铁认为，中央政府也需要通过税制调整减轻地方政府对土地财政的依赖，可采取物业税方式，鼓励地方政府对土地进行长远规划，减少土地征用中的矛盾。不过，物业税改革本身也有很多问题，征收额度与政府财政需求有很大反差。

每届政府都需要大量资金投入进行城市改造，仅靠物业税解决不了这个问题。除了不动产税可以解决政府的长期收入问题外，如果允许农村集体建设用地进入市场流转，也可以在开发过程中征收交易税，作为政府资金来源之一。

解决地方财政问题还涉及财税改革，当中涉及的税制改革、中央与地方政府的税收分配体制改革，将是下一期访问的主题。

（2013 年 2 月 25 日）

从土地整理到"拆院并院"，
以城促乡的新探索

——四川邛崃市和郫县土地问题的调查

最近，我们就如何开展"城镇建设用地增加和农村集体建设用地减少相挂钩"（以下简称挂钩）的试点工作，对四川成都市郊区的邛崃市和郫县进行了调查，两个市县地处成都平原，都隶属于成都市管辖。2005年开始，邛崃市和郫县分别开展了土地整理工作和挂钩工作，利用土地出让收益支持农村村庄的改造和促进农民向小城镇集中，在以城带乡上取得了一定的成效和经验。

一、具体做法

1. 邛崃市的土地整理

邛崃市于2005年5月开始实施以"田、水、路、林、村"综合整治为主要内容的土地整理工程。最初目的是为了增加有效耕地面积，提高耕地质量。按照四川省"金土地工程"的有关部署，由成都市国土部门制定政策，每整理出一亩新耕地，成都市政府拨给1.8万元补助，作为整理费用①。截止到2006年5月，全市已批准的33个项目中，有4个已经通过省厅验收，新增耕地6331.83亩，实际获得政府补贴1.14亿元。当地政府投资兴建农田水利基础设施和新村的公共设施，并对农民迁入新

马庆斌参与报告写作。

① 补助的大体计算如下：18000 元/亩 = 1000 元/亩（设计、规划等前期费用）+ 9000 ~ 10000 元/亩（分类土地整理费用）+ 6000 ~ 7000 元/亩（农户搬迁和居住）。

居进行了补贴。据计算，每户迁入新村的农民可获得建房补助 1.6 万元，自筹平均在 3 万元左右。

分类引导农民在空间上集中居住，即在集中规模上实行大、中、小结合。1）向聚居点集中，如卧龙镇，就近安置聚居点 17 个，安置农户 520 户；2）向中心村集中，全面配套水、电、视、讯，26 个中心村安置农户 2530 户；3）向小城镇集中，目前已有 1400 户农户进入城镇集中居住、就业和创业。

到羊安镇等地现场的印象是，村庄规划的很好，农民已经全部迁入新居，城镇的新居建设也在施工中。由于试点镇在土地整理过程中尝到了甜头，今年准备扩大试点范围，改造更多的村庄。

2. 郫县的"拆院并院"

2005 年 5 月，郫县选定唐元镇长林村作为"拆院并院"工作的试点。开展这项工作的最初目的是，通过农村居民点等建设用地的整理，腾出一部分建设用地（拆旧区），置换成城市工业发展用地。以长林村为例，预计可置换挂钩指标 263.07 亩。

在"拆院并院"中，腾出的院落以及新居民点的绿化、道路等基础设施，由政府出资统一整理、规划和建设。同时要对迁出农民进行补贴，每户农民所获得的补贴大概在 6 万元左右。

在实施过程中发现，工业用地的出让价格较低，很难达到资金平衡，因此建新区周转指标改用于经营性项目。在当地，开发经营用地的招标拍卖价格在 50 万元以上，这些收益足可以支付"拆院并院"的成本。这使得当地的农民可以交纳很少，甚至可以不交费用就可以搬入新居。

全村统一规划 3 个集中居民点。其中，79.4% 的农户选择统建房，20.6% 的农户选择自建房。统建成本 405 元/平方米，其中 300 元/平方米由农户从拆房补贴（30～240 元/平方米）中抵扣，不足部分由农户自筹，超出 300 元/平方米部分由政府补贴，每户农民建房过程中，还要平均自筹 5600 元左右，由当地银行负责用小额贷款支持。

我们到安居点调查发现，村庄规划的水平较高，基础设施有了明显的改善，村庄建设给人耳目一新的感觉。

综上所述，两地的区别是补偿资金来源不同。邛崃市是通过成都市

"金土地工程"的支持，整理土地的内容也包括了原来的荒滩地、坡地和废弃地等，不仅仅局限于建设用地；郫县是先由本地政府垫支费用，上级国土部门补偿了500万元，限于农村集体建设用地的调整，而且和城里的开发用地挂钩。前者补偿标准低，农民迁居的自费程度较高，后者是农民很少自己掏钱，据地方的同志介绍，如果把"拆院"补贴一并计算，农民几乎不用花多少钱就可以搬入新居。

二、取得的效果

（1）村庄面貌得到了明显的改善，农民实现了集中居住。基础设施相对完备，供水、供电、排水、垃圾处理以及有线电视全都设施完备。统一规划，按照四川民居样式修建，体现了地域文化和传统的建筑风格。传统的分散居住的格局得到了根本的改观。

（2）土地得到了有效地利用。在整个规划和实施过程中，耕地面积不仅没有减少，而且大大地增加。特别是在邛崃市的试点中，整理出来的农地面积远远超出了建设用地的面积。而且在建设用地的开发中，也基本达到了预期目标，使得在不减少耕地面积的前提下，土地效益实现了最优配置。

（3）促进了农业生产设施建设。由于两地把土地出让收益的一部分用于农田基础设施的改造，重新修缮了引水灌溉系统。特别是对新整理的耕地，在完善设施条件后统一经营，提高了土地农业收益，并为农业的集约和规模经营创造了条件。

（4）在推动城镇化进程方面，进行了重要的尝试。在羊安镇，鼓励有条件的农民在退宅还田后向小城镇集中。并在镇区为农民建设了益商宜居的住宅，政府负责基础设施的兴建，农民可以办理城镇户口并从事第三产业。其他试点单位也在下一步的规划中，开展这个方面的工作。

三、存在的问题

目前，还处在对土地管理工作方面探索，而且很多相关政策还没有落实，因此在操作上难免还存在着一些可以斟酌之处。

（1）地方上仅从土地置换的技术角度实施操作，操作层面相对狭窄。因为农村住宅的集中搬迁，涉及公共资源在一个更大范围空间上的重新配置。不仅要求重新调整村庄布局规划，还要考虑到城镇化的发展。例如，如何考虑产业的发展和就业的转换；新村和新居公共设施的运转由谁来承担；政府的公共资源如何支持项目运行，资金投到哪里。农民集体经济组织财产和土地关系的确权，新增耕地的所有权和经营权问题等；还涉及户籍制度改革，学校和公共医疗的资源配置等。从目前了解的情况看，基本是国土部门牵头，一些部门参加。很多问题还没来得及考虑。

（2）村庄布点还没有充分集中。既然已经下了如此大的力气去进行整理，可以步子更大一些，集中度更强一些，有利于土地的有效利用和公共设施的投入形成规模效益。我们调查的试点中，除了羊安镇镇区之外，新安置农民集中的村庄规模相对都小一些，基本上是在原行政村的基础上。实际上，如果集中度高，还可以促进三产的发展。

（3）整理的力度较小，不容易形成补偿的规模效益。从邛崃市的经验看，因为城镇建设用地开发和"拆院并院"没有挂钩，补偿农民的资金不足，所以农民在建新过程中自己拿的钱不少，在某种程度上增加了农民的负担。而在郫县唐元镇长林村的试点中，虽然农民没有掏多少钱，但是如果等量开发的话，仅300亩的规模用于完成补偿和开发的资金平衡，存在着资金缺口。目前县里的垫支尚无着落，寄希望于挂钩政策的落实和下一期规划的实施。

（4）农民的负担还是比较严重。特别是在邛崃，由于整理土地包括了农地等，政府的投入并没有完全作为新村建设补偿，其中大部分资金都用于政府的各类公共设施投入，而且有些投入明显超出了当地经济发展的实际水平。因此造成村庄拆旧建新过程中，农民自己掏的钱过多。当地农民2005年的人均收入水平为4000多元，负担的成本显然过高。从资金流量的变化看，政府的利益远大于农民的利益。如果政府在利益驱动下推动，在更大范围的推广，是否能够真正地尊重农民的意愿，很可能是一个难点。

四、进一步的思考

关于社会主义新农村建设，中央已经有了明确的政策，在各地贯彻落实过程中，也确实出现了很多偏差。特别是一些地区搞大拆大建，不顾当地经济发展的实际和农民的意愿，搞政绩工程，已经值得警惕。但是在成都市郊区两个县所开展的试点，通过城市发展建设用地中土地收益的补偿资金，支持新农村和小城镇的发展，确实值得认真总结经验。过去城镇建设用地资金除却给征地农民的补偿后，剩余的部分基本用于城市基础设施。这几年我们看到的城乡建设标准出现的巨大反差，主要的问题是出在土地出让金投入的倾向偏重于城市上，也就是我们经常所说的城市第二财政对城市发展的支持，这导致了城市对于土地出让的巨大热心和利益追求。

国土资源部实行的土地挂钩政策和这两个试点工作的一个重要变化是，要求在土地出让分配收益中，重点向农村倾斜。也就是说，城镇通过挂钩获得的耕地，不仅仅要补偿失去耕地的农民，同时还要补偿村庄整理的费用，用于新农村建设和小城镇的发展。而这项费用按照正常标准不低于在城市近郊耕地的补偿。这等于减少了土地出让过程中对于城镇建设资金的投入份额。特别是原来没有在城市发展中获益的远郊农村，可以通过这项政策分享到了城市发展的好处。

农村集体建设用地的整理在解决新村和小城镇的发展中，也发挥了重要的作用。与以往的区别是，建设用地的整理并没有涉及这里农地的占用，农民有田可种，而且新增耕地中，也可通过确权等形式保证了农民在新增耕地中的收益。而且集中进镇和进新村居住还可以增加三产的就业机会。

中央提出两个反哺以来，尽管各地都在贯彻落实，但确实存在着资金渠道的问题。而且全国几百万个村庄，有限的资金如何发挥作用，具体支持什么，在哪里支持，都是问题的难点。特别是当前一些地方政府的政策和资金投向，还是有严重的重城市轻农村的取向。从成都的试点经验看，在大中城市郊区，通过土地挂钩试点，解决反哺的问题，有可操作之处。因为这里城市土地开发的收益较高，而远郊区农民拆旧建新的成本不高，补偿得起。而且错过了这个时机，一旦城市向郊区延伸的速度过快，在乱盖乱建的基础上，既是规划的难点，又带来了新的补偿标准过高的问题。广东、浙江、江苏农民在宅基地建房的标准过高，还有城中村建设问题，都已经是积重难返。这些教训应该及早吸取。

农民是否自愿。其实农村农民建房是一件大事。多年来，农民在建住宅上投入不少，遇到的麻烦也很多。比如房子的设计和标准问题，基础设施配套的问题，等等。这次在试点由政府补贴，农民自己掏一部分或者一小部分，还完善了公共设施的配套，基本上得到了农民的欢迎。在天津华明镇"宅基地换房"的试验中，农民的要求更为明确。原来分散居住解决不了孩子上学和看病的问题。建镇后，学校的面貌发生了根本的变化，医院也达到了较高的水准，农民心里还是十分高兴的。当然在有些地方推广起来可能有一定的难度。例如，在浙江沿海地区，由于没有及早规划，房子建的标准很高，拆迁成本使得政府在土地整理的问题上望而却步。所以时机地点的选择十分重要。

现在也有人担忧，是不是会出现强制性迫使农民迁移的问题。这一点只要政策操作得当，工作做细，应该会得到解决。而且国土资源部2005年关于实施"挂钩工作"的文件中，并没有要求整村拆迁，农民自愿的，可以搬，不愿意的可以留下。拆的，整理出耕地折算建设用地指标。不拆的，可以在原来的地方保留自己的宅基地。

开展类似的挂钩工作，天津也有比较成熟的经验，市里重视，市委副书记亲自牵头，各部门协调一致，也取得了很好的效果。在成都，由于对政策还没有完全吃透，主要还是限于国土部门和县市级政府，协调的力度较小。但是，在有条件的大城市郊区开展这项工作，无疑对于真正实现以城带乡，起到了重要的示范作用。这里最重要的前提是，能否实现"两低一高"，即拆旧和建新低，开发高，才能达到资金平衡和补偿的效果。

五、几点建议

发改委领导马凯主任曾经就天津华明镇的试验有过批示，"只做不说"。因为任何政策出台到地方都容易走样，而且也要防止一些地方借此机会不顾实际条件，大拆大建，强迫农民搬迁，严重损害农民利益。因此我们建议在总结经验的基础上，加强引导，注意跟踪监测，并继续通过试点的方式给予支持。

我们已经和国土资源部有关司局起草了一个通知，对这项工作提出了要求，并通过进一步规范，防止试点走样，防止侵犯农民利益。特别是提到了要因地制宜，符合经济发展的客观条件，重点放在大中城市郊区或县城附近。

在实行试点的地方要求地方政府负责人牵头，发改委和国土部门共同做好试点所在地的经济社会发展规划、土地利用总体规划和项目建议方案的制定和修编工作。对于建设规划，也要分类指导，不搞一个模式，使所有的房子都一样，要体现多样化的传统民居特点。

选择试点不宜多，而且要符合"拆旧建新低，开发高"的原则（两低一高），以利于对农民的补偿落实到实处。在拆旧和建新过程中，要把所有的资金流向和补偿方法公示给农民，使政策操作更加透明。

要注意解决农村集体土地产权的遗留问题，集体资产和新增耕地的确权工作要做细，要深入群众了解有关搬迁后的一切细节问题，工作做到万无一失。

政府的投资要向农村倾斜，也要注意规划好公共设施建设的水平符合当地农村的客观实际，要搞好农田水利设施建设，防止搞不切实际的形象工程。有条件的地方，在鼓励农民迁入新居或进镇后，要切实解决农民的社保和低保问题。

（2006 年 6 月）

我国农村建设用地改革的几个问题

　　回顾中国农村改革的历史，家庭联产承包责任制大大释放了农业的生产力。20 世纪 80 年代中期开始兴起的乡镇企业的大发展，活跃了县以下经济，促进了农村非农产业的发展，像珠江三角洲、长江三角洲、环渤海经济区。乡镇企业发展的重要原因之一，是农村集体经济组织提供了廉价的建设用地。90 年代以后，城镇化进程加快，也和用地制度的改革有着直接的关系。从 90 年代中期开始推进的"以地生财"，在各类城市和小城镇发展中，作为基础设施建设资金的重要来源，促进了城镇面貌和城镇居民生活条件的改善，到目前还在发挥着作用。可以说，中国近些年农村的改革、城市的发展和改革，都与土地制度变革有密切的关系。

　　从制度变革的内容上看，未来的用地制度改革也几乎直接涉及宏观经济政策方面的大部分内容。比如说土地使用制度改革直接涉及财政体制改革，特别是城镇财政管理体制改革。预算外资金已经成为了城市财政的主要来源，但是缺乏监管还造成了政府管理短期行为的发生。现在大量城市规划突破建设用地审批指标的约束，主要的原因是财政的压力。

　　用地制度变革也关系到金融体制改革。城市的基础设施建设大量的依赖于土地出让金的投入，使得城市基础设施建设的经营和管理很难进入市场化。在发达国家一些重要的基础设施是由企业来经营的，因为有长期收益，所以可以通过中长期贷款来解决基础设施建设的投资。但是在我国土地出让金成为城镇政府最重要的利益，因此不愿意放弃，市场化的金融机制则很难介入城镇的基础设施建设。对于农村来讲，土地的

本文是作者在"首届城乡土地管理制度改革滨海新区高层论坛"上的讲话。

抵押问题不能解决，金融机构也很难下决心向农村广泛的经济领域进军。

土地管理制度改革也涉及户籍管理体制的改革。很多人都知道，城镇化的进程迟迟推动不下去。我们一直关注农民进城的问题，实际上真正制约户籍的流动，我们还要注意到城乡双向和农村之间的流动。农村人进入城市难，城市人也难进入农村，农村人之间的户籍迁徙也难。例如全国有40%的农民工在乡镇一级流动，但是也很难解决户籍的问题。传统的集体土地所有制衍生的集体经济，公共利益是被固化的。外来人口想进入这个集体，必然要分走一块公共利益的蛋糕，不管这个蛋糕是一块农地、宅基地还是股份，在集体公有制度下，很难有人接收外来人口通过户籍来分享集体经济利益的现实。

用地制度改革还关系着规划制度的变革。建设规划的空间拓展和土地规划指标的严格限制，在城镇发展有着强烈空间扩张的需求下，则产生了一系列的矛盾。此外，在规划中如何考虑土地的价值，如何对空间土地资源进行评估，如何界定土地资源中政府和市场的利益分割，也是未来在规划制度变革探索中的重点。

所以我个人认为，在未来中国经济、社会发展的趋势中，我们要了解土地制度的变革可能发挥的重大的作用。从另一个方面看，能够和推进城镇化进程有关的变革，主要还是在于集体建设用地制度的变革。城镇要发展，非农产业要发展，18亿亩耕地红线不能突破，只有集体建设用地还有非常大的可调整空间。但是如果在集体建设用地制度上，没有对集体土地的产权进行深入的了解和研究，继续沿用强迫征用、大拆大建或者只是在皮毛上做文章，可能还会影响到我国经济的持续发展，也会影响到正在缓慢进行的城镇化进程的变革。

1. 如何认识农村的集体土地的产权

所有权的概念已经很清楚，但是把所有制和当前城镇化发展进程中农民的身份和地位的变化联系在一起，可能就是我们重点要讨论的问题。例如，珠三角、长三角地区还有一些大城市近郊区的大部分农村已经不是农村，大部分农民已经不是农民。因为他原来具有农民这个身份，享有集体土地的产权，也就是说有宅基地和承包地，所以我们把他界定为农民，界定为城市市民和农民的关系。实际上实质已经发生变化，他们是一个特殊的土地所有者的群体，这一点和城市人有着根本的不同，因为城里人没有自己的土地。虽然我们仍然把他们作为弱势群体来保护，主要原因是我们城市政府要经常地征用他们的土地。从就业上看，从享有的公共设施上看，从外在的建设形态上看，从收入上看，他们基本上已经不是农民了。因为他们有着属于自己集体的一块土地，所以我们还是把他们叫做农民。

2. 农民是否可以通过土地和土地上的附加物获得财产性收益

这也是我们在集体建设用地使用方向上可以探索的一个重要问题。实际上，各地都已经在进行实践和探索。例如我们如何来认识在广东的出租屋，我们如何来认识在珠三角和长三角以及大城市郊区，各类仍然是集体建设用地的乡镇企业用地。企业已经发展很多年了，集体建设用地的产权关系还没有发生变化，但是，因为涉及征用问题，涉及我们对财产性收益认识上的不足，已经影响到集体建设用地的流通，也直接影响到在这些地区产业结构的调整。还要涉及的一个方面就是，农民的宅基地到底是保障性用地还是农民自己的财产，当然这对于发达地区和不发达地区还是有很大的差别的。如果在发达地区，实际的用地性质已经发生了变化，我们是不是还要按照不发达地区的管理模式和方法来认定农村宅基地的产权性质呢？

3. 我们如何看待城乡要素的双向流动

我们近些年一直在研究中国的城镇化问题，困惑之一是提农民进城的多，而提城里人如何到农村的少。我们强调了两个反哺，城市支持农村，工业支持农业，但是这都是在说明政府的作用。而如何发挥市场的作用，发挥城市企业和个人，发挥大资本和小投入的城市市场要素向农村投入，可能还是有很大的文章可做。而这方面最大的制约因素也是如何处理城市的要素到农村并且和农村土地发生关系，如何介入到农村集体建设用地市场。可能不只是仅仅采取征用的方式，或者我们在这些方面可以有更大的探索空间，但是前提是要明确集体建设用地产权的基本性质。

（2008 年 10 月）

"城乡统筹"下的集体建设用地制度改革

近年来，我国的一些地方通过城乡统筹的实验，开展了城乡集体建设用地改革的探索。所谓改革，就是突破了原来城镇建设用地的征地范畴，重点在集体建设用地和宅基地上做文章，通过置换和补偿，解决农民居住方式改变和城镇发展用地短缺的问题。从实践中看，对农村的补偿远高于过去对耕地占用的补偿，但是也引发了有关农村集体土地、农村住宅基本权益在城乡利益格局下不平等交换的争论。中央党校城镇化进程进修班在对浙江嘉兴的"两分两换"的用地制度改革调研后，总结了天津、成都、重庆、新乡和南昌的经验以及做法，对以上有关改革进行简要了评价。

一、为什么要改革

我国现行土地制度是两种土地所有权，城镇国有土地和农村集体所有土地（农村集体土地包括集体建设用地和农业用地）转为城镇开发和建设，必须通过国家征用为国有土地后，由城镇政府通过招标、拍卖的方式进行开发。农村集体所有土地不能进入土地开发的一级市场。在1997年以前，各级政府进行经济发展建设所需要的工业开发用地及城镇发展用地基本是以低价获取耕地为主，政府通过低价征用农民的耕地，把农业用地强制转为国有建设用地，再按市价向城镇土地市场出售国有土地的长期使用权，由此获得城镇发展建设的主要资金来源。但是，随着我国城镇化进程的加速，这样的运作模式逐渐暴露出一些矛盾：首先，在巨额的级差地租刺激下，地方政府的征地规模以超常的速度扩大，而农村集体建设用地的面积却因人口增加而刚性扩张，两股力量共同作用挤压耕地，导致我国的耕地资源日益紧缺；其次，低价征地的模式侵害了农民的财产权利和收入，很多农民在政府征地的过程中所能分享到的土地级差收入太低，且没有长期保障，由此引发了大量的社会矛盾。

1997 年 6 月，国家出台相关政策文件，开始严格控制征地规模，加大耕地保护的力度。中发［1997］11 号《中共中央、国务院关于进一步加强土地管理切实保护耕地的通知》明确指出，"各项建设用地必须符合土地利用总体规划和城镇总体规划，并纳入年度土地利用计划。年度土地利用计划实行指令性计划管理，一经下达，必须严格执行，不得突破。"使得各地占用耕地越来越困难。地方政府来只有获得计划分配指标，才能征占一定数量的耕地搞建设，否则都属于违法用地。而指标分配的方式，越到基层越少，县及县以下，经济发展和城镇建设面临着用地短缺的矛盾。

不断强化的用地需求和不断减少的指标供给构成了各级地方政府在保障城镇发展和维持耕地总量方面的两难选择。如果发展中突破了耕地红线，必须要承担政治风险；如果没有新增的用地供给，城镇的发展和非农产业发展只能是空中楼阁。

解决上述难题的新思路就是充分利用农村中现有的（包括宅基地在内）集体建设用地资源：一方面，利用集体建设用地从事城镇化建设不占用现有耕地资源，因而也不会减少各地的耕地总量；另一方面，依托集体建设用地进行城镇化建设不会突破国家年度新增建设用地总量的控制，增加了各地发展用地的空间；再者，通过将更多的城镇资本注入农村用于集体建设用地的整理，有助于实现城乡统筹发展。

二、各地改革的基本做法

尽管改革面临着诸多约束，可改的空间总体似乎也不大，但事实证明，民间的智慧是惊人的，只要给他们机会，让他们去实践、去探索，就总能在看似很难前进的"夹缝"中找到一些改革的新路径。总的说来，各地在土地制度改革中形成的重要的、可取的经验主要有如下几个方面。

1. 创造性地利用城乡建设用地增减挂钩政策，在满足各地经济发展用地的同时，增加土地级差收入返还于农村的比例

国家通过土地利用总体规划的方式限制了各地区未来 10 至 15 年的可征用耕地和新增建设用地总量。没有争取到计划内征地指标或提前用完了总量，就等于在规划期内的以后各年没有了征地的权利。问题在于各个地区经济发展的速度不一样，发展较快的地区，建设用地的需求更大。地方政府不能等到下一轮土地利用总体规划下达的指标到位后再搞发展，这个问题到底如何解决？城乡建设用地增减挂钩政策就是为解决这一问题而创新的制度。

城乡建设用地增减挂钩意指将若干拟复垦为耕地的农村建设用地地块（即拆旧区）和拟用于城镇建设的地块（即建新区）共同组成建新拆旧项目区（以下简称项目区），通过建新拆旧和土地复垦，以建设用地指标流转的方式实现了耕地和建设用地在空间上的置换。这种土地用途在空间方面的置换不仅坚持了土地用途管制和保护耕地的基本原则，也有助于为那些缺乏计划内建设用地指标的城镇发展提供额外的建设用地资源，还能促使城镇土地收益中的更大比例返还于农村，用于改善农民的居住条件和农村基础设施、加强农村的公共服务。

天津华明镇的"宅基地换房"、成都市的"拆院并院"、浙江嘉兴的"两分两换"都是对这项政策的有利探索，其基本做法如下。

（1）天津华明镇"宅基地换房"。

"宅基地换房"这项改革的核心内容主要是以下三个方面：

第一，农民以其自有的宅基地交换城镇商品房和基本服务设施。在这项试验中，天津华明镇的 12 个村的农民利用 3133 亩宅基地（户均 0.24 亩，约 160 平方米）置换了 129.8 万平方米的城镇住宅（户均 98 平方米）。按平均楼层为 4 层的标准计算，建新区折合住宅建设用地 487 亩。加上道路、绿地、公建和配套设施等，共占地 3476 亩。

第二，以集体建设用地换安置资金。华明镇 12 个村除宅基地外的农村公共建设用地（道路、学校、医院等）有 8938 亩，加上宅基地共 12071 亩。华明新镇规划用地面积为 8427 亩，除去农民住宅建设和服务设施用地 3476 亩，还余 4951 亩。其中 2905 亩为商业开发用地，2046 亩为其他用地。预计土地出让收益为 34 亿元,而复垦、还迁和配套建设成本为 33.5 亿元,资金大体平衡。

第三,在小城镇实施新型的管理体制,区政府采取了 8 条措施,加快小城镇政府管理体制改革,以确保小城镇政府的职能能够满足刚刚进城集中居住的农民公共服务的需求。为确保华明镇这项试验的顺利进行,市政府确立了 4 项原则,即作为农村基本经营制度的家庭联产承包制不变;可耕种土地数量不减、质量不降;以宅基地换商品房,换取城镇发展的空间、农村生活方式的改变、农民财产收入的增加、非农就业机会的扩大和城乡差距的缩小;换房尊重农民意愿。区政府成立了领导小组和办公室,帮助镇政府协调有关部门,并和镇政府联合建立了小城镇开发建设投资机构,负责实施拆旧建新的具体方案。

通过"宅基地换房",农民主要感受到的改善有如下几点:

①孩子们的教育水平得到提高。据村民反映目前村里的学龄青少年 70% 是在天津市市区内的中小学接受教育,现在每天早晨上学的时候,在村子里的街道上都挤满了送孩子们上学的大小车辆,而且现在村里有专门的车辆接送孩子们上学。

②生活质量得到了提高。首先,华明家园的小区的居住环境能够得到改善,居民收入水平的提高,对高品质生活的追求,产生了对城镇生活的向往。如在北于堡村由于村下水道等设施的不完善,很多家庭没有厕所,而村里仅有 3 所公共厕所,很多村民上厕所也有诸多的不便。在小城镇集中居住对居民的饮水质量会有很大地改善,而且家家有厕所,排水管道俱全,解决了原来农村居住的供排水条件设施较差的问题。

③看病更方便。现在农民基本是小病不出村,但是稍大一点的病还是要到城里去看。有的村里距离城里比较远,农民有病打出租车十分不方便,而且花费也比较多,一般看一次病仅路费要 50~100 元。如果集中在小城镇居住,看病走几步路就可以到了,而且设施条件也非常好,不用担心急病救治的问题。

(2)成都"拆院并院"。

2005 年 5 月,成都市下辖的郫县选定唐元镇长林村作为"拆院并院"试点。此挂钩项目的农村拆旧区位于郫县唐元镇长林村,涉及的总人口

411 户 1434 人，面积 2294.4 亩。在项目实施之前，这里的人均建设用地面积为 255 平方米，建设用地占全村土地总面积的 24%。而在通过整理后，该村的人均建设用地面积减少为 79.4 平方米，净增加的 263 亩耕地用于城镇建新区的犀浦镇、友爱镇工商业发展建设。

整个项目通算，农村拆旧区总计花费 5500 万，以其提供的建设用地指标算，合每亩 20 万，包括旧房拆除补贴、集中居住配套设施建设、水工建筑整治、土地复垦。城镇建新区总计花费 8000 多万，合每亩 40 万元，包括旧房拆除补贴、土地补偿费、安置补助费、青苗及地上附着物赔偿。城镇建新区的 263 亩耕地，在取得挂钩指标后，以每亩 420 万的价格拍卖，总价款 11 亿。土地拍卖总价款中上交中央财政 1.2 亿税收，另交 25% 的土地出让金计 2.75 亿，5% 的耕地保护基金 5500 万，10% 的社保住房基金 1.1 亿，以上税费总计约 5.6 亿。拍卖总价款与总费用相差约 4 亿。以净新增耕地面积算，郫县唐元镇长林村共从城镇土地增值收益中分享到亩均 20 万的收入，相当于有 5% 的城镇土地收益反哺给农村。

截至 2010 年 10 月，成都市总计已经完成了类似长林村这样的增减挂钩项目 35 个，正在实施的挂钩项目 120 个，已经新建中心村和聚居点 536 个，总计投入资金约 200 亿元，累计使得 6.8 万户 21.7 万人实现了集中居住。

（3）浙江嘉兴的"两分两换"。

所谓"两分两换"，就是将宅基地与承包地分开，将农民的搬迁安置与土地流转分开；以承包地换股份、换租金（以承包地做股，组成土地股份合作社经营土地）、换保障。以宅基地换钱、换房、换地方，推进集中居住，转换生活方式。这项实践由浙江嘉兴市于 2008 年开始启动。

以承包地换保障主要是指嘉兴市推出一项全民社保制度：2007 年 10 月份，嘉兴市出台了城乡居民社会保险暂行办法。如果农民将承包地全部流转，不论流转给谁、面积有多大，只要流转期限在 10 年以上，政府就按照城镇居民的社保标准给予补贴，农村居民按上年度纯收入的 8% 缴纳社保金，政府按照城镇居民上年度人均可支配收入 5% 进行补贴。不愿流转土地的农户仍可保留农地，也可将土地入股，交由集体经济组织统一经营，由此获得股份收益。

以宅基地换钱、换房、换地方：以宅基地换钱就是货币安置。在对农户的宅基地和房产评估作价后一次性给予农户补偿，农户拿着补偿款自愿选择在城镇购买商品房；以宅基地换房主要有两种方式，一种是换取城镇的公寓房，各个试点镇安排了一定国有划拨土地专项用于建造多层公寓房，用于集中安置农户。这些公寓房类似于经济适用房，农户在缴纳土地出让金后可以转让。另一种是以宅基地交换集体土地性质的联排房。以宅基地换地方所占的比例最高，这是一种在不改变土地性质的前提下由政府统一打造安置区的基础设施，然后采用引导的方式吸引农民在规划好的新区自行建房。值得一提的是，不论农户选择哪种交换方式，农户仍然拥有自己的承包地经营权，政府对承包地与宅基地的处理是分开的。

截至目前，嘉兴市共有14个镇进行了"两分两换"的试点，涉及区域面积582平方公里（占嘉兴市总面积的14.8%），共有8.83万个农户，33.18万人，参与了此次试点，涉及的宅基地总面积8.82万亩，承包地30多万亩。签约换房的农户共有12600多户，完成农房拆迁9527户，在建公寓房11458套，联排房3095套，单体房1747套。14个试点镇总共融资27.7亿元，完成投资11亿元。通过"两分两换"节约出来的建设用地指标一部分留给本村壮大集体经济实力，一部分用于试点镇的工商业发展和基础设施建设。

可以说，城乡建设用地增减挂钩政策是对现行征地制度的有效补充，虽然它没有突破城镇土地转为国有必经征用的基本模式，但它更进一步地增加了地方在国家法定的、年度计划外的空间征用农村土地从事城镇和工商业发展建设的权利，相当于地方在用地制度上有了"双轨制"。值得一提的是，为了从远郊农村置换出建设用地指标，地方政府必须帮助农民自已完成旧房拆迁、新房建设和宅基地的复垦，由此也就使得更多的土地收益得以返还给远郊农村。

2. 进一步扩大建设用地指标流转的半径和交易范围

如果对农村宅基地整理新增的建设用地指标仅能局限于在一个镇内流转，这对于某些经济实力较弱、级差地租不高的城镇来说，操作的难度很大。因为增减挂钩项目的特征要求地方政府具有承担巨额前期垫支和债务利息压力的能力，这就使得某些镇无法充分地利用好这项政策。对于经济实力较弱的地区来说，即使费了很大的力气整理出建设用地指标，留在本地用所能带来的经济价值也不是最高的。譬如，在浙江省嘉兴市的"两分两换"试点中，由于指标的交易半径不能跨越本镇，一些工商业地价不高的乡镇（如新仓镇）由于无法筹措到足够的启动资金，无法对农民的旧房进行补偿，只能采取奖励搬迁的方式吸引当地农户向镇区集聚，较低的政策吸引力使得这些镇通过引导农户集中居住所能节约出来的建设用地指标非常有限；再者，节约出来的少量建设用地指标也因为无法跨镇交易而无法实现更高的经济价值，政府后期平衡项目资金的压力相当大。

（1）跨镇指标交易下的县镇指标分成。在另一个统筹城乡综合改革的试点地区江西省南昌县，通过允许建设用地指标的跨镇流转有效地降低了镇一级政府整理农村土地、帮助农民改善居住条件的难度，由此也使得更多的土地收益返还于乡镇和村。南昌县的具体做法是，对于节省出来的建设用地指标，在扣除修建农民安置点的用地后，各乡镇政府根据县政府的出价可以自由选择出售给县政府的比例。以南昌县蒋巷镇为例，通过宅基地整理复垦，这个镇共节约出 526.46 亩建设用地指标。考虑到本镇的区位条件较好，工商业用地的价值较高，建设用地指标又非常紧缺，蒋巷镇仅将整理后新增指标总量的 46.7%（也即 280.81 亩）以每亩 18 万元的价格出售给县政府，然后将其余的 245.65 亩建设用地指标留作本镇自用。对于经济条件较差的南昌县塔城乡，虽然全乡通过拆迁、安置及复垦共可获得 427 亩建设用地指标，但由于塔城乡的工商业并不发达，将这些指标留在乡镇所能得到的收益还不如转卖给县政府，于是塔城乡政府决定在留足修建农民安置点所需的 15 亩建设用地指标后，将其余的 412 亩指标以每亩 17 万元全部转卖给县政府。由此可见，通过跨镇的指标流转，可以更好地调动与农民关系更加密切的基层政府的积极性，实现更高的土地指标价值。

（2）成都与重庆市的跨县指标交易。在成都市，建设用地指标的流转半径从最初的村，逐步扩展到跨村的镇，乃至跨镇的城镇。进一步的，自 2009 年开始，通过将挂钩指标在各县市区有偿调剂使用的办法逐步发展成为挂钩指标跨县市区交易，成都市已经实现了跨县的指标流转。指标流转半径的不断扩大使得建设用地城乡置换所能实现的级差地租不断攀升。在成都市，每亩挂钩指标价格从最初的 7 万元迅速上涨到 10 万元、15 万元，乃至最高近 30 万元。更高的级差地租不仅使得农民的生产条件、居住条件有了极大地改善，同时也使得未来的公共基础设施建设和村庄治理有了资金支持。

重庆市则在这项改革中走得更远，它们在 2008 年 12 月 4 日正式成立了"重庆市土地产权交易所"。在这个交易所里，来自全市范围内的集体建设用地指标均可以自由交易，也就是所谓的"地票"交易。自 2008 年 12 月 4 日重庆"土交所"正式挂牌至 2009 年 12 月，共举办了 6 场"地票"拍卖会，拍出"地票"的总额达 8300 亩，成交金额为 7.38 亿元。"地票"的起拍价，由首场的每亩 4.3 万元升至第 6 次的 9.3 万元，成交均价则由每亩 8.04 万元升至 9.56 万元。全部拍出的"地票"中，已完成落地的有 700 亩。

在"地票"交易中，进入土交所的"地票"，全部由重庆市下属各区县土地整理中心提供。"地票"的购买方则包括重庆市各级国有土地储备机构、开发园区、国有企业和民营企业。

重庆市在"地票"交易的过程中，始终对收益分配给予高度重视，明确"地票"的交易所得，在扣除了复垦费用后，绝大部分必须返还给土地的主人即农民及其集体。从"土交所"我们了解到，现阶段"地票"交易总额 的 90% 是直接返还给"地票"产生地的农民和农村集体，9% 留给落地的区县政府（补偿其新增建设用地和耕地占用），而剩下 1% 则根据渝府发［2008］127 号文件，作为"土交所"的交易服务费。规范"地票"收益的分配，成为重庆"地票"改革工作的重中之重。

"地票"交易的重大意义在于，它在城乡建设用地增减挂钩实践的基础上，通过建设用地指标的公开拍卖，用土地市场机制动员更多的社会资本参加村庄整理和新农村建设。它突破了"挂钩指标"生产、交易和分配的行政垄断与封闭。因为在"地票"交易制度下，任何农民家庭、农村集体经济组织及拥有土地权属的其他组织，均可提出复垦立项申请，经批准后自行或与他方合作筹措资金、实施复垦项目、生产"建设用地指标"。在复垦项目完成并验收合格后，项目的投资主体就可以得到与净减少的农村建设用地面积相等面额的"地票"，并可以在重庆农村土地交易所通过"招拍挂"的方式公开出让。由此可以看出，重庆市政府不再直接控制"挂钩指标"的生产、交易和分配，而转变为确立"建设用地指标"的交易规则、监管指标的生产与交易的第三方管理者。

3. 通过集体建设用地的整理促进本地农民的产业转移、增加农民收入

在这方面，河南新乡市的统筹城乡发展的做法尤其值得关注。新乡做法的核心是促进制造产业向农村转移和集中，通过产业的转移促进城乡要素的自由流动。和以往的增减挂钩项目不同，新乡市将农民自愿拆迁复垦后节约的土地更多地用于农村自身的产业发展。也就是以农村建设为龙头，带动农村居住和产业的相对集中。

新乡市在全市规划了 28 个产业集聚区，引导产业向产业集聚区集中，带动农民就近转移就业。28 个产业集聚区辐射全市半数以上乡镇、1/3的村庄。新乡市为了改善农村基础设施和公共服务水平，增加农民住房的资产性功能，避免农民重复建房带来的浪费和"有新房，没新村"的现象，通过政府投入修建基础设施和公共服务设施，鼓励农民在农村新社区集中建房。新乡市将全市 3571 个行政村，按照城镇社区标准规划为1050 个行政村，每个社区人口规模 3000～5000 人。根据先易后难原则，目前已累计启动 263 个农村新社区建设，2.8 万农户入住社区。新乡的特点是，政府建设施，农民自己投入建住房。由于新乡不在大城市郊区，农民的居住新村建设没有充分得到级差地租的收益，是否可持续，还有待验证。

三、集体建设用地制度改革的成效

大体上看，各地在"统筹城乡"的背景下进行的集体建设用地制度改革对于我国的经济社会发展有如下好处。

1. 总量上保持了耕地总量，提升了耕地质量

通过将更多的城镇土地增值收益返还于农村，用于对废弃土地的再

开发利用、农地的整理和农民集中居住区建设，不仅有效地增加了耕地面积、在总量上守住了耕地红线，还切切实实地提高了部分耕地的质量。譬如，在早期借助于占补平衡资金开民的农田整理项目中，通过对农村既有的田、水、路、林、沟、渠、村实行综合整治，新增耕地率至少在10%以上；而在后来的村庄及废弃工矿用地的整理项目中，新增耕地率则可高达60%以上。一些原本地势低洼，水文条件较差的土地，通过整理后正常年份的年产量由以前的700~800斤/亩增至1300斤/亩，耕地质量得到了明显的改善。

2. 地方获得了更多的发展空间

通过出资整理包括宅基地在内的农村集体建设用地，然后将腾出的农村建设用地指标置换到靠近县城的待开发地区，各级地方政府因此就获得了在"当年农地转用计划"之外额外的征地权利。如果是在原有的体制下，这些城镇就只能等待上级政府的"计划盘子"分完之后的特别恩惠，实在等不到就只好冒险违法先用一部分土地。此外，在增减挂钩的框架下，一些无法在体制内争取到足够年度征地指标的城镇或小城镇有了额外的发展机会。

通过分析我国土地利用的发展状况，我们可以进一步看到，城乡建设用地增减挂钩在解决地方发展用地方面所具有的巨大潜力。据测算，2008年我国农村居民点占地约2.4亿亩，农村居民人均建设用地229平方米，远超过国家规定的人均150平方米的最高标准。即使不考虑农村人口的减少，仅仅将农村人均占地水平降低到国家标准，全国可以节约土地约8400万亩。根据《全国土地利用总体规划纲要（2006~2020年）》，到2020年我国耕地减少量要控制在2100万亩。如果考虑到农村人口不断减少的基本趋势，农村集体建设用地整理空间更大。从各地增减挂钩实施来看，通过增减挂钩可以节约50%以上的农村建设用地总量，节余的建设用地指标大多用于城镇发展，可以极大地缓解城镇化、工业化发展用地的紧张。由此可见，中国城镇化的症结与其说是缺少土地，更准确地说是缺少资本。只要能追加适当的投资，就完全可能在不减少耕地的硬性约束下增加城镇建设用地的供应量。问题是，仅靠农业和农村的积累，农民自己无从转向更加集约地利用土地的居住模式。要大幅度节约农村集体建设用地，就需要有更高规格的规划、资本和建设能力的投入。各地实践的重要经验就是坚持不断地探索如何把更多的城镇化土地收益转向农村和农民的同时，又支持城镇化的推进。

3. 促进了城乡建设面貌的改善，尤其是改善了农民的居住环境，促进了社会主义新农村建设

长期以来，拥有较多土地的农民却只有较低的收入。数据显示，2008 年农民人均建设用地面积为 229 平方米，而城镇居民的人均住房面积仅有 29.2 平方米，即使加上城市绿地及其他公共配套设施用地，绝大部分城镇居民在住房用地这个重要的指标上都远不如农村居民"富有"。但是，农民所拥有的土地财产却并没能给他们带来更多的货币收入，2008 年农民的绝对收入水平仅为城镇居民的 30%，这其中，财产性收入所导致的差距占了大头：2003～2008 年，城乡居民的财产性收入差异占人均收入差异的百分比以年均 14% 的速度迅速上升。较低的货币收入使得农民的房屋质量和基础条件较差，许多农民所聚居的村庄布局也非常散乱，各种基础设施条件相当落后。通过城乡建设用地增减挂钩政策的实施，不仅把一部分城镇资本引到农村去，还把城镇高端的规划设计和公共治理的人才引到了农村，从而有效地消除了农村"空心村"对土地利用的不集约，解决了农村发展缺少规划的问题，改善了农村的基础设施条件，一大批农村的面貌得到了很大的改观。

4. 促进了人口的集聚和土地集约利用

目前我国的城镇化过程中，资源在空间的积聚程度还是严重偏低[①]。而在城乡建设用地增减挂钩的框架下，通过对农村土地的整理和建设用地指标的流转，不仅有助于提升土地的利用效率，还有助于促进人口的集聚。通过合理地规划布局，原来分散居住的农户在整理过程中通过多样化的安置方式得以向中心村、中心镇甚至城镇集聚，有效地促进了人口的聚集。此外，很多废弃的村落得到有效的整理，原本分散的农村宅基地得到统一规划、合理布局，集体建设用地集约利用程度明显上升。

---

① 我国城镇人口的比例到今天为止还不到 50%，而西方发达国家的城市人口比例都在 80%、90% 以上。

以成都市为例，截至 2010 年底，成都市共新建中心村和聚居点 853 个，促进了约 10 万户 30 余万人集中居住，城镇化率提高到 63%。而在浙江省嘉兴市，通过整理，全市 1.7 万个自然村的 18697 个农户集聚到了 47 个新市镇和 339 个新社区，土地资源的节约率高达 50%。实践证明，进一步增加城乡土地与资本的自由流动有助于推进人口的集中和土地的集约利用，并进而推进城镇化的持续发展。

5. 促进了城乡要素的自由流动

我国自 2003 年提出统筹城乡发展的战略后，中央就逐年增加了对农村财政资金的投入力度。不过，单纯的财政性补贴却没能从根本上缓解城乡收入差距拉大的压力。全国城乡收入差距在 2003～2009 年期间逐渐扩大，由 3.209：1 上升为 3.333：1。在包括直辖市及省会城市在内的总计 31 个城市中，有 17 个城市的城乡收入差距在 2003～2009 年期间有所扩大，仅有 13 个城市在同期缩小了城乡居民的收入差距。造成这个问题的主要原因在城乡要素双向流动的机制没有建立起来，导致各级政府在落实城乡统筹的政策中缺乏必要的载体和抓手。

从各地实践的经验看，城乡建设用地增减挂钩政策实质上搭建了一个城乡资源交换的平台。通过增减挂钩，实现了城镇资本与农村土地资源的双向流动和有效结合，有力地推动了城乡统筹发展。在已经展开试点的地区，城乡收入的差距都有着明显的改善。根据对全国各大城镇 2003～2009 年城乡收入差距的统计，在 2003 年人口达千万以上的 5 个特大城市中，城乡居民收入的差距在重庆和成都这样一个更不容易缩减的地方都实现了略微的收窄。通过增减挂钩，成都市在 2008～2010 年间使得约 200 亿元的城镇资本投入农村，上万亩的集体建设用地指标顺利地实现了由农村流转到城镇。

四、改革过程中需要注意的问题

在实地调研的过程中，我们也发现了不少问题。我们认为，如果对以下这些问题处理得不到位，整个改革很有可能脱离增加农民收入、促进城乡统筹发展的正常轨道，而是演变为一部政府"与民争利"的侵权史。

1. 因对建设用地权利界定不清所导致的补偿方式不合理

城乡建设用地增减挂钩过程中，实质上仍是由政府按照行政定价的方式收购农民的建设用地权利，农民在整个过程中仅仅处于被动接受的地位。造成这种现象的根本原因是国家对于集体建设用地权利的法律归属和流转收益分配都没有明确的界定。事实上，各地以城乡统筹的名义进行的各种试验都是为了获得建设用地指标搞发展。成都的"拆院并院"、天津的"宅基地换房"、浙江嘉兴的"两分两换"、重庆的"地票"以及各地的增减挂钩实践都是为了这个权。可到目前为止，有关集体建设用地权利的合法表达仍是一片空白！正是因为现行法律对集体建设用地权的交换与收益分配界定得不清晰，才导致很多政府凭借自己对国有土地出让垄断的各种优势攫取了大部分指标价值。例如，在江西省南昌县整个第一批增减挂钩指标的出让总收入约为1.6个亿，但农民实际获得的补偿却不到6000万，约62.5%的资金都由政府获得。权利界定不清也导致很多农户被急需获得"用地指标"的政府强拆上楼，丧失了未来发展权。

2. 农民的收入流量并无太多变化，生活成本却上升较多

目前开展的大多数试点几乎还只是暂时性地改造农民的生产条件和居住环境，对于这些项目的后续投入和管理并没有长期的财力支撑，也并没有从根本上着力于增加当前农民增收的能力，宅基地复垦后的土地规模化经营大多也是由政府主导，真正形成市场、促进农民增收的项目还是不多。这一方面使得农民的收入流量并没有明显的增长，例如，我们在对成都市龙泉驿区参加增减挂钩的农户调研时了解到，这些农户在未放弃土地前，主要种植蔬菜，兼种一些水果，每亩每年平均净收入2000元以上；放弃土地并集中入住城区后，没有了田亩收入，在居住地附近很难找到工作。同时，农民的生活成本却有了较大比例的上升。比如，很多农户在入住新社区后，原来村里有水井用水不花钱，现在用上自来水，每月支出20～30元钱。原来在村里电费每月20～30元钱，现在用电磁炉做饭每月就要70～80元钱。原来自家搞点庭院经济，养鸡种菜，现在肉蛋菜几乎全部都需要花钱购买。另外，还会产生物业费、卫生费等未来预期支出。

3. 因强制搬迁导致的农民就业方式转变的困难

对于那些就近安置的农户，农民的就业方式可能并没有发生太多的变化，该外出务工的还是外出务工。但对于那些被安置在城边的农户来说，农民就业压力仍然是很大的：一方面，由于新的住所离原有的农地很远，种地变得很不方便。如果自己的土地很难流转或流转的租金不高，种地的净收益会明显下降；另一方面，这些农户在新的居住地附近很难找到合适的非农就业机会，特别是要找到与现有的知识结构和技能水平相符合的就业机会。这部分人的现金支出压力非常大，如果不给予相应的就业过渡安排，很可能引发社会矛盾。

4. 安置后可能引发的产权纠纷

如前所述，因为权利界定的模糊，目前已经开展的土地整治项目，大多仍由政府主导，农户及基层集体经济组织在这种抽象的权利交换过程中并没有获得主体地位，很多资源的交易与定价信息都是被垄断的。这种信息的不对称容易造成一些地方在土地整治过程中侵犯农民权益，因此而留下很多产权纠纷的隐患：第一，很多地方在实现农民集中居住后都没有及时给予集中安置区农户的房屋及土地产权颁发权利证书，这影响了这些资产的流转和融资能力；第二，由于一次性安置规模较大，地方政府需要巨大的前期垫支资金量，虽然引入了社会资金，但无论政府还是企业，其资金链仍然比较紧张，不仅在周转期内易造成农户过渡、产权手续办理等方面的若干问题，而且易引发包括建筑质量、政策兑现程度在内等问题；第三，农户宅基地复垦后的土地权属没有明确界定，有的被强制地收归集体，有的则被政府拿走了；第四，政府在修建集中安置区时所使用的土地往往也面临着很多补偿纠纷和土地权属调整的问题。

五、政策建议

中国当前的既有体制决定了扩大城镇土地利用的唯一合法路径是国家征地制度，各级地方政府通过出让低价征得的农村土地，获得一笔高额的土地出让金收入，然后以此为城镇的建设和工商业发展筹集资金。

这套既成的城镇化筹资模式背后已经牵连到我国的财政税收体制和行政管理体制的方方面面，这样牵一发而动全身的改革必须慎之又慎。如果在还没有找到可以平稳过渡的另一种城镇化筹资模式之前就全盘废止现行的征地体制，也许可以暂时地消除舆论关心的"失地农民"问题，但也很有可能使得地方政府的资金链断裂，增大地方政府的财政压力，影响我国的城镇化发展进程。从这个意义上讲，低价地从农村征用耕地资源，并以此为城镇的发展筹集资金的征地模式可能还是一个长期趋势。我们的改革，或许只能在现有征地体制所形成的基本财务模式内，通过不断地创新进行增量改革。

1. 允许探索，但要严格限制在试点范围，不能盲目扩大，总结经验

之所以要在全国各地就土地制度改革进行试验，就是因为土地问题本身没有现成的答案，这项改革所累积的利益关系这么深，一定是有解决难点的，不可能仅靠少数几个人关起门来写一个方案就可以解决。中国过去几十年发展的一条最重要的经验就是允许在某些地方先行试验，有了经验再变成全国政策和制度。就改革我国现行的土地制度而言，包括天津、重庆、成都、嘉兴、新乡等地在内的各种试点都蕴藏了大量的地方智慧，这些地方的实践和努力为进一步改革我国现行土地制度中不合理的要素提供了丰富的实践经验和指导意义，应当继续支持各地根据自己的实际情况先行先试，给予它们一定的试验权。对于做得好的地方要及时总结经验，但不能盲目扩大范围；要对试点地区，严格规范，加强引导。

2. 在全国范围内逐渐缩减征地规模，增加城乡建设用地增减挂钩所占的比重

城乡建设用地增减挂钩则有着如下几个方面的优势：其一，它提高了地方政府用地的成本，有助于约束地方政府集约节约用地，从长期看更符合国家缩减征地范围的战略意图。地方政府要获得农转用指标必须整理村庄用地，而这必然要比普通的农用地整理付出更多的成本，有助于逼迫地方政府将更多的收益返还于远郊农村。其二，增减挂钩要求必须先完成农民安置和宅基地复垦，也即先补充耕地，然后才能将节约出的指标置换到城区使用，这样更有助于保护耕地。其三，拆旧区是一个较为独立的主体，如果允许拆旧区就建设用地指标的价格和建新区讨价还价，将更有利于让更大比例的城镇土地收益返还于农村，也就更有可能完成整个项目的操作。

基于以上原因，我们建议在未来的一个时期内逐渐缩减全国范围内的征地规模，增加城乡建设用地增减挂钩所占的比重。同时，为了确保耕地占补的质量平衡，可以试行"非对称"挂钩，即按照占用耕地和补充耕地质量进行比例折算，对于补充耕地质量较差的地方，给予较少数量的建设用地指标。

3. 提高补偿标准，尊重农民意愿，防止侵占农民利益

挂钩过程中，大部分建设用地指标的收益被地方政府和开发商获取，仅留给农民较少的比例，有失公允。我们认为，应出台相关政策，进一步提高补偿标准。同时，要增加安置方式的多样性，同时提供分布于城镇和农村的多个集中安置区，并附加有区别的地价条件，供农户自行选择。比如，选择进城居住的农户可居住"两证"齐全的城镇房屋，享受城镇社保，并办理城镇户口，但同时需为城镇房屋支付更高的费用；对于想进城居住但又不想放弃土地的农户，根据承包地对政府和农户各自的价值差异，既可允许农户只放弃宅基地来换取城镇住房，也可允许农户以一定条件返租承包地以及宅基地复垦后的耕地，并通过规范合约的形式明确相应权属关系；而对于那些既不想进城居住，又不愿放弃土地的农户，则可提供类似"就近安置"的政策。这样做，不仅有助于政府更有针对性的满足不同农户的发展需求，也有利于充分贯彻农户自愿的原则，还能因政策切合农户意愿降低政策实施成本。

4. 允许农民通过"增减挂钩"成为开发的主体，或者是参股经营，使得农民在开发中获得收益、分享土地增值收益

应当在明确界定建设用地权利的基础之上，将指标分到每个农民身上，不仅要让这种权利可携带，且要让其有明确的市场价格。应当允许农民或集体经济组织以自主实施、委托社会资金实施、拍卖项目转让实施等多种方式进行建设用地指标的生产和出售，从而在自主开发中分享土地的增值收益。同时，也应当允许集体经济组织购买其他集体经济组

织、社会企业甚至政府手里的建设用地指标。要通过指标价格信息的传播，集聚不同层级的买家和卖家，进一步激活农村建设用地交易市场，以价格作为基本的经济约束促进地方政府集约节约用地。

5. 进一步扩大挂钩的半径和交易范围，使得远郊区农民可以通过挂钩受益

当前的体制对于促进农民工进城有如下几个方面的障碍：第一，在不扩大城镇容量的前提下，要让提供就业的城镇吸纳更多的农民进入城镇很困难。第二，本地城镇不愿意解决在异地就业的农民融入城镇。第三，中央的转移支付给当地政府时是按照本地的户籍人口进行的，但他们的子女可能都在东部发达地区，在没有获得中央转移支付的情况下要让东部地区的政府承担外出农民工的教育医疗等，容易造成各地权利义务的不对等。成都和重庆的经验表明，把"增减挂钩"项目所涉及的拆旧、建新两阶段分开处理，将拆旧产生的用地权利高度抽象化和标准化，进一步扩大"挂钩"的半径，有利于解决不同地区的公共服务分配不均的问题。如果可以让异地就业的农民把老家的建设用地权利置换给就业地，并因此换得相应的公共服务，能够有效地推进我国的城镇化进程。因此，我们认为，更长久的改革思路，应当是在指标交易市场化的基础之上，以指标的跨地区交易促进农民工融入城镇。

6. 要解决农民进城后的就业和集体资产权益问题，特别是增加换房后的就业用房，确保农民住房的居住和财产性收益的双重特点

为了缓解农户在换房后所面临的就业方式转变及现金支出的压力，应当通过合理规划，把住房小区和商业小区紧密地结合起来，要在安置农户的过程中搭配一部分产业用房，允许农户利用这部分产业用房出租和经营，并由此获得相应的财产性收益。同时，要通过这部分产业用房保证农户分享到城镇化发展所带来的增值性收益，从根本上改善被安置农户的收入状况。

7. 给予有条件的大城市郊区小城镇更多的试验权

全国有不少经济实力和基础都比较好的小城镇分布于大城市郊区周围，这些城镇也是外来农民工的主要栖居地。但因为现行财政体制和征地指标计划分配不合理的原因，这些小城镇的发展受到多方面的阻力。事实上，有选择性地在这些小城镇就城镇化筹资模式的转换、逐步缩减征地范围等问题上进行试点，不仅容易管理，在操作上也具有较大的灵活性。更重要的是可以利用毗邻大城市的有利条件，获得级差地租收益，减少改革的难度。为此，我们建议给予有条件的小城镇更多的集体建设用地制度改革试验权，包括给予它们更好地利用增减挂钩政策促进外来农民工更好地融入城镇的探索权。

（2010 年 10 月）

中央党校第 55 期地厅级干部进修班城镇化专题调研组

执　笔　人：李　铁

指 导 教 师：向春玲

调研组成员：李　铁　　马平昌　　龚文密　　宫正奇

　　　　　　刘锦红　　马升昌　　赵荣根　　董　涛

耕地保护的治本之策在于制度创新

应国土资源部邀请，中国小城镇改革发展中心于 11 月下旬，就耕地保护的有关治本之策，在广东、安徽两省的深圳、东莞和滁州、宣城市以及所辖的县镇进行了调研。调查对象涉及国土、规划、计划、财政、建设等地方有关部门和小城镇政府、企业、村集体经济组织负责人、农民，现将调查情况及分析、建议介绍如下。

一、占用耕地的趋势日益恶化

从我们调查的广东深圳、东莞和安徽的滁州、宣城的一些县镇看，无论是中心城市或是县城、小城镇，耕地占用的实际情况远远超出了土地指标的供给规模，突破了土地利用总体规划的限制。具体表现在以下几个方面。

1. 城镇建成区规模急速扩张

行政级别越高的城市，建成区的占用规模越大。例如，深圳市建成区每年以 20 平方公里的速度扩张，东莞市市区近几年的扩张速度也达到了每年 10 平方公里以上。即使在中部经济欠发达地区，一些地县级城市在城市用地上也不甘落后。安徽的滁州市建成区规模从 1993 年的 13 平方公里，扩展到 2002 年的 35 平方公里；安徽宣城的广德县县城，现有人口 6 万人，建成区面积 4 平方公里，也制定了增加 7 平方公里的新区开发计划。

2. 工业发展用地需求强劲

所到之处，吸引投资的热情有增无减。因此，征用土地用于工业开发，成为地方政府的重要日常工作。深圳市郊区的工业用地已经所剩无几，土地资源面临枯竭。东莞市也面临着同样的情况。地方政府的负责同志认为，只要有地可供，马上就有合同可签。在安徽，各级城镇都兴办了工业园区。如天长市的秦栏镇，目前已经有 1400 多家企业在这里投资，势头仍然不减。广德县在城外也开辟了 13 平方公里的工业开发区，七通一平，标准很高，现已经实际开发 1 平方公里。而在其下辖的新杭镇，也搞了小型工业园区，尽管规模仅为几百亩，但也吸纳了不少企业。

3. 土地征用方式各地差异较大

在广东的深圳和东莞，工业开发用地中，政府征地和村集体经济组织直接开发、租赁的形式并存。在深圳市龙港区和宝安区，政府征地和村集体建设用地的比重大致相当。在东莞的长安镇，大约 80% 的工业用地由村集体直接开发。在广东农村集体经济组织以及农民已经充分认识到土地产权的重要性，他们通过厂房、房屋租赁以及入股的形式直接参与土地的开发，对我国未来城乡土地市场的格局将会产生重大的影响。而在安徽，各种有关建设用地的开发形式，仍然以政府征为国有用地为主，征地补偿一般在 1 万元/亩以下。只是在少数地方试行了集体用地流转的试点。如在广德县的新杭镇和邱村镇，按照国有征地的形式由村集体向投资商出让村集体建设用地，除向有关部门交纳手续费之外，收益归村集体分配。出让价格在 2 万元/亩，出让期限为 40 年。

4. 土地资源浪费的现象十分严重

从深圳到东莞，城市道路变成了形象工程，数公里到十数公里的城市干道两边的绿化带达百米宽以上。仅有十五万人口的滁州市，仿照大城市修建环城公路，两边也要搞数十米宽的绿化带。在宣城广德县 13 平方公里的开发区中 1 平方公里的起步区也不例外，区内主干线宽度达五十米，按照城市中心道路规划，也建了十几米宽的绿化带。在天长市准备修建的城市广场，数十公顷的广场用地已经征用并平整完毕。在土地资源极为短缺，城市建设用地价格上扬的情况下，城市管理者由于可以低价从农民手中获取土地，因此对于土地资源并没有十分珍惜，且打着改善投资环境的旗号，随意浪费土地资源。

5. 城镇规划还将进一步扩大土地占用的趋势

所到之处，各个城镇都在对现有的城镇规划进行修编。深圳市1996～2010年城市总体规划，到2010年城市建设用地规模控制在480万平方公里，但最近制定的深圳市近期建设规划（2003～2005），规划至2005年城市建设用地规模控制在570平方公里。东莞市2010年的规划建成区面积733平方公里，而2002年实际建成区已达933平方公里，已通告国土资源部，要进行修编。滁州市从60平方公里增加到80平方公里。各县镇也都在相应地扩张自身的规划面积。我国现有682个城市，1600多个县城，2万多个建制镇，都在制定扩张性的城镇规划，如果目前这些城镇规划的修编设想得以实施，我国的耕地保护政策将面临严峻的挑战。

二、产生问题的原因

调查中发现，近些年造成大量耕地占用的主要推动力量是各级地方政府。城市基础设施改造的压力，弥补财政收入的短缺，对于投资增长的迫切需求，是地方政府加快占用耕地的主要利益动机，而由于各级政府可以低价从农民手里强制性地剥夺土地，加速了占用耕地行为的扩张。

1. 城镇基础设施改造成本过高，推动了对耕地占用的扩张

近年来，城市基础设施建设欠账的压力影响到政府执政的形象，而城市中心地带地价过高，人口密集，改造的成本较大，而从农民手中征地成本大大低于拆迁成本，迫使城市政府通过外延性扩张的方式，缓解城市中心内部设施改造的压力（如在深圳市区城中村的改造成本达4000～5000元/平方米，农民在原来的开发用地和宅基地盖的楼最高达12层，拆迁补偿面积达上千平方米，而对农民征地补偿在每亩5万元）。由于城市面积的扩张，加大了基础设施供给的长度和范围，进一步向外扩张，继续扩展城市建成区的面积，最终形成了"占地—改造—再占地"的恶性循环。

2. 财政体制的不健全和金融制度的缺位，导致了城市基础设施建设资金的匮乏，政府不得不依赖于"以地生财"

一般意义上，城市基础设施建设的资金来源由政府财政、政府所有的资产运营收益和企业构成，如果政府的公共收益相对稳定，商业银行可向政府所有的基础设施经营管理公司提供中长期贷款，用于基础设施的建设，公司可通过有偿服务和政府的稳定的收益来还款和还息。由于我国的地方公共财政基本是保"吃饭"，没有充足的公共剩余进行基础设施建设。东莞市 2002 年财政收入 186 亿元，上缴 131 亿元，所余财政收入只够用于行政事业的人头费开支，城市基础设施建设费用基本来源于财政之外的收入，土地出让金是重要的来源之一。安徽广得县 2002 年可支配财政收入是 1.7 亿元，财政供养人口 1.4 万人，2002 年基本建设投入 1880 万，其中使用土地出让金 1541 万，财政仅投入 300 万。商业银行对于城市基础设施建设的中长期贷款又处于政策性"缺位"。因此导致了政府不得不把获取城市建设资金的来源瞄准了土地。

3. 对农民补偿地价过低，使各级政府可以通过土地征用，获得高额级差地租

在深圳和东莞，对农民的征地补偿除按国家标准之外，通过企业和政府的各项政策返还，农民由于征地得到的一次性补偿可达 3 万元到 5 万元/亩不等。而在安徽的滁州和宣城国家重点工程和县以下征地（不包括集体建设用地流转试点），农民的征地补偿一般都在 1 万元/亩以下。而政府对于土地的经营性开发收入最少可达几十万元/亩。如果政府以零地价方式向工业投资者出让，企业降低了投入成本，政府可以有长期的税收收益。

4. 一次性征收的土地出让金政策，加剧了政府占地和建设的短期行为

在广东和安徽，由于政府可以一次性地获取土地出让的绝大部分利益，无论是这笔出让金用于贴补开发成本或是弥补政府开支，基本是由当届政府受益。贴补土地开发成本，实行零地价或低地价政策，可以吸引投资，形成投资数量和规模的政绩，但是对于投资造成的各类环境问题和社会问题，只能由后届政府通过继续出让土地或利用税收来解决。

如果税收上缴过多，只能满足"吃饭"财政，未来的环境治理将会是政府的严重负担。如果土地出让金形成了足够的财政收益，从财力上满足了政府任期内政绩建设的需求，可以确保政绩工程的实施。从当前形象工程建设愈演愈烈的态势中，土地出让一次性生财，确实"功不可没"。结果是引发了持续性地追求政绩工程而持续出让土地的利益动机。

5. 建设规划的方法和管理体制严重滞后，对于建设用地的开发起到了推波助澜的作用

传统的计划经济的建设规划方法，只是按照工程技术模式安排各种资源的空间分布，对于公共资源的来源、土地的价格评估、经济和社会发展的空间和容量、人口分布的特点和人群的社会差异以及政府公共资源的供给能力却很少研究和考虑，因此在规划中只能按公式进行"摊大饼"式的安排。另外，由于规划收费按面积计价，规划面积越大，收费越高，政府占地的利益动机和规划收费动机不谋而合，造成了规划面积远远超出了政府实际的公共资源控制能力。而政府可以利用规划的结果肆无忌惮地进行建设用地的开发。

6. 管理方法的失效，加速了土地征用遍地开花的进程

规划的方法带有严重的计划经济色彩，忽视了工业化和城镇化发展对于建设用地的强劲需求。忽视了建设用地需求在区域分布上的特点。指标的平均分配，按行政等级下达，指标供给缺乏科学依据等问题，普遍存在。特别是一些不发达地区可以出卖土地指标，所得收益的支出缺乏有效的监督等。管理上对于土地资源的认识严重滞后，致使土地资产的作用未能有效发挥，本可以从土地资产上获得的政府长期收益大量流失。政府部门对于地方政府的违法违规行为无力管理，关键在于，政府既行使着管理土地资源的职能，又兼任着开发的责任，既当裁判员，又当运动员，所谓执法显然苍白无力。

三、关于"治本之策"的建设性意见

解决滥占耕地问题，既要强化有关部门的管理，又要考虑到引发问题的体制性根源，从财政、税收、金融、建设规划以及相关制度上综合配套，制定切实有力的政策；制定耕地保护政策，也要使长期政策和短期政策相适应，使有关政策的制定符合我国目前发展阶段的现实国情，要符合我国目前的城镇化发展战略和工业化发展进程的要求；改革土地管理办法，要服从我国目前的行政审批制度改革的方向，减少简单的行政层次审批，取消指标管理，强化规划管理和有关的服务，提高科学化的管理水平；加强土地的执法，要使政府从用地和管地的矛盾中解脱出来，把地权还给农民，平等交易，遏制政府日益恶化的占地风，有利于政府真正地做好土地执法工作。具体建议如下：

（1）应允许农村集体建设用地进入土地开发的一级市场，平等地参与建设用地的市场交易。政府监督和管理土地的用途，控制非农用地的转让进程。由于政府不能低价从农民手中获取土地，大大增加了政府占地成本，可以有效地遏止政府占地的动机。

（2）改革土地出让金征收办法，遏制政府占地的短期行为。近期可考虑将土地出让金改为年租制，永久性征收，取消一次性土地出让金的征收办法。从长远看，可实行不动产税征收制度，对于土地和房屋的所有者征收不动产税，确保土地开发之后，政府可有长期收益支付城镇基础设施建设开支。对于农村集体经济组织的建设用地流转出让或房屋租赁，可开征土地流转所得税和房屋租赁的所得税、营业税等。

（3）取消土地指标供给制度和用地行政审批制度，加强动态的土地宏观规划管理。应抓紧研究适应我国未来城镇化进程和工业化发展用地政策，结合各地的地价和建设用地、工业用地的需求形势，把保护耕地和促进土地资源的有效利用结合起来，打破行政区划的界限，制定区域化的用地发展战略和用地规划。动态的宏观规划要考虑到城镇化过程中，伴随着人口向城镇的集中，如何确保在一定时期内的退宅还田，村庄的整合和集体建设用地的集约利用。

（4）要允许国有商业银行和其他金融主体，对各类城镇的基础设施建设提供中长期贷款。允许设立城镇基础设施建设发展基金，吸引金融和其他社会资金支持各类城镇的给排水、燃气、热气道路和公共事业建设，促进各项基础设施按照市场化的方式建设、经营和管理，从客观上帮助政府缓解基础设施建设资金短缺的压力，使政府在基础设施建设管理的行为向长期化、制度化和市场化方向转变。从根本上扭转"以地生财"来进行所谓"经营城市"的错误导向。

（5）要改革建设规划管理体制，使建设规划的内容符合经济和社会发展的目标，适应市场经济配置空间资源的要求。要把经济社会发展规划、各专项规划和建设规划队伍适时合并，形成对公共资源配置进行多学科的综合规划评价机制。要改革规划单位的收费制度，试行规划专家和本地规划院共同制定规划的体制，实行对规划实施的成本考核机制，把土地资源的有效利用作为规划成本考核的重要内容。

国土资源部和中国小城镇改革发展中心调查组

调查组成员：李　铁　李全人　窦　红　李　磊

执　笔　人：李　铁

（2003 年 12 月）

搞活农村存量建设用地，
发展小规模服务业，促进人口集中

2008 年 5 月，李铁在上海松江区小昆山镇进行了考察，在听取了松江区政府以及小昆山镇负责人关于未来的城乡统筹和小城镇的发展思路以后，就当地政府提出的如何促进小城镇的发展，如何解决发展中土地的遗留问题，以及小城镇如何实现人口集中等，谈了自己的看法。

小昆山位于松江城区西面，总面积 48.7 平方公里，常住人口 5.4 万，其中户籍人口 1.89 万人，外来人口 3 万余人。小昆山 2007 年财政总税收 11.2 亿元，农民人均纯收入 9803 元。小昆山的经济发展结构中，工业所占比重 38.3%，第三产业比重 60.1%，农业所占比重 1.5%。目前经济发展中面临的问题是，工业发展受到用地和环境的制约，后劲不足，农业结构调整相对滞后，农民人均收入增长速度相对较慢，不足上海及松江区平均水平。小昆山作为上海郊区，依托特大城市的优势，没有发挥出来。近些年，镇政府在如何发展，推进城镇化进程，改善居民的生活条件方面，面临着选择的困惑。

一、合理确定小昆山镇的发展目标

1. 小昆山目前的发展目标及存在的问题

在城乡统筹和城镇化发展大趋势下，我们对小城镇发展的理解也发生了很大的变化。用什么样的方式来带动小城镇的发展，对地方官员来说确实有很多困惑。各地在小城镇发展和改革的实践中，都进行了深入的探索，也有过一些好的经验。核心问题是在科学发展观的指导下，小城镇发展的目标是什么？

我个人认为，对小昆山镇来说，可能体现在以下三个方面。一是走房地产开发的模式，形成一个空间形态相对集中的 5 万人口规模的城镇，就像刚才参观过的松江区泰晤士小镇。二是通过大量的招商引资来促进 GDP 的增长，目前的一些政策也在强化这个目标。三是实现两个收入的增长，一个是地方财政收入，一个是居民和农民收入水平的提高。

要实现第一个目标就要大拆大建。那现在就要考虑，我们有没有这个能力，拆了老百姓会不会同意，老百姓能不能买得起新房子。实现第二个目标，还要大量占用土地，发展工业。可是目前严格控制耕地占用的条件下，这个目标可能也比较难以实现。

2. 要促进人口向小城镇集中和农民收入增长

小城镇发展到底要解决什么问题？实际上就是两类问题，一是人口向城镇集中，产业向城镇集中，形成一个比较好的城镇形态。二是通过城镇化的发展带动非农就业的增长，来带动农民收入水平的提高，彻底改变收入结构和城乡收入差距。围绕着这两个目标，小昆山镇才会有针对性地提出小城镇发展的策略。

二、如何实现人口集中的目标

要实现人口向城镇集中，要促进城镇形态的改变和人口密集区的形成，一定要结合上海的实际。上海是一个特大型城市，逆城市化趋势已经开始。逆城市化一般有两个趋势，就是主城区居民居住和消费行为向郊区的扩展。从松江来看，已经定位为上海市的副城区，或者说是比较适宜居住的郊区县。小昆山镇在这方面和松江相比有很大的劣势，很难形成一个适宜居住区，现在工业、农业和传统城镇混杂在一起，老城改造有难度，大拆大建也受到了更多地限制。

1. 可能在小昆山镇集中的两类人

既然要选择人口集中，应该如何来集中呢？集中哪一部分人口呢？公共服务的目标对准谁呢？一是发展适宜居住区，吸引市区城市人口，但这由于客观条件的限制，很难成为重点。二是本地人口向城镇集中，尽管这里农民人均纯收入已经达到 9000 多，但是实现人口向城镇的搬迁集中还是很难的，这既有经济成本，又有社会成本。这么多年上海的经济发展速度这么快，但是郊区农民的搬迁速度并不快。北京也是同样，旧城改造的速度非常之慢。没有实力雄厚的房地产开发商，就没有能力负担拆迁补偿成本。三是外来人口，就是在这里就业的大量外来人口。从小昆山现有的条件看，可能本地分散居住的大量农村人口和在工业企业就业的大量外来人口，再加上现有的城镇人口，是构成未来小昆山城镇人口的主体。

2. 人口集中要与就业结合在一起

在小昆山当前的发展阶段中，人口向城镇的集中不仅仅是满足以居住为条件的搬迁。因为现在小昆山的农业人口和外来人口的收入水平，还不支撑他们对居住环境的选择。因此，要实现人口集中，就应把人口的就业和定居结合在一起。如果在城镇既解决就业，又解决搬迁的话，这样阻力就小得多。因为搬迁成本不仅仅是一次性成本。进入城市，改变生活方式后，会增加生活成本，比如水电费、物业管理费等，这些是在农村生活不需要承担的。外来人口也一样，他们在这里居住，首先也要解决就业问题。要促进人口向小昆山的集中，不能走松江那样的宜居型城市，要走发展中城镇的道路，要同时解决在城镇居住过程中就业和居住问题。因此，城镇的形态要和松江有一个根本的区别。这里是有大量的混居人口，但是城镇很繁荣，商业很发达，是一个格局非常紧凑的城镇。

三、调整产业结构的重点是大力发展小型服务业

要解决就业，实现人口集中，必须对产业结构进行调整。城市化要靠工业化来带动，但是工业化发展到一定阶段，要增加服务业的发展机会。在逆城市化进程中，有大量的要素要向郊区转移。可是我们在城市的管理上，城市发展的政策上还有许多限制，妨碍了服务业的发展。事实上政府还有许多政策的空间，来促进这些有活力、有开发能力的要素进入小城镇发展的轨道。

1. 大型企业解决不了农民进城问题

现在很多地方政府在考虑城市发展的时候，往往都是政府招商引资，解决用地，再进行搬迁等。反而忽视了很多本来可以由市场完成的过程，政府只要创造适宜条件。调整产业结构关键在于以谁为主，这涉及未来政府公共服务目标的调整。在许多地方政府看来，城市的发展就是招商引资，要发展工业就招大型工业企业，要发展服务业就招一些大型的物流、商贸企业、休闲餐饮服务集团的进入。事实上，这些企业的进入不会改变小昆山居民本身的就业结构的变化，他们的收入结构也不会发生变化，因为他们还是要为这些企业打工，打工收入的增长速度是非常缓慢的，很难支撑打工者在城镇买房，因此向城镇的搬迁也就很难实现。

2. 小型服务业能促进城镇发展的活力

在人口向城镇集中的阶段，什么样的就业条件最有利？通过在工厂打工实现集中是很难的。从城市发展历史上看，能在城市买得起住房的，都是有一定条件的商业经营者。例如在老上海中心城区居住的基本都是一些从事工商业经营者，条件差的住在闸北、普陀一带。在中心城区能够居住下来的，大多从事小本经营。在小昆山镇目前的发展阶段，所能提供的最有效的促进人口集中的就业空间，就是小本经营，小商店、小餐饮、小旅店等等。因此，在和城镇连片的宅基地上、在一些待改造的工业区里，给予一些适当的条件，鼓励农民和一些小规模经营者来开办一些农家乐和各种灵活的小型服务业，可能是未来促进农村人口向小城镇集中的最优选择。

3. 农业结构的调整也要和小型服务业结合在一起

现在小昆山农业还是非常落后的。在大城市的郊区农业如此落后，出乎我的想象，但也说明未来提升的空间还很大。据我了解，北京郊区农业种植业结构的调整步伐很快，虽然那里过去与上海相比，底子很差。现在要好得多，无论是采摘、大棚、花卉、蔬菜等都占据了郊区农业的主流。已经成为农民致富的主要手段。小昆山现在还有一千多农业劳动力，政府已经努力在改善农业基础设施，但是在调整适应大城市郊区的农业结构方面，并没有太多作为。适应大城市郊区农业已经远远超出了传统农业的范畴，郊区农业和农家乐、采摘、观光、休闲等服务业联系在一起。这里的农业结构转换的这么慢，主要原因一方面和从事农业人群的年龄、智力结构有关，也可能和政府在一系列土地制度上所采取的措施有关。

四、搞活集体建设用地，促进服务业发展

1. 允许农民利用宅基地进行经营

结合农业的发展，结合服务业的发展，要在土地上做文章，带动小昆山的发展，这是一个非常重要的课题。可以分两步走，一方面由政府进行主导性开发，继续招商引资，引进大型企业，置换传统产业，这条路还要坚定不移的走下去，这毕竟是过去一条成功的路子。另一方面就是探索允许农民在集体建设用地上获得财产性收益。应允许农民出租、有偿转让宅基地，也允许农民在自己的宅基地上自主建房，对农民自建的多楼层经营用房也不要过多限制。允许农民自主性经营，允许他们开办各种商业、服务业。

2. 允许城镇居民利用农村集体土地发展服务业，让农民获得财产性收益

政府要把基础设施修好，政府在进行城镇基础设施配套时，应突破规划建成区的范畴，把公共基础设施延伸到集体建设用地。城镇基础设施配套以后，可以有助于改善农民的生活条件，方便农民的服务业经营。农民自己不能进行经营，可以允许他们把土地和宅基地流转出去，让他们获得财产性收益。在政策边界上可以吸引一部分城市人口过来经营，推动种植业结构的变化。城里人进来多了，就可以把原来那块"死"地搞活了。城市发展的规律是要增加人口要素的活力，要形成开放性的城市，这样外来人口会成为城镇当中最活跃的经济主体。吸引城市居民到农村和小城镇投资，不是政府包办代替，让政府来决定转让、安置、置换等等，而是把一部分主动权来交给农民，让农民和城市居民在平等协商的基础上，按照双方自愿、等价交换的原则，来完成集体土地和住房的出租、出让、转让或租赁等。

事实上，土地在农业用途上有很大的转换空间，比如采摘农业、农家乐经营等等。宅基地也有更大的要素转换空间。在北京通县宋庄镇，有上千个画家住在那里，在那里搞经营，结果把那个区域的文化产业带动起来了。广东允许农民盖出租屋，政府只是监督房屋的安全措施、基础条件等，农民从出租屋上的收益一个月有几千块钱，这样他们的集体土地也就盘活了。这里的问题也可以逐一清理，看看有什么政策限制了集体建设用地的使用。是不是农民可以出租房屋，但不允许他们在宅基地上翻建和扩建。是不是担心已经规划成工业区，会增加农民拆迁的成本。如果把规划权的主动权交给农民，承认他们的长期居住权和使用权，允许他们利用自己的建设用地进行经营。一旦他们有了长期的预期，他们就会充分利用自己的宅基地和农地进行经营。农民会主动去改善自己的居住空间，把自己的居住空间提升为就业空间。在城镇边缘地带的那些农民住房，为什么没有改变为商业用途呢？是不是一些政策限制了他们的行为，还是他们不愿意改善房屋的用途？可能是更多地在政策上、管理方法上探索如何改进。

城镇的发展，需要人口向城镇集中时，要给予在这里居住的人对自己的土地和住房最大的处置权。如果仅仅假定农民的住宅只是具有居住的功能，从这个意义上来研究城镇人口集中和服务业的发展，就要受到限制。因此，在考虑农地和宅基地的功能时，要注意这里蕴含的调整结构的巨大能量。产业结构的调整，关键在于把主动权交给谁，土地由谁来置换，如何来发挥土地的有效作用。

五、放活政策，调整政府公共服务目标，促进试点小城镇经济社会和谐发展

要承认小城镇发展的市场主体是农民和城市居民。因此，我们要在产业结构的调整、未来公共服务目标和未来人口聚集方面上做一些改革的探索工作。过去可能政府管得太死了，投入方向也有一些问题，忽视了长远的税收群体的形成。往往是想开发房地产，迅速地带来巨大的投资，迅速地改变面貌，但是农民得不到好处，服务业发展不起来，城市

好看，但没有活力。这种开发收益是一次性的，不会带来长远的收益。结合小昆山镇的特点，为适应农民和外来人口的相对集中，形成一个特别有活力的城镇。下一步要在产业的"小"字上下工夫，在政策的"放"字上下工夫，在土地的"活"字上下工夫，最终目标是使在这居住的人，从土地和房屋上获得更多的收益，从根本上解决搬迁以后的收入增长和稳定定居问题。

我们的改革思路和改革方案在以上内容上多下一些功夫。首先在一个小范围去搞，先示范，成功以后再去推广。实际上只要试验成功了，农民自己就会来找你要政策。当农民在自己的宅基地和承包地上获取收益时，政府就不用为这些用地是不是建设用地去动脑，去发愁。现在许多小城镇政府一直都在想哪块地怎么用，怎么去出让，吸引多少投资，带来多少 GDP 增长。最后却发现，没有解决人口集中的问题。财政收入增加了，带来的变化可能是政府大楼漂亮了，城镇街道宽了，也有广场了，但是人口没有集中，当地居民和农民没有获益。例如，政府现在的投入，虽然起到了一定的服务作用，农民看病的负担轻了。但是村庄没有发生变化，农民的居住和就业环境没有发生变化。当农民仍然居住在村庄，没有向城镇集中，农村住宅的环境面貌也没有发生根本的变化，那上海和松江区的城区所发生的翻天覆地的变化，给农民带来的好处是什么？农民肯定负担不了去上海、松江买房的费用。农民的目标很简单，要不在村里居住，要不到小昆山镇上居住。

目前一般性的做法是，通过拆迁补偿来实现集中，可是搬迁确实太难了。拆几户可以，拆到一百户以上就是问题了，到几百户时就是群体性事件的源泉。事实上政府有更大的空间，就是在这基础上，通过政府的公共服务导向的变化，让农民真正地完成从农村向城镇集中的转移。现在能够在城镇集中的两类人，他们所亟须的是支撑他们在城镇居住的就业，而不是单纯的打工就业。现在他们都有就业，农业就业、外出打工，外来人口也有就业。但是他们在城里居住不下，你看现在能够在城镇居住的都是小商小贩，他们经营门面，门面房的收益来支撑他们的居住。一般来说，五万人的小城镇，镇区的居住和就业方式也只有通过小型服务业的方式来支撑。小本经营、出租屋，或者是开发性的，以小为主的，有特色的围绕旅游休闲方式的经营主体。随着经济增长和商业的逐步繁荣，财政收入的稳定增加，城市会更新换代的。但是当前要做得是，要完成人口集聚、要素集中。

在这一过程中，我们不是去管，而是去允许，比如说农民盖房子，盖高一点，应该不是违章吧。要素要活，农民的财产性收益是靠市场去兑现的，农民去干了，我们政府可以不管，当形成一定的规模以后，就可以了逐步地收税和规范。政府力量太强大，就遏制了市场的力量，现在郊区有很大的市场发展空间，我们可以通过政策把这些市场空间引导过来。核心就是把产权搞活，政府是服务，是把基础设施修到。

依据这种思路，我们重新规划一下小昆山，这里有山，还有水，围绕着山和水进行打造，可以做一些文章，因为上海缺山。规划一些政府的公共资源的配置，引导市场力量参与城镇发展和建设，把改造的权利交给居民和农民，让本地居民和城里人结合起来进行经营，这里将会发生很大的变化。

（2008 年 5 月）

破解城镇化征地矛盾 平衡农民与市民利益

国家发改委城市和小城镇改革发展中心主任李铁，在接受《第一财经日报》（以下简称日报）专访时表示，多年来土地增值收益所形成的利益关系已经固化，因此，要解决土地问题，还需要从城市寻找方法。

一、利益关系已被固化

日报：目前中国的土地管理制度，和城镇化进一步推进的要求之间，到底存在着怎样的不匹配？

李铁：城镇化进程中的土地问题集中在几方面：

一是征地矛盾。这其中涉及征地补偿的问题，以什么方式解决征地补偿？是提高补偿标准还是解决同权问题，使集体土地和国有土地能够平等地参与开发？还有所有权的认定，也就是确权问题。

二是耕地保护。城市发展不能以牺牲耕地为代价，这又涉及，第一，如何保护耕地，保护农业和整个城市开发的关系是什么？第二，我们现在的城镇建设用地是粗放型利用，土地利用效率比较低，这个问题通过什么方式解决？

现在大多学者专家更多地关注土地增值收益的再分配，讨论这个收益到底给开发商、给政府，还是给农民；是给近郊区的农民，还是远郊区的农民。

中国的土地制度改革不是在一张白纸上画画。从 20 世纪 50 年代以来或者 20 世纪 80 年代以来，几十年的发展过程，土地增值收益已经转化为

本文是《第一财经日报》对作者做的一次采访。

工业的投入，转化为基础设施投入，转化为城市居民的一种公共福利，已经形成了固定的利益关系。从某种程度上说，城镇居民是主要的受益方。

土地制度的改革必然会涉及城镇居民的利益。当改革土地增值收益分配的利益关系时，势必要影响到城市公共投入的资金来源，因此，就涉及调整城乡居民群体在利益分配上的格局。调整这种利益关系，面临非常大的阻力。

日报：但是，农民的利益，确实在这种土地制度下，受到了很大的损害。

李铁：如果我们看问题放在某一个点上，比如某个城市或村庄，这肯定是带有一定的剥夺性质。但如果从全局上看，我们每年能够有1000多万农民进城从事非农就业，总共有2.5亿农民从事非农产业，农民收入的近一半以上来自非农就业。现行的土地征用制度确实发挥了作用。因为你有廉价的土地才有这么多的工厂出现，才能解决这么多非农就业问题。

中国成为世界工厂是基于廉价的劳动力、廉价的土地成本，以及廉价的环境。各个地方政府在招商的时候，工业土地基本是零地价或负地价，这也是建立在现有的土地征用制度上的。其实，谈土地制度问题时，我们忽视了很多全局性的问题。因为中国特殊的土地征用制度，对于促进大量非农人口增加，提高农民收入，发挥中国国际竞争力等方面起到了重大作用。

日报：强调合理性，会不会削弱我们改革的动力？

李铁：有合理性，但问题有没有？有，还很严峻。

第一，由于土地征用过程中土地出让金的一次性征收，这种短期收益和现行的政府行政管理体制相结合，就会导致出现大量决策失误。因为现在地方行政长官的任职期都非常短，还要因为有了短期政绩才能决定升迁，而这种短期行为由于有了即期的土地出让金作为支撑，也就从资金来源上支持了短期决策，而短期决策导致短期投资，就更加注重城镇的表面，使得投资效率低下。

第二，土地的粗放型利用。城市政府的公共投入和政府开支来源于两个方面，一是财政收入，财政收入主要取决于工业税收，当然这是以廉价土地作为支撑。这个财政是保吃饭的，是保政府自身运转的。真正保证城镇发展以及基础设施建设的，是土地出让收益。

政府拿低价土地搞工业企业，所以还得拿一块土地，搞商业和房地产开发来获得增值收益。一是用于工业用地的补偿，既包括对农民的补偿，也包括工业用地的基础设施建设；二是保发展，保证城市的运转。这部分创收是政府非常重要的收入来源，也是城市基础设施建设最重要的资金来源，结果就导致用地的摊子越来越大，得不断卖地才能持续进行补偿。

这种扩张形成恶性循环，结果是用地面积越来越大，也造成基础设施因面积扩大而成本增加，资金压力也越来越大，使得政府对从土地上获得收益的依赖也越来越强。

我们不否认在土地征用过程中，特别是进行房地产开发过程中，加大了收入分配差距，导致了大量的腐败现象发生。但我们不能把这种土地制度说得一无是处。毕竟中国目前在全球 GDP 总量排名第二，人均 GDP 进入中等收入国家水平，要考虑整个制度支撑的合理性。

二、减轻城市阻力

日报：你似乎比较少从农村农民的角度谈土地改革。

李铁：不能仅站在土地上看土地，因为你得了解政府决策的利益出发点，还要了解现行的管理体制。首先，政府决定着政策的出台，而且现在是城市管理农村的体制，相对于城市政府和城市居民，农民在利益博弈中是明显的弱势一方。

比如说户籍制度改革，在大城市越来越难，原因是城市的公共福利保障要照顾到城市居民的利益。北京外来人口已经占总人口的1/3，超过40%的外来人口来自河北、河南、山东等地，他们为什么来北京？我们最近做了一项研究报告，发现和三省相比，北京工资高很多，尤其是食品价格、水电天然气、地铁、公交费用，几乎都是最低的。

但是没有人愿意真正实行市场价的改革，因为涉及城镇居民的利益。

土地的问题也是如此，当征地费用补偿或者从制度上设计的变革，一旦触动了保障城市居民发展的利益蛋糕时，决策的思路就会发生变化。

很多人试图从道德角度来评价，也有很多人从效率和产权之间的关系方面提出改革的办法，但是我们都绕不过城市居民的利益这堵墙。

目前，在中国的特殊体制条件下，城市政府更多关注的是城市居民，关注城市居民最迫切要解决的基础设施供给、水电交通和住房等问题。这就涉及一方面需要土地出让收益来解决这些投入的资金供给问题，另一方面还要维持既定的工业投入来解决城市竞争力和就业、税收来源等问题。

相对于农村的利益和农民的补偿利益，农民怎么看，社会怎么看，城市居民怎么看，城市政府怎么看，还有中央政府如何在各个方面进行平衡和抉择，这需要从一个宏观的角度考虑。

从以上政策制定的一些基础层面和在利益群体之间的博弈上来看，破解土地征用制度改革的难题，就要从两个方面来考虑问题：一是要逐步提高对农村和农民的补偿标准；二是要把来自城市的阻力减轻，当城里的压力大幅度减轻的话，农村土地的放开是迟早的问题。

日报：那么，如何减轻来自城市的阻力？

李铁：对城市来讲，土地是城市基础设施建设、城市运转的资金来源。房产税是长期收入且收入水平不高，弥补不了短期内城市居民需求攀升的压力。所以一下子把土地补偿金断掉，这种伤筋动骨的改革得不到地方城市政府的支持。

现在有人主张发地方债，主张贷款，主张开辟多种融资渠道，是解决不了问题的。因为几乎所有债务都是以土地的预期收益作为还款条件，地方政府还得去卖土地，这就是制度惯性。只有解决地方政府还款预期到底来自哪里的问题，对土地的依赖才会下降。

市场经济国家的基础设施投入和运转的资金来源虽然是依靠金融和多元化的融资体系，但是还款的来源基本界定在政府的财政和基础设施的运营收费上。相比之下，我们的财政是保吃饭、保运转，税收结构也存在问题，我们没有不动产税，基础设施收费价格都很低，政府赔钱保稳定。市场经济国家的城市政府因体制关系，行为都是长期化。而我们的干部升迁制度，行为关系到政绩，大多短期化。

改革是要多方面联动，而不仅仅只是动一个土地制度。

例如，基础设施的运营、管理和融资，是不是可以打破国有垄断，地区封闭的界限？资金不足时，是不是可以把基础设施运营和管理的企业通过合股、参股方式来融资，或者卖给民企和外企？许多市场经济国家的城市基础设施运营都是由全国性的甚至跨国的公司来管理和投入，而我们则是一个城市一个国有公司，效率低下，服务不到位，成本很高。再例如，基础设施市场化，运营的收费也可以逐步市场化，政府只负责监管和协调，低价补贴的现象也就不会存在。

面对城市居民已经享受多年的公共福利，如何破解这个难题，是不是也可以列为改革议题？当然还有政府管理体制的改革，如何弱化干部政绩观，遏制短期行为也大有文章可做。

三、同权是长期目标

日报：从实际操作来讲，提高征地补偿，应该是近期土地改革比较有可行性的举措？

李铁：现在我们看到的是先从提高占地补偿开始，这是两部分：公益性用地的补偿标准提高，其他按照市场性用地标准。但是，公益性用地的界限范围依然模糊，其他集体土地按市场价补偿，还是停留在补偿上，不是基于对等谈判的标准上。

当然，我们谈论的主要还是近郊的土地，远郊区在目前的土地改革中只能是一个框架，远郊土地很难从市场价格体现。

确权是基础，提高征地补偿是当前的过渡，同权是比较好的一个目标，但同权什么时候能实现还不是很清楚，不过要注意到很多地方已经可以进行同权的改革。比如北京以 50 个村为公租房改革试点。

日报：对于可以开展同权改革试点的地方，有没有特殊的要求？

李铁：到目前为止还没有人讨论这个问题，我们希望能够在新一届政府任期内列入议事日程。但是要了解到中国的政策是顶层设计和地方实践相结合，要考虑到这项改革最好还是要在地方进行实践和试点。如果没有这个过程，一旦出台，当所有的地方利益被触动的时候，很可能难以落实。

日报：中国城镇化问题已经越来越突出，必须有一个大的变革，这种改革的紧迫性，和你所说的这种长期性，是否存在矛盾？

李铁：不可能短时间、瞬时改变，但你总不能一件事都不做。不改是最可怕的，只要你动，大家就会有预期。

想改不想改是一件事，怎么改是另一件事。很多学者都以西方的做法为参照，但没那么简单。回避现有土地制度的正面作用，是不现实的。关键是寻求一个好的路径，把其中出现的问题解决掉，既调节收入分配结果，保护农民利益，同时符合整个国家的发展策略和方向，还能保证较低的成本。

我想说，很多时候大家是从农村的角度思考问题，没有从既定的制度惯性中了解到城镇政府和城镇居民的现实利益。经常出现的事情是，一旦哪一方面呼声强了，就在这边做一些改革，而另一边声音大了，再提出方案，解决那边的问题。决策总是在这两个声音的大小之间进行博弈，这不是好的改革方法。要对两边的声音和利益点都清楚，才能找到好的改革路径，好的改革方法，只是很多学者和政策专家现在还没有完全认识到这些问题。

（2012 年 12 月 6 日）

城镇化面临土地管理制度改革难题

《城市中国网讯》2012年11月28日，"财经年会——2013：预测与战略"在北京举行。国家发改委城市和小城镇改革发展中心主任李铁在主持"分议题三：城镇化进程与土地管理制度改革"时表示，中国特殊的土地公有制度，国有土地制度和农村集体土地所有制，是我们当前改革面临的一个障碍。

李铁说，今年是一个改革年，最重要的议题是，我们国家城镇化进程如何走。2012年5月3日，李克强副总理在中欧城镇化高层论坛上，就中欧城镇化合作发出明确的信号，在"十二五"期间要推进中国城镇化的改革。城镇化改革一个问题就是户籍管理制度改革。在中国国情条件下，户籍制度管理改革还有一系列制度因素制约。我刚刚在《财经》发表了一篇文章，在中国，城镇化面临几个问题，第一是户籍管理制度改革，第二就是土地管理制度改革。

在中国，城镇化进程不仅仅伴随人口向城市的进入，同时伴随着土地城镇化进程。土地城镇化进程在国外不是问题，因为它是私有，它是政府、企业、私有产权所有者博弈谈判的关系。在中国不是如此，中国特殊的公有制度，国有土地制度和农村集体土地所有制，是我们当前改革面临的一个障碍。有以下几个方面是所有在座媒体、各个方面都比较关注的问题。

第一，就是现有的土地在城镇化进程中，如何破解征地问题。征地问题涉及原有土地交换关系，到底以什么样的方式来面对集体土地所有者，他们的利益如何保证，是通过产权制度保障，确定集体土地同权参与城市开发进程中的交换，还是提高现有的经济补偿标准，来逐步地缓解征地矛盾。

第二，所有权的问题。所有权的问题涉及农村集体土地确权，未来明晰土地的产权，不仅仅包括在征地过程中农村集体建设用地的产权问题，同时还要包括在农村的土地流转，特别是宅基地流转产权性质的问题。

第三，城市发展模式涉及土地出让金的问题，已成难题。城市发展依赖土地出让金，确实面临制度的约束，使城市财政面临非常紧迫的局面。

（2012 年 11 月）

稳步推进城镇化，合理配置土地资源

　　党的十七届五中全会明确提出，要积极稳妥地推进我国城镇化进程。城镇化的核心是推进农村人口向城镇转移，也就是针对当前我国存在的许多限制城镇化发展的各类政策，要进行一系列的改革，稳步地缩小城乡公共服务差异，要逐步缩小外来农民工与当地农民和城镇居民的公共服务差距。

　　推进城镇化进程，首先要解决土地城镇化快于人口城镇化的矛盾。改革开放30多年来，我国土地城镇化增长速度明显快于人口城镇化增长速度，这导致了城镇土地利用粗放，资源浪费，人口集聚度较低，服务业发展无法形成规模效益，服务业就业增长缓慢。土地利用粗放致使城镇发展成本上升，抬高了城镇化门槛，不利于收入较低的农村人口进入城镇定居。因此，要严格限制城镇建设用地供给的增长速度，使城镇建设用地水平逐步和人口城镇化水平相适应，充分提高城镇土地利用率。

　　推进城镇化进程，要妥善处理城镇建设新增用地中的征地矛盾，要让失地农民共同分享城镇发展过程中的土地出让和开发收益。要改革以往低价征地的做法，充分认识到城镇发展的重要目标是促进社会和谐，而不是造成社会不稳定。造成征地矛盾的主要原因，就是征用农村集体土地的价格过低，农民没有平等的权利共同分享城镇发展的土地收益。目前各地已经开展了一系列有关改革，提高了农村集体建设用地的补偿标准，但这仅仅是向农村集体经济组织平等分享级差地租收益迈出了一小步。实际上，真正要农民分享城镇化成果，分享城镇发展进程中土地增值收益，还需要城镇管理者转变观念。其实不是要求农民和政府分享

本文刊登于《中国土地》2010 年第 11 期。

收益，而是完成土地出让，政府收缴正常的土地出让金之后，农民和开发商分享开发收益。而现在的补偿与开发收益成果的分享，相差甚远。

推进城镇化进程，要坚持耕地保护，保住 18 亿亩耕地红线不被突破。这既要求对耕地占用的审批管理更加严格，逐步缩小规模，也要求继续探索城乡建设用地增减挂钩的路径，如何尊重农民意愿，如何增加农民的财产性收益，如何保障农民进入新居后收入增长和就业增加，如何解决附加在农村集体土地产权之上各种利益的分配问题，如何防止各地在推进增减挂钩改革过程中，一哄而上，大搞政绩工程，严重侵犯农民利益现象的发生。增减挂钩涉及农民旧居改造和新居搬迁，实质上也涉及拆迁矛盾。针对当前我国城乡发展过程中日益突出的拆迁矛盾，严格规范城乡建设用地增减挂钩试点，严格限制大规模侵犯农民利益的行为，将为稳步有序地实现城乡用地转换中的各种改革和探索，创造良好条件，否则矛盾爆发，将把已有的改革成果葬送。

推进城镇化进程，还要解决城镇发展用地特别是就业用地问题。改革开放已有的成功经验，就是利用我国劳动力和土地资源，吸引了投资，提高了我国产品的国际竞争力。未来继续转移农村人口，改善城镇居民生活和就业条件，还要解决发展的用地问题。从各地调研的情况来看，土地问题已经成为制约经济发展的瓶颈，城乡用地面临着粗放利用的问题。加大土地整治力度，通过土地整治，整理出城镇发展和非农产业用地，应该是一种方向。一是要整理城镇用地，对一些土地产出较低甚至负增长的城镇用地，应该鼓励置换，引进附加值较高的产业，鼓励工业用地向服务业发展用地置换，鼓励城镇核心区的土地实行"退二进三"，发展服务业。二是要整理农村集体建设用地。我国农村一部分乡镇企业仍然没有改变传统的粗放型增长模式，许多工厂在环境压力下，已面临破产，许多企业已经几乎没有市场竞争力，仅是依靠低价的土地来维持生存，导致区位条件非常好的土地无法得以高效利用。采取经济的办法合理置换，采用行政的手段，让这些企业搬迁或者是退出当地的产业链条，或者是行政和经济手段并行，这应该是各级城镇政府和农村集体经济组织共同面对的新问题。这里既需要改革，也需要站在国家宏观政策立场上，从珍惜土地资源出发，采取各种方式，把废弃的和低效的土地资源置换出来或者是重新利用起来，以便于解决城镇发展中用地短缺的问题。未来一段时期内，有关方面的改革和探索，应该会促进这些农村集体建设用地的整治。三是整治农村的闲置用地。例如废弃地、沙砾地等不适合种粮食和经济作物的用地。我国闲置的农村用地资源很多，采取什么办法来鼓励农村集体经济组织整治这些土地，各级政府应该给予什么样的政策置换这些用地用于城镇开发，也是土地整治过程中面临的重大问题。许多城镇政府在规划中，只注重开发商最感兴趣的地方，占用了大量的优质耕地，而往往对闲置的不适合农业发展的废弃地或者山坡地没有给予很好的利用。如果把这些资源有效地与城市规划和开发结合起来，一样会促进空间土地资源的合理配置。有关部门应该从耕地保护的大局出发，从土地资源合理利用的长远目标出发，把发展和规划有机地结合起来，以达到土地整治的最佳效果。

（2010 年 11 月）

对重庆"地票"交易的一点体会

最近，国家发改委城市和小城镇改革发展中心赴重庆市就农村集体土地制度改革开展专题调研。调研中发现重庆市以"城乡建设用地增减挂钩"的操作为基础，突破了其固有模式，以"地票"交易的形式使得亘古不动的土地动了起来。

一、"地票"是什么

通俗地说，"地票"是用于交易的增减挂钩指标。因此，"地票"的产生首先要进行"城乡建设用地增减挂钩"的操作；其次，增减挂钩产生的指标在重庆市土地交易所统一进行公开竞购。

在"地票"交易中有几点吸引了我们的注意：

第一，它打破了级差地租的规律。用于交易的增减挂钩指标，不管是在江津区远郊，还是在重庆市区边上，在交易的时候没有任何差别，没有高低贵贱之分。

第二，它实现了不同项目区的规范统一。在交易所公开拍卖的一张"地票"，并非必须来自某一个区县的某一个复垦项目区，它还可以由不同区县的好几个复垦项目区联合组成，于是突破了原有"项目区对项目区"的束缚。

第三，它改变了原有增减挂钩指标的置换方式。以往的增减挂钩指标严格要求"项目区内"，而"地票"交易则打破了过去"就近"安排的束缚，实现重庆市内远距离、大范围的置换。就算是山沟沟里的复垦指标，在重庆市区也可以不打折扣地使用。

第四，它调整了以往增减挂钩指标的操作顺序。以往的增减挂钩在操作中是"先占后补",不可避免招致了"占优补劣"、"只注重耕地数量而忽视耕地质量"的担忧。而"地票"则严格要求先复垦、先验收,在一定程度上保障了耕地的质量。

综上所述,重庆市作为城乡统筹改革的试验区,在土地增减挂钩试验的基础上,在"交易"环节突破了土地增减挂钩的常规模式,使得土地增减挂钩的试验向前跨越了一步。

二、"地票"的利益分析

"地票"是城乡建设用地增减挂钩的突破。毋庸置疑,"地票"交易模式具有城乡建设用地增减挂钩的所有好处,比如,节约集约用地、改善居民生产生活条件、保护耕地、解决城镇发展用地、促进农村人口集中居住以及推动了新农村建设等。

1. 城市政府的利益所在

对城市政府而言,最核心的利益是解决了城市发展用地紧张的问题。我们不能否认,政府积极推动"地票"的核心目的是为了城镇建设用地寻找空间。诚然,我们都对政府强制征地的报道屡见不鲜。在一定程度上,"地票"缓解了政府强制征地带来的压力。原因在于:

通过"地票",可以用远郊区的增减指标来获得城市发展在近郊区的用地指标,而"指标"落地的时候,征的是耕地而不是近郊区的建设用地。因为级差地租规律的作用,近郊区的地价远高于远郊区的地价,近郊区的房价远高于远郊区的房价,近郊区的补偿也远大于远郊区的补偿,近郊区的居民对补偿收益的预期也远超过远郊区农民的预期。运用了"地票",政府不需要再大费周章地组织队伍在近郊区拆迁,也不需要再为近郊区拆迁支付高额的拆迁补偿成本,更不需要再为近郊区居民对抗拆迁而苦恼,可以说,"地票"实现了政府"多赢"。

2. 农村居民的利益所在

虽然我们承认政府的最根本的出发点并非是要让农村居民获得收益,是要让农村居民住上好房子,是要让农村居民能享受城里人的同等待遇。但是,在"地票"的操作过程中,远郊区的农村居民的确参与到了利益的分享中。

在市场规律中，如果就房子论房子、就地论地的话，远郊区农民的房子，尤其是偏远山区农民的房子，交通不便，设施不全，无人问津，在市场中可以认为是"劣等品"，因而肯定是不值钱的。

如果农民想到更好的地段，比如公路旁建房，他每平方米要花费 700元；如果农民想到镇上买房，他每平方米要花费 1000 多元；如果农民想到县城买房，他每平方米也要花费 2000～3000 多元。光凭他自己卖掉房子是远远不够的，甚至是卖不出去的。

然而，一旦不值钱的宅基地复垦形成耕地指标，成为交易的"地票"，它和主城区的指标是同价值的。从不值钱的土地或房子，到升值后的"地票"，中间的价差成为远郊区农民的收益来源。根据调查，地票收益的 90% 返还区县，主要用于补偿农民、平衡复垦成本以及支付集体经济组织收益。农民获得的补偿主要包括农民放弃宅基地补助（每平方米80 元）以及进城购房补贴（分 8000 元、10000 元和 20000 元三等）两部分。

不过，我们在江津区李市镇与农民座谈时发现，农民并不知道"地票"是什么，更不会知道可以卖多少钱。因而，容易将级差地租的收益掩盖了。

3. 开发商的利益所在

开发商往往要权衡拿地后的赢利潜力和拿不到地的市场风险。开发商购得了"地票"，并不等于就获得了土地使用权。不过，他可以在符合城市规划和土地利用规划的范围内，寻找尚未被国家征收、又符合其市场开发需求的地块，并向政府提出征地建议。在最后的"招拍挂"的过程中，如果开发商拿到地，相当于省去了新增建设用地使用费和耕地开垦费；如果开发商没有拿到地，依然可以从拍卖价格中获得返还的"地票"价格。

三、"地票"交易的启示

现阶段，城市化进程是不可逆转的。2008 年，全国有 1.453 亿农民在城里打工，其中举家迁徙的有 2996 万人。这将近 1000 万户举家迁徙的农民工家庭有以下特点：

第一，绝大多数是居住在距离城市较远的农业区、偏远山区。他们往往因生活贫困不得不外出打工挣钱。

第二，如果按户均 5 分地来算，他们有至少 500 多万亩的地远在家乡，却不值钱，要么闲置，要么抛荒。

第三，他们要承受城市高额生活成本的压力，人虽进了城，却难以融入城市，难以享受与城市居民同等的公共服务待遇。

第四，因为他们一直不能融入城市，所以他们害怕将来在城市会生活不下去。如果到时候真的在城市不能生存，他们还想回到农村，至少还有几分地的保障。因此，土地的存在使得农民和农村一直保持着"藕断丝连"的状态。

我们常说，要开展户籍制度的改革，要开展农村集体土地制度的改革，要推动农民进城落户，怎样才能将三者衔接起来？他们在农村不值钱的地怎么解决？他们在城市高昂的生活成本怎么解决？农民进城落户不只是给个户口那么简单，关键是要解决他们进城的成本，钱从哪里来？

重庆"地票"交易的探索，为我们推动城镇化进程，破解进城农民工安居落户的制度障碍，提供了重要启示。

通过"地票"交易的方式，他们的土地可以置换到城市，在解决城市发展用地同时，将贬值的土地转换成升值的"地票"，解决了农民的土地有地没处卖、卖了不值钱的困境。一旦以"地票"形式卖了出去，其升值的空间既可以解决他们进城的成本，又可以让他们踏踏实实地进了城，斩断了他们在农村的根，让他们积极主动地与融入城市。

在"推动城镇化进程"的目标导向下，借鉴重庆"地票"的运作模式，可以为解决农民工进城落户开辟新的道路。重庆跨越的一小步往往引领我们的改革向前跨越一大步。

四、"地票"交易改革试点的政策建议

我们不能阻碍城市化的前行，相反，要因势利导，打破以往的制度

束缚。重庆的"地票"试验确实有它的局限性,但是,一旦我们调整试验目标,对准"解决农民工进城落户",那么,"地票"试验的贡献远远不止是解决城市占地那么简单了,而是对户籍制度改革、农村集体土地制度改革,甚至是城镇化战略的一次突破。

首先,围绕户籍制度改革,瞄准农民工进城落户,调整"地票"交易制度设计的目标。让农民真正参与到"地票"交易中,从而解决他们进城落户的成本;让农民真正成为市民,从而融入城市经济和社会中。

其次,抓紧深入调研,拟定改革试点方案,支持有条件的地方开展改革试点。将改革试验作为推进城镇化战略和开展户籍制度改革的示范项目,纳入国家发展改革委小城镇发展改革试点,在试点中总结经验,完善方案。

最后,高度重视农民工进城后的就业问题,通过职业教育、技术培训、就业服务等帮助农民工就业,建立稳定的生活来源,实现农民进城"乐业"。

(2010 年 4 月)

第三篇
农民工市民化

城镇化——户籍改革面对的挑战

买奶粉、开车自由行、过境学童……香港人头痛大量自由行涌入，对城市带来挑战；而内地城市在城镇化的过程中，也遇到相似的难处。新一届中央政府着重发展城镇化，但中国的城镇化是一个极其复杂的命题，推行起来难度极大。

我们就此访问了多位内地专家学者，从户籍制度、水资源、财税制度、土地等方面，深入探讨城镇化为中国发展带来怎样的契机，以及遇到怎样的挑战。在大家最为关心的户籍改革问题上，我们访问了国家发改委城市和小城镇改革发展中心主任李铁。

一、城镇化的重点

发改委城市和小城镇发展中心主任李铁说，目前中国有 7 亿城镇人口，占总人口约 52%，但是其中城镇户籍人口只占约 35%，当中有 17 个百分点的差异，这源于很多农村户口人士在城镇生活。如何令他们享受和城镇居民同等的福利，是城镇化首先要解决的问题。

第二，中国有 13.5 亿人口，行政审批城市只有 657 个；而欧美国家几千万人口就有上万个城市。中国还有将近 2 万个市镇，平均人口 1.1 万。因此，中国的"城镇化"不同于西方的"城市化"，是要同时发展城市和市镇。

第三，城镇化并非由政府"驱动"，而是由政府逐步解除流动人口定

本文是香港电台金融网主持人刘羽葳对作者所做的采访，刊登于 2013 年 2 月 18 日香港《信报》。文字整理：吴若琳。

居落户的限制，令人口自由选择定居落户方向。

二、与城镇户口居民福利差别大

李铁说，户籍制度有点像香港的移民制度，只是在中国境内没有边界的限制，人口可以自由移动。北京总人口2100万，外来人口800万；上海总人口2300万，外来人口900万。

总体而言，没有获得城镇户籍的农民工，大概有2.6亿，其中大概有20%是举家迁徙并在城市居住了很多年，基本上已经完全城镇化，但与拥有城镇户口的居民在福利方面相比，主要有四方面的差别。

首先是教育问题。例如，广东省东莞市大概有50多万外来人口子女，但政府公办学校只能解决23%农民工子女的义务教育问题，77%的农民工子女都需要自费读民办学校。虽然中央政府颁布一系列政策，要求地方政府解决农民工子女的上学问题，但很多地方政府面临困难，一是，没有足够财政支持建学校。二是，担心如果解决了这个问题，将有更多人流入，令财政更难支持。三是，义务教育转移支付有很多问题。现在农民工在发达地区就业，他们的孩子需要在大城市上学，但是义务教育补贴通过税收方式，已由国家发放到这些人户籍所在的偏远地区，这也制约了当地政府为农民工子女兴建学校。

另外，还有高考问题。例如，北京是全国大学资源最优秀的地方之一，北京籍学生升学率非常高。如果开放人口准入条件，允许外来人口在北京参加高考，就意味着有一部分北京原居民上大学的机会大大降低。因此，很多北京人抗议不允许外地人在北京参加高考。

第二是就业问题。各城市在提供就业方面，对外来人口有一定的限制和歧视。例如，公务员和一些国有企业，甚至包括一些环卫岗位，都要首先解决城镇居民的就业问题。

第三是医疗问题。农民工缴纳社保比例只有10%多一点，如何把这些人纳入卫生公共服务体系和医保范畴，都有很长的路要走。

第四是住房问题。目前除了重庆外，几乎没有地方政府敢把所有农民工都纳入保障房体系，否则政府负担太重。还有其他一些问题，例如，限购房限购车政策上体现出的户籍歧视，没有户籍的人在城市中无法得到住房贷款。

三、身份转换扭转消费倾向

李铁说，由于城镇居民福利水平很高，如果解决大量流入人口的福利，令这些人和城镇人口享受到一样的福利水平，这就需要大量的政府支出，甚至影响到原居民的福利水平。

李铁认为，城镇化是长期趋势，可以极大地刺激经济。中国经济持续发展，城镇化也会维持一定速度的增长。如果未来十年中国增长率是6%到8%，每年还会有800万农业人口的转移。现在按照每年1个百分点的速度增长，到2020年，城镇化率将达60%，有8亿人口纳入城镇。

实现了就业转换，而没有实现身份转换。世界各国除了朝鲜、非洲的贝宁和中国外，国家都不限制人口自由迁徙，取消这种限制和不平等也是必然趋势。另外，大量进城就业的农民，长期消费的倾向从城市转向农村，这2亿人在城市中有稳定工作，但却把钱寄回家乡建房子，而这些房子却长期闲置。农村居民消费水平也远低于城镇人口的消费水平。

中国经济这些年的消费增长依赖原户籍居民的消费潜力，在出口、投资上都存在问题，身份转换可以令农民工把消费倾向转到城市，有利于基础设施覆盖，带动消费，提高经济效率，改变经济增长方式。

跨区农民工户籍成最大难题。李铁强调，城镇化的前提是，在取消所有限制的同时，尊重农民的个人自愿选择。他最担心的是地方政府把其变成运动，实行强制性的转化。

在他看来，目前户籍改革最大的难题，反而在于外来农民工而非本省农民，就是跨区的农民工户籍问题可否解决。例如广东有2600多万外来人口，其中逾1600万来自其他省份；这些人在转户过程中遇到的问题，才是突出矛盾所在。

反而是大城市周边农民不愿意转户，因为这些近郊区农村的公共福利水平很可能高于城市，例如农村可以生二胎、义务教育12年，还有城市土地扩张带来近郊区土地升值的机会，可以令一个农民经过拆迁成为千万富翁。这种升值预期，令他们不愿意放弃户口。

李铁说，中国总共有 20 亿亩耕地，而中国农业人口有 6.5 亿，显然农村人口还是密度过大，农业人口转移潜力还是非常大。农村人口转移出去后，农村的人均耕地将更多，就出现适度的规模化经营，这对农业规模化发展也是好事。日本就通过机械化解决农业劳动强度问题，老年人进行农业生产不吃力。

虽然城镇化需要大量政府投入，但可以带动更大的消费需求，刺激经济，同时创造更多税收。因此，李铁认为，问题在于政府如何通过最小的投入，带动最大的增长机会；在于中央政府如何调动当地政府的积极性，甚至推出一些强制性措施来促进改革。不过，这需要通过实施包括土地制度改革、城市融资制度和行政管理制度改革等一系列配套政策。

（2013 年 2 月 18 日）

城镇化，"农民进城"背后的利益再分配

"城镇化要拉动内需，最大的现实是必须要触及 2 亿多农民工、7000 万城市流动人口的身份转换问题，他们是否能享受到与城市居民同等的公共服务。"

一、起点：2 亿农民工和 7000 万流动人口

《三联生活周刊》：十八大以来，城镇化被视为扩大内需的最大潜力。这一潜能如何才能有效释放？

李铁：我们目前的城镇化率是 52.6%，这是指进入城市的人口，但若按户籍人口来计算只有 35%，这之间 17% 的差额，是 2 亿多农民工，还有 7000 万城镇间流动人口。这 2 亿多农民工实现了就业转换而没有实现身份转换，他们的消费倾向于由城市回到农村，把钱寄回家乡建房子，宁愿这些房子长期闲置。如果这些农民能真正意义上进城，消费就会全部转化为在就业地的消费，对长期经济的拉动是显而易见的。

这一次的中央经济工作会议已经提出了，推动农民工市民化是新型城镇化的核心。现实问题是能不能做到？事实上，通过"城镇化"拉动内需不是一个新药方了，它相隔十几年两次进入中央决议，都源于国际金融危机。1996 年亚洲金融危机时，我国外贸出口遇到了较大的压力，经济学界"增加内需"的呼声导致了城镇化政策坚冰的突破。我们在 2000 年给中央起草的一个小城镇发展的报告中，提出了城镇化对我国国民经济发展的作用，特别提到拉动内需。由此，在十六大报告里，第一

本文是 2013 年 2 月《三联生活周刊》记者贾冬婷对作者的专访。

次把城镇化问题写进党的决议中，而且把"繁荣农村经济，加快推进城镇化进程"作为重要内容的标题，可见当时对这一问题的重视。当2008年国际金融危机来临时，还是拉动内需的原因，城镇化的呼声又一次高涨起来。但这其间的十几年，作为城镇化发展的最大障碍，户籍制度的改革进展艰难。2001年国务院批转的公安部《关于推进小城镇户籍管理制度改革的意见》，尽管已经明确要放开县级市以下城镇农民进城落户的限制，实际的效果是仅仅放开了当地农民进入小城镇落户的限制，而对于外来的农村人口的进城落户仍然采取着严格的限制措施。2011年开始，国务院办公厅的一个文件也已经明确了地级市以下户口全部放开，问题是对这个放开没有强行要求。地方是不会愿意改革的。有些地方提出了居住证制度，要求满足了多少积分条件才可以办理户口，实际上就是设定新的门槛，延缓改革的期限。

《三联生活周刊》： 但在现实中，似乎一提城镇化就是城市建设的信号，"农民进城"被有意无意地忽视了。

李铁： 这么多年，我最强烈地感受，就是几乎所有的地方政府都认为城镇化是城市建设，是投资上项目。这是基于政绩、基于地方GDP增长的非常现实的认定。而一些学者则认为，城镇化就是现代化，在他们看来，他们所长久居住的城市应该向发达国家看齐，解决所谓的生态问题、宜居问题、低碳问题，等等。实际上城镇化很简单，农村人口进入城市，一定是一个低素质、低端就业、低收入人口进入的过程，恰恰和现在城市管理者的城市发展理念产生了冲突。这些城市管理者的理念和城市户籍人口的利益，结合在一起，使得我们的城镇化政策成了空中楼阁，无法在现实中操作。

在长久以来限制人口自由迁徙的制度作用下，我国土地城镇化增长速度明显快于人口城镇化增长速度。2亿农民工和7000万流动人口虽然在计算城镇化率时被统计进去，但他们在城市还没有享受到与城镇居民同等的公共福利。有些学者认为，这部分人口只能算半城市化的人口。如果依旧忽视农民进城这一核心问题，浮光掠影地走过去以建设为目标的城镇化道路，很可能导致又一轮投资热，而没带来人口转移的实际效益，刺激内需的目标也很难实现。

《三联生活周刊》：这一城乡二元利益结构是如何形成的？

李铁：国际上的城市化进程，是农村人口自由向城市迁徙的过程。西方国家的经验，是把城市化进程中可能产生的社会矛盾，放到城市里来解决。而中国在实行城乡二元的户籍管理体制以来，习惯于把矛盾分散到农村去解决。这种城乡二元分割体制已经固化了城乡现有的各种体制关系，也成为未来推进城镇化的体制障碍。

20 世纪 50 年代末开始实行的户籍制度，客观上让中国走上一条限制城镇化发展的道路。户籍制度的初衷是把农村人口强制地束缚在土地上、低价提供农产品，以维持城市居民的低工资，确保国家通过获取剩余价值来完成工业化积累。但上世纪 80 年代农村改革并没有及时松绑，当时主要担心的还是农产品供给不足。在城市经济管理体制改革之后，工业的生产力得到释放而形成大量的财政剩余，转而更多地解决了城市公共服务水平的改善，进而拉大了城乡基础设施和公共服务的差距。户籍管理制度改革的滞后，固化了城乡社会群体的福利关系，利益结构的反差使得放开户籍管理体制的难度加大了。

中国城镇化进程的另一个独特性在于土地制度。土地制度包含两方面，一是城镇土地国有和农村集体土地公有，意味着土地所有权的不可分割性，限制了要素的市场化流动。二是农村集体土地必须通过政府低价征收为国有才可以进入城镇的开发，意味着中国的城镇化进程是以牺牲农村集体土地所有权益为代价的。大量的土地收入转为城市基础设施投入后，拉大了城乡居民二次收入分配的差距，进一步固化了城乡居民分割的公共福利关系。而当城市由于过量的土地收益短期投入为城市基础设施建设时，城市的门槛也相应提高，城市的高公共服务水平已经不可能或者说不愿意接受低收入、低素质的农民工进入城市定居。

举一个简单的例子，电梯一定是高层建筑的公共服务工具，理论上应该是对所有人开放的。但从心理学的角度分析，上了电梯的人一定不希望更多的人进入电梯。因为一是会增加空间的拥挤度；二是会增加楼层的停靠次数；三是会影响电梯内的空气质量，等等。对于城镇化问题的理解也是如此。

目前城镇化政策想要松绑，面临在一个既定的利益框架中如何重新决策的问题。2 亿农民工和 7000 万流动人口能否成为决策的出发点，将会决定新型城镇化是否成为一种制度性的变革。

二、农民进城：并非成本问题

《三联生活周刊》：我们注意到，2012 年由发改委牵头的国家城镇化专题调研组开展了对浙江、广东、江西和贵州等 8 个有代表性省份的调研，各地对户籍改革不积极，理由是农民工市民化的成本过大。成本是户籍改革最大的障碍吗？

李铁：我觉得很多情况下是在夸大农民工市民化的财政压力，所谓成本是个伪问题。现在有的城市是以最好的公共服务标准来测算农民工转化为市民的成本，以这个为借口来排斥农民工进城。

农民工市民化的成本分几部分，我们分项来看。第一是就业，就业限制确实存在。第二是子女教育。比较突出的问题在于，把公共教育水平作为一个门槛，以此来排斥外来人口，所以北京出现了强制关停外来人口学校。其实我们应该允许差别化的教育体制，要允许民办教育的存在。比如，广东东莞 70% 以上是民办教育，还可以通过转移支付为发达地区农民工输入地提供教育补助。第三是高考，直接涉及本地人口和外来人口在利益上的不平衡，利益硬碰硬是改革的难点。第四是社保，我们所说的公共福利有一大块涉及社保，就是养老保险、失业保险、工伤保险、生育保险、医疗保险。现在全国平均的社保缴纳率水平很低，19% ~ 20%。为什么？社保分两部分缴纳，企业不愿意交，那么个人也不交，这就直接影响到城市对农民工的公共服务能力。主要原因是很多城市为了吸引企业投资，并不强制企业为农民工缴纳社保。其实在我们的研究中，对城市最大的利好还是社保。因为我们 60% 以上的农民工年龄是 16 ~ 45 岁，社保的支付期在 25 年、30 年以后，他们现在缴纳社保等于解决了城镇居民社保缴纳的空当。有的地方核算农民工市民化的成本甚至高达几十万，为什么那么高？他们核算的最大成本是社保，但其实社保不是让政府交的，是让农民工和企业来交的。第五是保障房，这是各地把转移成本算得很高的原因。但这也是个伪问题，因为我认为不该在这个发展阶段把全民保障房纳入政府的支出范畴，保障房不该把全部农民工纳入进去，可以通过租房解决。第六是基础设施，公共交通等设施已经在充分利用了，并不需要专门为外来人口投入建设基础设施。

《三联生活周刊》：面对以上这些附加在户籍制度上的各种公共服务和财产关系，打破户籍坚冰的突破口在哪里？

李铁：以2亿农民工和7000万流动人口为出发点，一次性解决他们的所有问题当然是不可能的，但是可以由阻力较小的改革开始，分步骤推进。举例来说，我们可以首先解决那20%已经举家搬迁的农民工的户籍问题，这部分大约有4000万人口。他们已经在城市里稳定就业十几年了，对他们放开落户限制，对城市不会产生任何冲击。而且这样才能释放一个信号：只要在城镇就业，就能有一个长期的预期，这才能把他们的消费彻底转到城市来，才能真正实现拉动内需的目标。更长期的措施，要通过公共服务的完善，逐步实现和城市居民公共服务的均等化。实现了均等化，户籍改革的难度就不存在了。

再如，特大城市周边的中小城市和建制镇还有较大的吸纳能力。举例来说，北京市有2100万人口，其中有一部分人生活在周边的市辖区和建制镇内。如何通过市场化的方式，给予这些实际作为独立城市的市辖区和建制镇更多的发展权，并通过轨道交通把这些城市与北京的主城区连接起来，应该从规划上予以统筹。这种方式应该是高等级城市户籍改革的方向，而不能以主城区压力过大为借口，排斥整个行政区的外来人口。

三、摆脱对"土地财政"的路径依赖

《三联生活周刊》：这一次的中央经济工作会议提出"有质量的城镇化"。人口城镇化之外，此前的土地城镇化模式似乎更值得反思。

李铁：从数量型扩张转向质量型增长，土地的问题比较严重。第一是政府的短期行为。由于钱拿得太容易，地拿得太容易，每届政府都有充足的资金进行城市建设，就加大了政府决策者的主观意志行为，想怎么干就怎么干。一方面我们城市化发展过程中充斥着大量短期行为，城市建设的成本大幅度增加；另一方面城市长期发展的基础设施供给严重不足，比如防灾减灾体系、交通环境治理。

第二是土地的粗放型利用。各种大马路、大公园，大广场，在很多城市是不必要的。我们最近做了一个调查，中国城镇人均占有面积从 130 平方米到 155 平方米，城市粗放发展的状态还在蔓延。现在一种独特的发展模式，是政府要招商引资发展工业，而随之而来的基础设施投资，则通过开发商来解决，开发商就得新增占地来弥补工业用地的支出。结果摊子越来越大，于是继续占地，继续解决，就形成债务无限制的蔓延方式。各种金融解套、贷款、债券……华山一条路，还是土地。所以当中央一旦出台限制土地开发的时候，各地的债务就越来越突出，这是一个恶性循环。

第三是城市越来越不节能、越来越不环保、越来越不绿色。很多人对绿色的理解就是生态、农业、公园、广场，这是视觉的绿色；而国际上对节能城市的理解是人口密度，人口密度提高的时候，单位资源利用率就大幅度提升。

第四是制约了服务业的发展。一方面，基础设施空间面积过大，单位容积率低，提高了服务业的成本，降低了服务业的规模效益。另一方面，从形象工程的角度，反对各类与所谓城市景观不协调的便民服务业的进入，也是等于排斥了最具有就业吸纳潜力的满足大众基本需求的服务业的发展，同时也抬高了城市的门槛，限制了外来人口的进入。

《三联生活周刊》：关于土地制度的诸多矛盾中，下一步改革可能的着力点在哪里？

李铁：一是解决征地矛盾。这其中涉及征地补偿的问题，以什么方式解决征地补偿？是提高补偿标准还是解决同权问题，使集体土地和国有土地能够平等地参与开发？还有所有权的认定，也就是确权问题。最终还是要实现土地同权，只有通过同权，才能遏制地方政府对土地的乱占，让农村集体土地参与开发，但这将损失开发商的利益，加大开发商的谈判成本，所以提高补偿是一个过渡性措施。

二是耕地保护。城市发展不能以牺牲耕地为代价，这又涉及，第一，如何保护耕地？保护农业和整个城市开发的关系是什么？第二，我们现在的城镇建设用地是粗放型利用，土地利用效率比较低，这个问题通过什么方式解决？

此外，现在更多地关注土地增值收益的再分配，讨论这个收益到底给开发商、给政府，还是给农民；是给近郊区的农民，还是远郊区的农民？

中国的土地制度改革不是在一张白纸上画画。从上世纪 50 年代以来或者上世纪 80 年代以来，几十年的发展过程，土地增值收益已经转化为工业的投入、转化为基础设施投入，转化为城市居民的一种公共福利，形成了固定的利益关系。从某种程度上说，城镇居民是主要的受益方。当改革土地增值收益分配的利益关系时，势必要影响到城市公共投入的资金来源，涉及调整城乡居民群体在利益分配上的格局。

因此，从利益群体之间的博弈来看，破解土地制度改革的难题，就要从两个方面来考虑问题：一是要逐步提高对农村和农民的补偿标准；二是要把来自城市的阻力减轻，城里的压力大幅度减轻的话，农村土地的放开是迟早的问题。

《三联生活周刊》：如何减轻来自城市的阻力？

李铁：对城市来讲，土地是城市基础设施建设、城市运转的资金来源。一方面城镇的发展过于依赖于土地出让金，导致城镇特别是高等级城市摊大饼式地扩张，土地粗放型使用，使得基础设施供给的压力加大，城市的债务不断攀升。城市内的基础设施运营和管理体制无法及时调整所有制结构和提高管理效率，城市的有偿性基础设施经营价格满足于市民的福利，不敢按照市场化的规则提价，致使贷款、发行债券和各种金融手段的还款，无法通过价格调节，不得不依赖于新的土地出让金。另一方面，农民对于低价征地的补偿行为日益不满，土地出让的补偿条件不断攀升，城市开发的成本在日益加大。土地出让——城市扩张——基础设施供给不足——继续出让土地的恶性循环模式，已经使得城市的经营压力加大。而政府换届的政绩需求，居民对改善公共服务条件的刚性要求，还是要求政府不得不延续原来的制度轨迹运行。征收房产税是长期问题，而且收入水平不高，弥补不了短期内城市居民需求攀升的压力。如果一下子把土地补偿金断掉，这种伤筋动骨的改革得不到地方城市政府的支持。

现在主张发地方债、主张贷款、主张开辟多种融资渠道，也是解决不了问题的。因为几乎所有债务都是以土地的预期收益作为还款条件，地方政府还得去卖土地，这就是制度惯性。只有解决地方政府还款预期到底来自哪里的问题，对土地的依赖才会下降。

《三联生活周刊》：也就是说，只有改变城市的融资模式，才有可能摆脱对土地财政的路径依赖？

李铁：对。不能仅仅从土地本身看问题，还需要税收体制、城市融资体制、基础设施运营体制改革同步进行，才有可能彻底解决地方政府对土地出让金的依赖问题。

国际上所有国家对城市融资还款的来源只有两个：一个是公共基础设施的使用价格，比如水价、污水处理价、电价、地铁票价，等等。而我们国家这些全靠补贴来实现，收费价格无法市场化，达不到还款的效果。二是靠不动产税收来还款。现在我们没有不动产税，只有短期的土地出让金。通过所谓的土地出让收入来维持一个低价格的运转，这种架构导致地方政府对城镇低价获得土地的预期越来越顽固，越来越不愿意改革，一旦改革就会导致城镇居民公共服务的下降。

如果我们把城市运营机制从补贴转化为收费，从国有低效率的管理转化为市场化的管理，从自有资金的维持转化为大量民间资金可以购买、参股、转让等方式来运营，一定可以节省很大一笔资金，还可以提高效率。所以不仅仅是一个土地改不改的问题，而是你敢不敢打破国有垄断、地区封闭的界限，敢不敢动城镇居民利益的蛋糕，提高公交价格、地铁价格、水价、电价。

再就是改变税制结构，增加不动产税，把政府的行为从短期变为长期，提高土地利用效率。当政府对土地的依赖逐渐降低的时候，土地制度的改革压力就会减少，改革也就会水到渠成。如果这些都不动，一下子把城市的土地财政"断奶断粮"，那将面临更大的压力。

(2013 年 2 月)

从广州农民工的管理看城镇化进程中
的公共服务

到 2006 年为止，我国农民工的数量已经达到了 1.5 亿。农民工已经成为我国产业工人的重要组成部分，在城镇化进程和城镇建设中发挥了极其重要的作用。但是，长期以来关于农民工的认识，仍是停留在保持收入增长或促进就业上。而实际上，农民工问题已经触及了我国城镇化发展战略的核心内容。农民工问题，已经成为城镇规划和管理中，不可回避的重要的公共服务范畴。最近，我们在广州进行调研时，深有感触。

一、广州市农民工管理工作的现状

综合各部门数据，2006 年，广州市共有人口 1159.7 万人，其中以农民工为主体的流动人口 399 万人，占 34.4%[①]。流动人口的 30% 来自本省，70% 来自外省。男性占 55%，女性占 45%。从事工业的占 66%，从事农业的占 2%，从事服务业的占 19%，其他占 13%。另据番禺区对本区 75.7 万农民工的专门统计，29 岁以下的占 55.9%，30 ~ 49 岁的占 36.3%，50 岁以上的占 7.8%。随行的儿童占农民工总数的 8.1%。本地就业 1 年以内的占 41.5%，1 ~ 2 年的占 31.7%，2 年以上的占 26.8%。

本文执笔人：李铁、何于鹏。

① 按照统计公报公布的常住人口 975.5 万人，其中户籍人口 760.7 万人。将户籍人口加上流动人口，得出全市人口总量为 1159.7 万人。根据番禺区的统计，农民工在流动人口中的比例为 86.7%。全市农民工的比例可能略低。"五普"数据显示，农民工在流动人口中的比例为 74%。

1. 以出租屋为重点的对农民工的治安管理

目前，在广州，对于农民工的管理，仍是以治安为主，把农民工作为防范和打击犯罪的重要管理群体。管理的重点是出租屋。全市的100多万套出租屋中，有80%是由居民或农民提供的，20%是由企业或社区提供的。平均计算，每个农民工的居住面积在15平方米左右。以番禺区为例，围院小区式出租屋租金一般是300～350元/月（30～50平方米）；本地居民改造的散居公寓式套间租金一般是150～250元/月（20～30平方米）；企业员工宿舍租金一般是50～100元/月（20平方米住4人）。租金在农民工平均月工资的3%～25%之间，还是可以承受的。据统计，广州市80%以上的流动人口以出租屋为居住地，全市目前有29.35万栋、103.13万套、5968万平方米的出租屋。而80%以上的刑事案件、80%以上的制假贩假活动和90%以上的无照生产活动，都是以出租屋为落脚点的。2003年后，广州市建立健全了市、区（县级市）、街（镇）和社区（村）"两级政府、三级管理、四级网络"的出租屋管理体系，将全市出租屋和流动人口全部纳入档案管理和定期检查。以处于城乡结合部的白云区同和街为例，刑事案件从2001年时5万人998宗下降到2006年时10万人580宗，发案率控制在国家规定的安全标准0.7%以下，成为广州市的模范街区之一。

2. 加强农民工集中居住区的房屋安全管理

由于在地方政府管理责任中，安全问题已经成为考核的重要指标。所以，从2003年起，广州市用了3年时间，以整改消防和结构安全隐患、理顺产权关系为重点，对不合出租条件的出租屋进行整改。共整治消防和结构安全隐患58万处，拆除防盗网287万平方米，开防盗网逃生口31万个，改造危险出租屋1993栋，拆除违法建筑5385栋。以番禺区为例，他们把"五房"（窝房、板房、自改房、危房、传销房）作为结构安全整治的重点。在消防安全上，提出了"线入槽、插有座、灯贴墙、屋有器、网有口、道要通、煮睡分"的21字整治标准。整治后实行出租屋门牌管理，合格的挂门牌，不合格的摘门牌。近年来再未发生过消防安全致死事件。

3. 计划生育已经把农民工纳入管理范畴

近年来，由于中央国务院出台的一系列文件中，强调了计划生育要加强农民工输入地的管理。从 2005 年起，广州市流动人口的出生数量超过了户籍人口的出生数量。2006 年，广州市流动人口中已婚育龄妇女数量达 124 万人，占流动人口总量的 31.1%。生育数量 7.98 万人，超过户籍人口 6.64 万人生育数量 20.2%。对外来人口的计划生育管理已成为一项重要的日常工作。目前，广州市流动人口育龄妇女可以享受同等待遇的计划生育服务。一是育龄人群可到任何一间计划生育服务室免费领取避孕药具；二是育龄妇女可以免费落实各种避孕节育和意外怀孕的补救措施；三是免费查环查孕；四是各种宣传服务；五是部分地方还实行了专车接送、术后随访、手术补助等。2006 年，全市在流动人口计划生育上的投入达 5500 万元。番禺区投入 440 万元，其中 380 万元为手术费，60 万元为宣传费。全区孕产妇死亡 6 例，死亡率 8/10 万。

4. 已经形成了对农民工子女的多元化教育投入机制

虽然广州市也按照国务院有关精神，要求公立学校接纳农民工子女入学。但是，由于已投入使用的公立学校资源有限，学校基础设施标准过高，尚无法满足日益增长的农民工子女入学的需要。2006 年，在广州中小学校就读的义务教育阶段流动儿童数量 38.15 万人，占流动人口数量的 9.6%。其中在公办学校就读的 14 万人，占 36.7%，其他则在民办学校就读。2006 年，市财政又拨款 1250 万元，专门用于改善农民工子女学校的办学条件。尽管全市进入公办学校的农民工子女还是少数，但在部分地区如番禺，农民工子女义务教育实现了以公办中小学接收为主。2006 年，在番禺区就读的农民工子女 4.7 万人，占全区学生总数的近1/3，其中 2.8 万在公办学校就读，约占流动儿童的 60%。政府仍然是本着安全的原则，定期对民办学校的消防设施、食堂卫生和校车管理等进行专项检查，规范民办学校的办学行为。政府尚未有充足的资金支持民办学校的教育设施的改善。

5. 对农民工进城就业的限制进一步放开，农民工的社保也逐步纳入政府的管理

2003 年国办 1 号文件下发后，广州市放开了用人单位的农民工数量和工种限制。目前，市属正规企业正式登记的农民工数量为 130 万人，约占外来人口数量的 1/3。加入社会养老、工伤和失业保险的分别为 90 万人，加入医疗保险的为 70 万人。尽管部分农民工纳入了政府就业和社会保障管理的范围，但 2/3 的外来人口依然在政府管理系统之外。

6. 各级政府开始关注农民工的业余生活问题

在注重改善就业环境的同时，广州市近年来也开始关注农民工的业余生活。以街（镇）、社区（村）为主，各个地方都在尝试多种多样的方式，改善农民工的生活条件。番禺区石碁镇、大岗镇，已连续 10 多年举办农民工卡拉 OK 大赛。近年来每周末和黄金周期间都在镇中心广场为农民工免费放映电影，流动电影队不定期下村，过节时还请农民工主要来源地的家乡领导与他们共同庆祝。白云区同和街在农民工聚居的地方，像城市小区一样建立了体育健身广场。

7. 建立了统一的流动人口信息管理平台

从 2005 年起，广州市按照"统一开发、统一标准、联合共建、数据共享"的要求，在整合 IC 卡暂住证信息系统和出租屋调查信息系统的基础上，开发出内容丰富、兼容性和操作性强的流动人口信息系统；系统涉及公安、消防、房管、税务、劳动、计生、工商、质监、卫生、教育、安全生产等多个部门，便于对流动人口实行长期动态管理。如果能逐步完善推广，对跨区人口实现按身份信息识别的管理和服务，将起到重要作用。

二、对农民工管理和服务中存在的问题

根据广州的情况看，对于农民工仍然是停留在以管理为主的层面上，距离政府的公共服务的要求还有较大的差距。

1. 管理的强度还远大于服务的强度

目前对农民工管理力度的加强，主要取决于安全和计划生育这两项"一票否决"。因此政府在这两个方面下的工夫最大。从安全上看，无论是治安还是消防，政府的人力和物力基本都是投入在管理方面。在广州，这一职能虽然放在综合管理办公室，但基本上都是政法负责人牵头。到了基层看到的大量协管员队伍，主要工作是登记和收取相应的费用。开展多方面的服务工作基本上还没有列入日程。计划生育则是确保服务上门，也是以防范为主。教育和劳动就业服务虽然在一定程度上纳入了管理范围，但农民工子女在公办学校就读只能在有学位的情况下才被考虑接纳，且要交一定费用的借读费。纳入正式就业登记和社会保障的农民工尚不及流动人口的 1/3 和 1/5，就业培训也是在优先培训户籍人口的情况下向农民工适当倾斜。民政、卫生的服务还基本上达不到农民工。

2. 政府基本没有把农民工的服务列入预算范畴，许多支出来源于收费

尽管预算中有了农民工专项经费，但基本多属"一事一议"项目，没有纳入日常预算，且开支远不能满足管理服务的需要。如番禺区有 89 万农民工，政府每年用于他们的财政支出仅 6000 多万元，基本上用于协防队伍的管理。而收取的费用则来自于暂住证的工本费（5 元/人）、治安联防费（30 元/年、人）和从企业收取的流动人员调配费（9 元/月、人），加上另外对出租屋征收的综合地方税（2006 年 2700 多万）。在白云区为例，仅出租屋管理一项，每年开支就需 9800 万元，而靠出租屋税费返还的经费只有 3000 多万元，缺口有 6000 多万元。仍是靠街（镇）、社区（村）自己消化。

3. 公共服务和管理机构设置远不能适应庞大的农民工人口的需要

以治安为例，警力是按户籍人口配备的，但安全责任却是对常住人口的。以白云区为例，2000 多警力是按 76 万户籍人口配备的。但该区常住人口为 200 多万，不得不配备 2000 多人的出租屋管理人员和 7000 多治安协管员。在番禺区的石碁镇，本镇人口 9.6 万人，外来人口 29 万人，而正式警务人员配备仅 76 人。不得不配备辅助警察 320 人、村一级联防

队员 700 人和企业的所谓治安人员 1000 多人。由于警力的严重不足和公共服务的缺位，在番禺区黑社会开始渗透到农民工队伍中去，在同籍人口中收取保护费。治安案件发生率严重，仅石碁镇 2005 年一年发生命案 18 起，2006 年下降到 15 起。从另一个角度看，服务机构的缺位更是严重，街道办事处只是针对户籍人口。农民工只能通过自我管理或者企业管理为主。正是由于服务机构没有适时建立，导致了农民工群体中自发组织逐渐向黑社会演变。

4. 城市规划中忽略了流动人口的存在

虽然在调查中，了解到地方政府对农民工给予了一定的重视，但是在城乡经济社会发展规划和空间规划中，只是在城镇化和用地指标中考虑到农民工流动人口的存在，其他方面很少能体现出对农民工特殊的关注。在广州甚至广东省普遍出现的"出租屋"现象，折射了这方面的问题。当政府的措施和手段缺位时，市场会起到及时的补充作用。因此，可以到处看见，在农村的宅基地上盖满了出租屋。虽然这种出租屋在形象上和迅速发展的城市景观形成了鲜明的反差，而且各种公共配套设施极不健全，违反了所谓城市规划的基本原则，但是，毕竟是解决了大量农民工居住和生活的现实问题。然而，这种状况在未得到政府的规划认可的前提下，对于日益增长的对出租屋的需求，直接引发了对建设用地供应指标不足的不满。我们在所到之处，地方政府的负责人直接的抱怨就是没有可供农民工居住用房的土地指标。

三、值得深思的几个问题

在广州调研的过程中，我们也了解到地方政府对于农民工不可谓不重视。也要求有关部门提出政策建议，着手解决由农民工过多引发的一系列社会治安、安全、居住混乱的问题，等等。但是，到目前为止，仍然把解决问题的中心放在了管理方面。而如何贯彻"以人为本"的科学发展观，换一个思路和角度来解决农民工问题，可能还需要观念上有较大幅度的转变。

1. 部分农民工在就业地定居的趋势不可逆转

据调查，农民工中至少 30% 已经基本在就业地安家。如番禺的石碁镇，2006 一年仅农民工出生的婴儿就达 5600 多名。我们在出租屋里问询双职工农民工，他们的子女都在这里的民办学校上学，有的已经在本地好多年了，他们表示不可能回到原籍农村生活了。从他们的居住状况看，不到十几米的出租屋，卫生间和厨房虽然面积狭小，但各种线路管道俱全，足可以满足他们的基本生活，租金也足够便宜。实际上在北京郊区，同样价格的出租屋，条件比起来要差很多。如果比起六七十年代甚至到八十年代的北京市公务员居住的"筒子楼"，条件也是好了许多。

2. 农民工已经为城市的发展和建设做出了巨大的贡献，他们理应得到政府的公共服务

据番禺区介绍，2006 年政府的实际支配财力，可达 60 亿元。当年的 GDP 已经达到了 606 亿元。区镇两级政府在谈到农民工问题时，都一致地认为农民工作出了巨大的贡献。但是从政府在农民工方面的支出和实际收益对比，可以看出，还没有更多实际的作为。我们在和地方政府座谈时，提出是否可以逐步地增加政府对农民工服务的开支等问题，哪怕是分期分批解决。相比之下，这些年，政府在城市建设和各种形象工程、办公工程等方面花费了大量的投入，是不是可以调整一下支出结构，真正地实现以人为本，把支出有限地向农民工倾斜一下，改善他们的生活和居住条件，解决他们生活和就业中遇到的难题。这些问题的提出，地方政府的官员至少认为在理论上是成立的。

3. 对农民工的管理应该寓于服务之中

近些年，广州的治安问题比较突出，犯罪率的 80% 是来自于以农民工为主体的流动人口，当然犯罪的受害者也主要是农民工群体。从过去的经验看，加强管理，从严治理，是一个十分有效的手段。可是换一个角度出发，造成这些问题的主要原因是不是也和政府的服务缺位有直接的关系呢？在番禺区，农民工的人数和本地人数相等；在广州，农民工的人数占 1/3。如果政府服务没有进入，各种其他的自发性组织的进入就

会蔓延。从黑社会现象的出现和治安情况的恶化，可以看出这一方面的端倪。至少，当前从城乡统筹的立场出发，政府应该把农民工纳入自己的公共服务范畴，主动服务优于被动管理，可能通过服务来改善整体的治安环境并能够得到广大农民工和当地居民的认同和支持。

4. 应站在城镇化的高度来认识农民工问题

我国城镇化进程的重要主体应该是现在流动就业的农民工。因为他们长期在城镇就业，其中一大部分已经在城镇定居，只是还没有享受到和城镇居民同等的公共服务水平。许多人把农民工的问题归咎于户籍制度改革的滞后，实际上，只要公共服务水平的差距在缩小以至于一致，户籍改革的障碍也就自动消除了。也就说在公共服务对于农民工和城镇居民达到同等的水平时，我国的城镇化水平还有较大的上升余地。而且，党中央提出的"以人为本"的科学发展观，才能够真正地站在城乡统筹的立场上得到落实，和谐社会才能够真正在城镇各个不同社会群体之间得到实现。

四、建议采取的政策措施

城镇政府应把农民工的管理和服务列入城镇的规划和预算范畴，集中解决有关机构建设和服务人员的经费开支，改善农民工居住区的基础设施条件，补助民办教育机构的办学条件和教师开支，建立相应的医疗站点、机构和卫生防疫体系等。把农民工纳入城镇的全部统计指标范畴，改革现行的部分统计指标只是以户籍人口为依据的统计方式。

应根据农民工的人数增加管理和服务机构设置。应在农民工集中居住区域建立街道办事处，设置公安、交通、消防等机构和人员编制，应把农民工的人口考虑在内。应在城镇管理和服务机构内，招聘一定数量的农民工参与管理和服务，以利于减少地域之间人口因乡土人情不同造成理解和沟通上的差异。应把农民工的信息管理统一编入城镇人口的信息网络。各级政府的农民工管理和服务机构，应从政法系统中脱离出来，最好以综合经济社会管理部门牵头，从规划管理和服务入手，综合解决有关管理和服务的问题。

　　允许在公共服务逐步完善的过程中，多元化的投资主体进入到部分公共服务领域。应继续允许民办机构投资建立对农民工子女的幼儿和中小学教育设施。支持各类机构建立对农民工的职业培训。城镇政府应允许农村集体经济组织或者企业建立适合农民工居住的出租房，并在建设用地上给予支持。应支持各类投资主体参与农民工集中居住区的非公益性的基础设施改造。

　　发展改革部门应主动参与对农民工的管理和服务工作。要开阔视野，把对农民工的管理和服务从治安、社保和就业的范围扩展开来，开展全方位的对农民工的服务。各级发展改革部门要积极协调，及早规划，统筹安排，把对农民工的完善管理和服务，提高到以人为本，建立和谐社会，落实科学发展观的高度，从城乡统筹和推进城镇化发展战略出发，把城镇的管理和服务工作逐步地延伸到农村、农民和农民工之中。

　　　　　　　　　　　　　　　　　　　　　　　（2007 年 4 月）

解决农民工融入，关键要下决心进行改革

一、农民工市民化的重点是要明确未来需要出台哪些政策、优先解决哪部分人进入城镇的问题

2011 年底我国户籍人口城镇化率 34.1%，与统计上的人口城镇化率有 16% 的差距，所以这是一个不完整的城镇化过程，人口流动性和公共服务差距加大带来的重大经济和社会隐患仍未从根本上得到解决。这其中，有两大类人群需要重点关注：一是 2 亿农民工，他们在城市里就业和生活，但享受不到与本地居民同等教育、医疗、社会保障等公共服务。二是城市间流动人口，他们有城镇户口，大多是大学毕业生或是各类有一定就业能力的年轻人。他们在农村没有土地、没有财产，仅以在城市打工为生，是真正的无产者。但他们有文化，有网络话语权，解决他们的户籍问题对于拉动消费和促进社会和谐具有重大意义。

二、城镇化问题已经不是简单的城乡关系问题

21 世纪以来，公共服务不断地被行政区域封闭化了。不同的省区、直辖市甚至不同的县都是不同的行政区，每个行政区的发展水平和公共服务水平都不一样且是对外封闭的。比如，北京是直辖市，管理了 2000 多万人，其中约 1300 万的城市户籍和农村户籍居民，他们所享受到的公

本文是作者在 2012 年 3 月"中国城镇化高层国际论坛"上的发言。

共服务与所有外来人口有着明显差别。过去讨论的城乡二元结构，也即农村户口和非城镇户口的关系，实质上到现在已经演变为外来人口和本区域人口的关系。因为本地农村有很多福利政策，加上本地农民对土地升值的预期，很多城镇辖区内的农民并不愿意转为城镇居民。比如江阴县华西村，本区核心区福利超过了很多城市普通的居民，这些农民享受很多农村带来的好处，并不愿意转化户籍。因此，户籍制度改革里，最重要的是不同行政区域对本区内外来人口的限制，原来简单的二元化城市关系现在已经演变成多元化被行政区域分割的公共服务体制。

三、关键是要下定决心改革

2001 年国务院颁发的 23 号文已经要求放开县级以下的落户限制，2012 年初国务院文件又放开了地级市以下农村人口迁徙的限制，但很难落实。因为这涉及对现有利益分配格局的调整，其中既有财政能力分摊的问题，也有社会群体心理的问题，还有中央地方财政关系和城市行政管理体制的一系列问题，我们必须下决心从户籍管理制度、城市行政管理体制、财税体制的改革上进行综合配套改革。现在不是能不能改革的事情，最重要的是有无决心改的问题，做的过程中当然会遇到各种各样的问题，但总能找到解决问题的方法，关键是要在适当条件下把这件事情做起来！

（2012 年 3 月）

浙江农民工市民化问题调研报告

2012 年 4 月 9～11 日，城镇化规划调研组赴浙江就农民工市民化问题进行了专题调研。调研组在杭州与上海、江苏、浙江和安徽四省市相关部门负责同志召开了座谈会，并实地走访了杭州经开区邻里社区、杭州市萧山区临浦镇、义乌市保税区、义乌市梦娜袜业等，听取了萧山区、义乌市和临浦镇对农民工市民化问题的工作汇报，并与社区工作者、企业负责人和农民工进行了访谈。浙江农民工市民化问题调研报告如下。

一、基本情况

长三角是我国农民工输入最为集中的地区，据第六次人口普查数据显示，上海、江苏和浙江三省市共吸纳外来人口 4498 万人，其中本省籍 1880 万人，外省籍 2618 万人。从三省市的农民工来看，农民工个体具有以下三个显著特点：一是以新生代为主体，年龄在 40 岁以下的超过 60%；二是文化程度相对较低，初中及以下文化程度的超过 70%；三是家庭式流动趋势开始呈现，上海以家庭为流动单位的比例已达 77.5%。

1. 农民工公共服务状况得以改善

主要包括以下四个方面：

一是保障农民工子女在流入地接受义务教育。较好地落实了中央提出以流入地政府，以公办学校"两为主"的要求。2011 年浙江省在公办学校就读的农民工子女占 74.2%，上海市在公办学校就读的比例

本文执笔人：李铁、范毅。

为 73.5%。

二是社保制度逐步完善，覆盖农民工的社会保险项目增多。在社会保险转移接续方面，省内基本实现了转移接续，但跨省转移接续由于缴纳费率等方面问题，还存在一些困难。上海市自 2011 年 7 月起，已经完全放开农民工参加城镇职工养老、医疗和工伤保险的限制，但是农民工仍然不能参加失业和生育保险，且覆盖率不高，上海 700 万持临时居住证的流动人口，参保率仅为 35.8%。

三是住房条件得以改善。浙江省采取多种形式解决农民工居住问题，截止 2010 年底，政府主导建设了农民工公寓 230 万平方米。对有条件的企业鼓励修建集体宿舍，比如，义乌市梦娜袜业建设了梦娜花园解决农民工居住问题。上海市自 2010 年起将农民工纳入公租房保障对象，2012 年起研究利用农村集体建设用地建设农民工宿舍等公租房的意见。但是目前廉租房、经适房等还不能对农民工开放。

四是公共卫生、就业服务等方面与当地居民差距已不大。比如，江苏省农民工子女享受国家免疫规划疫苗的免费接种率在 95% 以上，上海市自 2011 年起 12 大类 42 项基本公共卫生服务项目已经免费向农民工开放。在就业培训和劳动维权方面农民工和当地城镇居民差距已经较少，但再就业的扶持等方面还有差距。

2. 在农民工居住管理方面进行了探索

上海、浙江和江苏等地都实行了居住证管理办法，居住证主要具有以下两方面功能：一是将居住证与公共服务项目相挂钩，作为享受公共服务的依据。上海市居住证分为人才居住证、就业居住证和临时居住证，人才居住证除不能享受低保、经适房和父母投靠外，其他与户籍相同。持就业居住证，子女不能参加中高考，其他与人才居住证相同。临时居住证则比就业居住证少享受居转常和公租房政策。目前上海市共有 41 万人才居住证、7 万就业居住证和 700 万临时居住证。二是将居住证与在当地落户相挂钩，作为申请入户的渠道。上海市规定持居住证满 7 年，参加上海城镇社会保险满 7 年等 5 项条件，可以申请入户。另外上海市还研究对从事卫生清扫等艰苦行业的外来农民工落户的奖励政策。杭州市萧山区规定在萧山购买商品房（人均不少于 15 个平方米），可准予在购房所在地落户。

3. 落户门槛仍然较高

江苏省和浙江省义乌市都开展了户籍制度改革，设置的落户条件看起来并不高，但事实上并不低。以义乌市为例，义乌市规定的落户条件主要是在学历上要求高中以上，住房要在规划建设区内拥有人均 10 平方米以上的住房，仅这两项已将绝大多数农民工排除在外。在义乌市 151 万农民工中，高中以上文化程度的人口仅有 15.3 万。在住房方面，义乌市区房屋价格已达上万元，购房落户的成本达数十万。综合分析义乌市的落户条件并不低，自 2000 年以来，义乌市落户人口仅有 6000 人。

4. 农民工在不同地区的落户意愿不同

影响农民工选择何地落户的因素有很多，比如调研中了解到，江苏、浙江是我国教育水平较高的地区，高考分数一般要高于中西部的流出地，因此许多农民工并不愿将户口迁入江浙一带。而上海的高考录取率相对较高，公共服务水平也高，农民工对于落户上海的意愿要高于江浙。判断农民工的落户意愿需要综合考虑多方面因素。

二、难点和趋势

1. 地方政府的改革动力不足

在听取汇报中，几乎所有的农民工流入地政府都提出希望中央政府解决资金和用地指标问题，作为农民工市民化的先决条件。他们在汇报中谈到之所以不愿解决外来农民工的落户问题，认为外来人口创造的税收已通过增值税等方式被中央拿走大部分，仅浙江省 2011 年对中央财政的贡献达 3000 多亿。因此接纳农民工落户需要解决产业发展和安居的用地问题，并需要中央拿出一部分资金作为补偿。

2. 有限改善对农民工的服务已经成为现实

与放开户籍制度相比，地方政府改善农民工在流入地享受的公共服务与想方设法稳定在本地就业的农民工总量有关。对企业来说，稳定劳动力是提高企业发展竞争力的重要手段。许多企业已经在春节前后，为留住农民工组织了一系列活动。比如，义乌市一些企业老板每年在高速路迎送本企业的农民工，企业对农民工重视程度的提高也会影响到地方政府改善农民工的公共服务。未来随着我国产业向中西部转移趋势增强，东部地区外来农民工供给将进一步趋紧，也会促使东部地方政府主动改善对外来农民工公共服务条件。

3. 居住证制度成为农民工在流入地落户的新限制

随着居住证制度的实施，在上海和浙江，居住证作为农民工落户的一个前置条件，居住证已经成为了农民工落户新限制。以杭州市萧山区为例，取得居住证必须具备两个基本条件就是高中文化程度和缴纳 3 年社会养老保险，还要购买住房。据统计，70% 以上的农民工具有初中以下文化水平，如果再加上住房限制，够条件的就很少了。

4. 公共服务存在设置学历技能门槛的新倾向

由于居住证制度设立了学历和职业技能门槛，且将居住证与公共服务相挂钩，因此随着居住证制度的实施，就变相地为公共服务设置了学历技能门槛。比如上海市公租房仅向具有人才居住证和就业居住证的群体开放，而人才居住证的最低学历要求为专科，或者具备一定职业技能，职业技能的最低要求为高级技工。杭州市萧山区持居住证的人员比持临时居住证人员在职业技能培训、住房公积金提取、传染病检查治疗、子女就学等 9 个方面享受更多服务。

5. 中心城市和特大城市对农民工市民化的计算成本过高

浙江省提出，杭州市解决一个农民工的成本是 50 万元，然而在成本测算中存在两个需要深入讨论的问题：一是按照当前城市居民现有的福利标准测算农民工公共服务成本，比如浙江测算，平均每年每人政府的各类社会保险、就业服务等补贴达 6179 元；而上海市测算，社会保险人均成本为 1100 元/月。事实上，解决农民工公共服务并不一定完全按照与城镇居民同等标准来解决，要允许不同水平的存在。二是把基础设施投入成本包括在内。这其中既包括保障性住房建设成本，还包括城市基础设施投资成本。然而广大农民工已经在中心城市和特大城市就业和生活，基础设施投入成本不需要太多，而且这些成本可以分摊到多年完成。

三、几点思考和建议

1. 居住证、落户等申请条件要与学历脱钩，应以农民工在流入地就业时间为主

农民工从事就业门类很多，并不一定都需要学历。例如，经商办企业，包括一大批在城市从事小商小贩的人员，并没有高学历，但是已经成为城市商业活动的主力军。他们已经在城市生活十几年，甚至更长，已经成为实际的市民。对于这批人的落户，涉及人口多，启动消费意义大。从政策层面上和目标上考虑，应该取消居住证中对于学历要求的限制。

2. 要建立合理的农民工市民化成本分摊机制

各地认为中央财政拿走的太多，希望解决农民工市民化问题中央出大头。但实际上，农民工给各个城市带来的贡献也很大，解决农民工市民化问题，对于城市的发展和稳定利益有关。解决农民工市民化的成本，既要发挥中央政府的资金引领作用，更要求地方转变城市发展导向，把更多的资金投入到民生中，切实解决农民工的公共服务问题，同时也可以启动市场化投资，带动需求。

3. 要通过空间资源的合理配置，降低农民工市民化成本

地方计算的成本往往是以特大城市为依据，而实际上，周边中小城市和小城镇的农民工市民化成本要低得多。要形成合理布局，促进产业向大城市周边的中小城市和小城镇转移，降低农民工市民化成本，也可以避免人口过度向特大城市的集中。

4. 要统筹考虑流入地吸纳外来农民工的用地需求问题

针对调查中各级地方政府提出的要解决农民工市民化的用地指标问题。建议通过用地指标分流特大城市人口，鼓励大城市加快存量调整，提高土地利用效率。同时，向产业相对集中的中小城市和小城镇，提供用地指标，并要求与改善农民工公共服务和放宽落户限制作为条件。鼓励当地政府切实解决农民工市民化问题。

（2012 年 4 月）

广东农民工市民化问题调研报告

　　2012 年 4 月 12 日~14 日，国家城镇化规划调研组赴广东省就农民工市民化问题进行了专题调研。调研组在广州与广东、福建、广西和海南四省区发改委负责同志召开了座谈会，并深入到东莞市打工子弟学校、东莞市富山竹村农民出租屋、东莞市南城新莞人服务管理中心、广州市三元里街道社区、中船龙穴造船基地等地实地考察了农民工随迁子女教育、积分落户、居住情况等，听取了广州市、东莞市关于农民工市民化情况的工作汇报，并与政府相关部门负责人、社区工作者和农民工代表进行了座谈。广东省农民工市民化问题调研报告如下。

一、基本情况

1. 农民工的总体情况

　　广东省是我国最大的流动人口输入地，主要具有以下特点。一是规模总量大。2011 年，全省共有 2675 万以农民工为主体的异地务工人员，其中省外 1669 万，省内 1006 万。广州市共有 723 万在册外来人口，与户籍人口的比重已接近 1∶1。其中，东莞市的非户籍人口达 638 万，户籍和非户籍人口之比已达 1∶3.5。二是城镇间流动人口在外来人口中的比重较高，不可忽视。东莞市对企业员工的统计显示，外来务工人员中城镇户籍人口占 18.96%。广州市的外来人口中，拥有城镇户籍的占 19.47%。三是流动人口的年龄以 30 岁以下为主。2010 年，广东省外来

　　报告执笔人：李铁、范毅。

人口中 30 岁以下的占 72%，东莞市外来人口中 30 岁以下的占 55.5%。四是文化程度较低，以初中以下文化程度为主。东莞市外来人口中，初中及以下文化程度占 72.2%。广州市的这一比例为 61%，而广东省的则高达 74%。

2. 对农民工的管理和服务

为了管理庞大的外来农民工，珠三角地区实践了一系列城市管理方式的创新。比如，东莞市为了增强广大外来人口的归属感，将外来人口统称为"新莞人"，并在全国率先成立"新莞人服务管理局"作为流动人口服务管理专职行政机构，设立 32 个新莞人服务管理中心和 621 个服务站，形成新莞人服务管理网络。将对外来人口的社保、计生、维权、就业等公共服务整合到新莞人服务管理中心和服务站，并将居住证登记发放、积分入户申请受理等职能交由服务站办理。从 2009 年开始，新莞人服务管理局还开展了"优秀新莞人"评选活动，公开选拔新莞人担任机关公务员和事业单位职员，增强了新莞人的归属感。再比如，广州市三元里街道针对辖区内集中了上万名湖北洪湖市螺山镇务工人员的情况，与螺山镇党委采取"双向共管"模式成立了三元里街道湖北洪湖市荆楚印刷工党支部，目前在册党员 51 名，委员 5 名，有效维护了农民工权益，促进了社会和谐稳定。

3. 实行了外来人口积分落户政策

2010 年起，广东省实施积分入户政策，对外来人口落户城镇进行指标量化，当指标累积积分达到规定分值时，即可申请落户。指标的设置分为正向激励分和负向减扣分，正向激励主要包括个人素质、社保参保、参与社会服务、政府奖励等情况。负向减扣主要是违反政策和违法犯罪等情况。具体分值和指标由各地根据当地需求进行设置，省政府每年提出积分落户指标并分配给各地市。东莞规定申请落户积分门槛为 60 分，实际最低落户积分为 130 分，自实施以来成功实现积分落户 1.8 万人，约为东莞市外来人口总量的 1/300。从全省来看，共解决 29.4 万外来人口落户问题，大致为农民工总量的 1/100。

4. 社保服务开展优于全国其他地区

据当地汇报，2011 年广东农民工养老保险、医疗、失业、工伤和生育保险的参保率分别为 56.9%、65.6%、27.3%、71.3% 和 44%。东莞市 2011 年农民工的这五项参保率是 60.1%、67.7%、67.7%、68.4% 和 41.3%。而与全国相比，2010 年全国雇主或单位为农民工缴纳的养老保险、工伤保险、医疗保险、失业保险和生育保险的比例分别为 9.5%、24.1%、14.3%、4.9% 和 2.9%，可见广东省农民工的社保参保率明显高于全国平均水平。

5. 对外来人口公共服务资金投入较少

对外来人口的公共服务仅采取财政奖补政策，投入严重不足。比如东莞市目前全市共有 240 所民办中小学校，接纳了 40 多万农民工子女入学。每个学生每学期缴纳近 2000 元的学费，教师的待遇也和公办学校教师有较大差距。而东莞市 2011 年仅安排 1000 万财政资金用于对所有民办学校的补贴。在市财政之外，部分镇也对辖区的民办学校进行奖补，每年 100~200 万元不等。另一方面，对流动人口管理专项经费还依赖于针对流动人口的税费，比如广州市 2011 年共征收"两费一税"（使用流动人员调配费、治安联防费和出租屋综合税）14 亿元，"两费一税"的返还款用于各级流动人口管理机构的日常开支。上述税费基本上来源于流动人口，等于从流动人口自己缴纳的费用中解决对流动人口的管理问题。

二、思考和判断

1. 外来人口公共服务有所改善，但进展并不乐观

总体来看，一是公共服务覆盖比例低。从对外来人口的座谈看，一半以上外来人口最关注随迁子女教育问题，然而广东农民工随迁子女入读公办学校的比例仅为 52%，在东莞这一比例不到 23%。如果考虑到部分因学位问题、高考等问题返乡就读的农民工子女，不能在流入地享受教育权利的农民工子女比例会更高。二是外省户籍农民工和本地居民的公共服务差异较大。如表 1 所示，外来人口和本地居民在教育、就业、医疗、社保等方面还存在较大差异。

表1　　　　　　外来人口和本地居民享受公共服务对比情况表

公共服务项目		本地居民	外来人口
教育	义务教育	完全享受	部分享受，覆盖率较低
	高考	享受	不可享受
就业服务	公共就业服务	享受	部分享受
	职业技能培训补贴	享受	不可享受
	创业培训补贴	享受	不可享受
医疗卫生	基本公共卫生	享受	享受
	重大公共卫生	享受	不可享受
	城镇职工医疗保险	享受	部分享受
	城乡居民医疗保险	享受	不可享受
社会保障	城乡低保	享受	不可享受
	城镇职工养老保险	享受	部分享受
	城乡居民养老保险	享受	不可享受
	灵活就业人员社会保险	享受	不可享受
	工伤保险	享受	部分享受
	失业保险	享受	不可享受
保障住房	经适房、廉租房	享受	不可享受
	公租房	享受	少量享受

2. 地方积极性不高，对大规模改善公共服务缺乏充分思想准备

从调查汇报中看，市级以上地方政府对于外来人员的基本情况并不清楚，各级政府没有做好为外来人口提供公共服务的充分准备。一是缺乏准确的外来人口数据。比如，东莞市共提供了3组关于外来人口的数据资料，分别为非户籍人口、新莞人和企业员工，具体数据为638.5万、412.2万和339.12万。3组数据之间还有较大的差异，其中非户籍人口是2010年的人口普查数据。二是管理仍以治安和安全管理为主，管理机构仍隶属政法部门，其他经济和社会管理部门基本不参与对外来人口的管理和服务。

3. 落户仍然以限制为主

目前的户籍制度和居住证制度主要是为解决人才引进，广州2011年

解决第一批落户的外来人员数量仅为 4000 多人。落户的选择基本上以特别优秀的外来人员为主，如技术人才、一定学历和投资纳税达到一定标准。比如东莞市南城新莞人服务管理中心办理的入户人员中 80% 以上具备大专以上文化程度。而广东省通过积分入户者 73.7% 具有一定职称或者严苛的职业资格。按照李克强副总理提出的城镇化有利于扩大内需的要求，仅仅解决如此少的人口在城镇落户，与扩大内需目标相距甚远。

4. 市场力量对解决外来农民工公共服务方面发挥着重要作用

从东莞和广东的调研来看，市场力量对解决农民工随迁子女教育、居住等方面发挥了主体作用。东莞市不但有高达 77% 的农民工随迁子女在民办学校就读，而且还有 40% 的外来人口居住在农民出租屋，60% 居住在企业职工宿舍。而广东省 63.9% 的外来人口居住在出租屋中，广州市更是高达 70%。出租屋的租金从 150 元/月到 500 元/月不等。出租屋都是当地农民利用自己的宅基地所建，已经成为当地农民财产性收入的主要来源，但目前在制度上还没有给予认定。

5. 要充分认识农民工市民化的长期性和复杂性

在调查中我们感受到，地方政府在推动农民工基本公共服务均等化上并没有太多积极性。一是要动财政的蛋糕，阻力较大；二是目前热衷于城市中心区的建设和新区建设，对弱势群体关注度不够；三是涉及人员太多，农民工市化涉及处理外来人和当地人的利益关系纠葛，甚至还涉及未来选举人群的比重；四是多年来中央并没有明确的政策指向和要求，地方也没有改革的压力。因此，要解决农民工市民化和城镇化问题，还需要下更大的决心，并有更加长远打算。

三、相关政策建议

我们认为，推进农民工市民化要将长远的政策目标和当前可行的政策手段结合起来；要把扩大内需与实现经济稳定、社会和谐结合起来；要率先解决一部分农民工在流入地城镇安居落户；着力解决农民工普遍关注的公共服务问题，并着眼长远，深化改革，全方位地缩小外来农民工和城镇居民在公共服务上的差别。

1. 各级政府要把农民工的管理和服务经费列入日常财政预算，增加财政投入

中央政府要设立专项资金，用于支持和引导地方政府改善对农民工的公共服务。各地城镇政府应将农民工公共服务纳入政府日常管理范畴，相关经费支出必须要纳入地方政府日常财政预算。把地方城镇政府对农民工公共服务纳入政府政绩考核范畴，保障对农民工公共服务支出的逐年较大比例增加，切实解决农民工公共服务问题。

2. 完善社保制度，提高农民工社保参保率

尽快研究制定跨省社会保障关系的转移接续，加大对实行全国统筹的基础养老金制度的研究力度，尽快制定相关制度框架，实现全国统筹的基础养老金制度。探索推行异地医疗保险结算办法，中央政府要及时总结相关地方的探索，推广成功经验。消除农民工在流入地参加各项社会保险的制度障碍，允许农民工在流入地参加灵活就业人员社会保险、城镇社会养老保险、城镇社会医疗保险等。加强政府对企业缴纳社保问题监管，提高农民工参加各类社会保险的参保率，在这方面广东的经验可加以推广。

3. 切实保障农民工随迁子女教育权利

继续落实公办学校接收农民工随迁子女的政策。当务之急先解决民办子弟学校的农民工子弟学杂费补助问题。是否可以考虑中央和地方各出一部分费用，先期补助农民工子女学费支出，可以从补助一部分开始，经5年过渡到全部解决。逐步放宽民办学校的办学门槛。建立义务教育经费随人走的机制，增加对接受义务教育阶段学生的民办学校的扶持力度，补助民办教育机构的办学条件和教师开支。要增加对接受义务教育阶段学生的民办学校教育设施的补贴力度，逐步改善办学条件。尽快研究放开农民工子女在流入地参加高考的实施办法。

4. 加大改善农民工集居区基础设施条件

在农民工集居区，政府可以加大对上下水、供电、供气、供暖、道路、污水处理、垃圾处理、通信、网络等基础设施建设的投入力度，改善流动人口居住的基本条件。加大对农民工集居区文化、教育、医疗卫生等公共服务设施建设的投入。做好农民工集居区与主城区道路联络线建设。并把农民工集居区基础设施项目建设作为未来政府基础设施投资项目的切入点。可以考虑在发改委立项，专款解决对农民工集中居住区的基础设施改造项目，并由中央和地方各自分摊一部分支出。

（2012 年 4 月）

第四篇
思考、试点
与经验

关于城市发展和城镇化问题

　　城市发展和城镇化问题，现在越来越多地得到人们的关注。当然也不可避免地存在着许多争论。如果仅仅是作为理论探讨，并不可怕，因为停留在笔墨官司上，对于人们的生活没有太大的实际意义。可是当争论演变到政府决策的层面上时，将会影响到千家万户的生活。毕竟我们仅有的这些国民资源经不起错误决策的折腾，而这些都是广大人民群众和企业家呕心沥血所创造出来的公共资源和社会财富。

　　根据目前的情况，有必要了解一下城镇化发展的历史，了解发达国家经历的痛苦的城镇化发展进程。要把城镇化发展的背景放在东西方文明差异大前提下来认识，认清我国目前城镇化历史的演变及所存在的特殊的体制环境问题。

一、城市发展的渐进过程

　　世界历史上，早期城市的兴起是在古希腊罗马时期，商业移民在地中海周围建立了大批城邦国家，这批带有典型商业资本色彩的城市被后来中央集权的古罗马帝国彻底粉碎了。中世纪后期欧洲城市的兴起，是对封建领主和庄园的挑战，孕育了近代城市的雏形。城市的发展经历了土地兼并，大批农村人口失去土地而被迫流入城市，城市中出现了大量贫民窟、两极分化以及劳资对立。马克思、恩格斯正是从这些城市阶级分化过程中，创造了剩余价值理论，并预示资本主义必将灭亡。随着战争、市场扩张和资本的国际化，作为胜利者的欧洲城市，增加了就业，城市内部的劳资关系得到了缓和，新的资本收益的一部分转化为城市的公共剩余，用于城市公共设施的投入，缓解了城市内部的压力，城市发展逐步进入良性循环。漫长的几百年的城市发展史，形成了现代城市，人们似乎忘记了在西方发达国家的城市曾经经历过的痛苦过程。尽管如此，作为西方国家城市文明的典范，美国的城市，在 20 世纪初，婴儿死亡率仍高达 50%。21 世纪的今天，即使在经济最发达的美国的大城市，仍有贫民区的存在。

20 世纪 70 年代，拉美国家城市化的发展也没有摆脱渐进的轨迹。这些国家城市的发展，没有经历过中世纪后期和封建制抗衡的城市兴起的过程。由于经济的腾飞和城市发展的同步，人口向城市的自由迁徙受到法律的保护，特大城市的扩张，成为拉美国家城市化发展的典型特征。但是，城市人口的两极分化，大量城市失业人口和贫民窟的存在，以及由此伴生出的社会治安、环境污染和卫生问题等，依然困扰着中央政府和城市的管理者。

中国的城市过去也是遵循着渐进发展的轨道。二十世纪二三十年代上海闸北的棚户区，我们从照片看到的老北京，都经历过一个痛苦漫长的过程。新中国成立后，虽然我们实行计划经济和城乡分割的户籍管理制度，人为地限制人口向城市的流动，遏制了贫民窟现象的发生，但城市居民整体的贫困和生活水平的低下，依然表明了这一时期国民经济发展水平和城市发展的同步。即使我们现在看到中国沿海地区一些新兴的小城镇，在改革开放初期，也都相当程度地存在着城镇卫生的脏乱差、环境污染和社会治安问题。这些小城镇基础设施建设水平低，正是由于适应了经济发展初级阶段的要求，带动了各类生产要素的积聚和城镇规模的迅速崛起。

二、城市发展过程中的活力和竞争

城市是各类要素和社会群体在某一特定空间内的组合。城市形成的模式取决于区位条件，也取决于人口聚集的目标。古希腊、罗马的城市是商业人口的聚集，市场交易条件和交通条件决定了城市的开放特征。虽然有少量的城市用于军事目的，但并不具有普遍意义。城市之间是平等竞争的关系。雅典作为城邦的领袖，也是凭借着商业的地位、悠久的历史、城市的规模和精英的数量取得的优势，由各个城市推举选出。早期的罗马在具备了以上条件之后，还增加了军事势力，因为早期城市的发展在竞争中还要通过战争获得绝对的优势地位。直到罗马帝国的兴起，打破了传统的城市间竞争关系，集权体制下的城市发展，变成了帝国政府对于城市的掠夺，也注定了城市活力的逐步丧失。取而代之的是罗马一个城市的奢华和繁荣。

经历了黑暗时代、文艺复兴和宗教改革之后，欧洲中世纪末期兴起的城市是独立于封建制度之外的商业经济的产物。地中海贸易的恢复和逐步活跃，使得沿地中海北侧的意大利出现了新一轮的城市繁荣。这个时期的城市不受封建制度所约束，行会势力主宰了城市，任何一个农奴进入城市，都可以享受到自由民的身份。由于基督教和伊斯兰教的战争对峙状态，限制了城市发育的市场空间。为了维持城市内居民的低水平生存，行会限制每一个居民商品生产的数量。直到新大陆的发现，消费市场的扩大，触发了生产技术和新制度的革命，推动了城市化的加速。

资本主义、商人阶级和工业革命引发了社会制度的变化。本来就没有依附于封建制度的新兴城市成为资本主义革命的堡垒。商人、企业家作为城市社会的主宰者，按照古希腊、罗马的方式建立了城市的自治体制。这里，城市内部创造的公共积累和剩余必须服务于城市自身，中央政府不能运用行政权力任意剥夺城市所创造的财富。城市间的竞争是公平的，在制度环境相同的条件下，城市的发展和城市间的竞争主要取决于历史因素和区位条件。例如，在封建集权时代，国王通过强权税收，为自己领地的城市建设带来了特别的优势；或者一些城市依靠得天独厚的港口条件获得了发展的先机等。具备优越的自然和历史条件的城市，由于吸引了人力资源和资本的聚集，通过充足的公共剩余改善基础设施和城市居民的生活条件，进一步吸引资本和要素的聚集，开始了城市发展进程的良性循环。

三、中国城市的功能和特征

很多理论工作者在研究中国的城市问题时，常常以西方的城市发展过程作为借鉴。从表象上看，东西方城市存在着许多共性，如人口、规模、形态以及要素的构成等。但两类文明形态的根本差异对城市发展进程的影响是不同的，直接影响到城市的基本制度、竞争能力、资源的构成和要素的禀赋。

在世界历史上，中央集权制国家的城市功能都具有相同的特点。即使在西欧的历史中，封建集权国家在鼎盛时期，作为国王领地的城市基本服务于国王。由于封建国家在地理上的分割，以商人为主体的城市通过赎买的方式获得了独立于封建领主之外的自治权。随着封建王朝的日益衰落，这些城市孕育了新兴的资产阶级，成为工业革命的载体，标志着新的时代的产生。

中国是建立在农耕社会基础上的集权国家，城市发展的先决条件不是贸易，而是中央政权及其分支管理者的所在地，城市以军事防御功能为主。中国自秦以后的文明史基本没有发生过断裂，虽然王朝无数次的更替，但每一次新王朝都会把传统的集权体制继承下来，甚至从制度上加以强化。对于城市的管理也是如此。虽然有些城市的消亡是由于自然条件的变化，如黄河改道使古城开封衰落；有些城市的兴起取决于商业条件的变化，如扬州、广州自宋以后的贸易地位的重要，但是中央集权的控制管理，一直把城市牢牢掌握在手中。从中国城市的地理沿革看，城市的变迁和行政管理区域的变更大体上是重合的，历史上中央集权的分级管理是通过大大小小的城市向下传递，所谓"普天之下，莫非王土"，省地市、州府县基本以城市为中心保持着对国土的管理。

研究中国的城市，不能简单地从形态而论。因为城市的功能和西方国家有着本质上的区别。中国的城市首先附属于中央集权的管理，其他的功能必须服务于这个根本目标。而中央集权是分级管理体制，城市也就具有了其他国家城市不具备的特征——行政等级化。在中国，无论城市的大小，城市的行政级别涵盖了所有要素的组合。级别意味着管理等级的区别，形式上是对中央集权负责，实质上是对上级负责。

四、行政等级下的城镇资源流向

在传统的集权体制下，中央政府通过不同等级的地方政府向农村获取资源，满足中央政府的各项开支，如皇室的费用、国防、水利建设、漕运、道路等。其中一项重要的支出是皇城和各级政府所在地城防的修建。这一时期城市的基础设施建设以城防和道路为主，基本列入中央政府的支出范畴。

在计划经济体制下，中央政府仍将从地方获取的资源按照计划向地方和各级城市分配。与以往的区别是，资源的使用方向发生了变化，主要是用于工业建设和必要的城市基础设施建设。在完成从农业国向工业国转变的过程中，城市的功能从单一的行政中心向经济中心和工业中心过渡。由于工业化发展的要求，城市的人口规模开始逐步扩张。在改革开放之前，为了加速实现工业化积累，提出"先生产，后生活"的城市基本建设方针，使城市基础设施建设水平普遍不高，城市居民的生活也处于较低的水准。

值得注意的是，在50年代末期，由于经济发展过热和"大跃进"的后遗症，中国政府实行了城乡分割的户籍管理体制，限制农村人口向城镇流动，以缓解国民经济计划分配不足的压力。这一政策，对中国未来的城镇化进程和城镇发展的体制产生了十分深远的影响。

改革开放初期，中央政府对地方实行财政分级负责，资源向上集中的方式和渠道发生了变化。一部分向中央政府缴纳的资源以不同的形式转向各级地方政府，由各级地方政府决策这部分资源的分配方式。同一时期，资源供给的渠道也发生了变化。改革开放前，中国的工业化发展水平尚不构成国民经济支柱，还依赖于从农业中获取资源来完成工业化的积累。20世纪80年代中期，改革的积极成果基本体现在中央集权管理相对薄弱的农村地区，由于体制上的相对活跃，使得过去在计划体制下沉淀在城市的生产要素以市场行为向农村流动，活跃了农村经济的活力，推动了农村地域范围内非农产业的发展，改变了原有的农村经济资源供给的方式和数量。农村相对于城市来说，不再是简单的农产品的提供者，它可以创造更丰富的经济资源，而不需要国家计划分配更多的投入资金。从另一个意义上讲，各级地方政府可以通过行政权力从农村获取更多的资源，来满足各种开支需求增大的压力。从这时起，等级化的行政管理体制在改变资源流向和决策分配方式上发挥了十分重要的作用。

80 年代中期以后，以城市为中心的经济结构调整和国有企业改革开始逐步实施。中央政府和各级地方政府在减少了对农村支出的压力之后，把国民经济计划资源分配的重点通过金融、财政和土地出让等方式重点支持了城市。而各级地方政府为了获取更多的上级计划分配资源，并寻找更多的机会截留地方向上缴纳的资源，纷纷开始提出了加强城市建设的口号。县改市、地改市出现了热潮。传统的对农村地域管理的等级化的地方政府分级管理体制逐渐转化为等级化的城市政府管理体制。

从城市演进的历史分析，在传统的集权体制下，中央政府可通过强制性手段获取全国的公共资源，来加强政府所在地的城市建设，如上所述的西罗马帝国时期的罗马城、东罗马帝国的君士坦丁堡、路易十四时期的巴黎等。中国历史上，都城所在地的城市发展都比较快，而随着王朝的更替，首都的搬迁，原来作为都城的城市则会出现衰败的迹象，而新的都市会日趋繁荣。与西方城市发展历史不同的是，中国的集权体制下，在不同级别的政府管理设置地也可体现出集权管理区域的特征，城市的发育程度和管理级别相对吻合。由于中央集权管理的特点，在改革开放后实行的财政包干分级决策体制，也使资源的流向依次集中在各个不同等级的首府中。

90 年代初，三种资源的流向推动了城市建设的热潮：中央政府计划资源分配对城市建设的倾斜；地方政府在经济结构调整过程中从农村和企业获取的行政收益；城市土地市场发育带动了政府和地产商双重的热情，实际上是对农民土地收益的最大剥夺。

五、城市发展中的福利倾向

近代以来的城市发展史证明，城市化是工业化的结果。因为工业化吸收了大量农村人口进城就业，促进了城市规模的扩张，带动了第三产业的发展，创造了更为丰富的就业机会，形成了更多的城市收益，用以改善基础设施，改变要素构成，提升产业素质，促进城市发展的良性循环。城市化进程的加速也是人口流动的结果，大规模的农村人口以较低的生活水平和就业条件进入城市，为企业实现资本积累和城市增加公共剩余提供了低成本的条件。这是城市发展的普遍规律。

中国的等级化城镇管理体制和城乡分割的户籍制度，使城镇化进程出现了完全不同的结果。按照中国的城市管理体制和资源按城市等级集中的流向，行政等级越高的城市获取的资源越多，行政等级越低的城市或城镇可获取的资源越少。即使在行政等级较低的一些小城市或小城镇，改革开放之初，由于具备了要素进入门槛低和体制相对优越的有利条件，发展也十分迅速。但是在传统的城市等级管理体制下，自己所创造的公共剩余，必须按照制度规则，全部或大部分上缴给上级城市政府。这些例子在广东、浙江、江苏等省，已经是非常普遍的现象，以至于人们经常疑问，为什么在乡镇企业发展非常迅速的地方，农村面貌的改善远不如作为国有企业载体的中等城市的建设？依靠行政手段获取城市发展资源的趋势，使改革开放以来具有活力的新兴城镇的竞争力丧失，拉大了城乡差距，延缓了城市改革的步伐，也造成了新一轮深层次社会问题。

由于长期实行城乡分割的户籍管理制度，农村人口不能自由地向城市迁徙，在资源和各种要素源源不断流向城市之后，中国最丰富的劳动力资源被排斥在城市大门之外。国民收入二次分配通过城市建设的渠道满足了城市居民生活环境和质量改善的需求，城市的建设水平伴随着经济发展的步伐开始赶超西方发达国家。而农村由于资源的净流出，环境逐步恶化，城乡差距在不断扩大，不仅仅表现在城乡居民收入上，还突出表现在城乡居民生活公共环境上的质量差异。

资源流向城市，排斥农民进入城市，也增加了改革的成本和负担。城市居民在享受着城市环境变化所带来的种种福利时，不希望增加大批农民共同分享城市基础设施建设的福利蛋糕，更不希望长期被排斥在城市化进程之外而文明素质较低的农民进城，破坏了城里的环境设施、公共卫生条件，带来了社会治安的隐忧，并和城里人共同竞争就业岗位。城市居民对城市环境改善的要求日益迫切，改造环境的资金需求的压力对于城市政府也在日益增加，迫使政府增加税收，增加对农民土地出让金的剥夺，抬高土地成本，并举债来满足居民对城市建设的迫切要求。由于限制农民进入，也遏制了劳动力市场的发育，城市居民劳动力成本的昂贵也抬高了企业的成本，使城市企业在竞争中处于不利地位。当城市的福利化倾向日益加剧时，城市的竞争力在下降，虽然表象上处于繁荣的景象，但不得不依赖于债务、计划分配资源和对下级城镇和农村的剥夺。

从中国和西方发达国家城市发展的进程来看，可以归结为以下几种不同的特点。西方市场经济国家的城市化进程是渐进的，城市由小到大，由乱到治是必然过程，很少跳跃式的发展；城市的发展，城市间的竞争是在公平的环境和制度框架下进行的，没有行政干预和剥夺。中国的城镇管理是按照等级化的行政管理体制运行的，等级高的城市自下而上的转移公共资源，加剧了福利化的城市倾向，限制了有活力的城镇的竞争和发展。特别是近些年来一些城市追求跳跃式的发展模式，以排斥中国最富余的劳动力要素向城市流动为代价，拉大了城乡收入分配差距，加速了社会阶层的分化。

六、城镇化问题的提出和理解中的偏差

20 世纪末中国政府提出了推进城镇化发展战略，意图解决长期以来困扰中国农村发展的深层次体制矛盾，通过促进农村人口向非农产业转移、向城镇集中，缓解农村劳动力严重过剩的压力，并增加城镇人口，带动消费需求，刺激国民经济增长。然而，这一政策的提出，必须要面对自改革开放以来，城乡分割制度和等级化行政管理体制所引发的日益固化的利益格局。

争论大多集中在两个方面：一是对于城镇化的理解往往偏重于城市的规模和城市的建设；二是对于城镇化发展的进程要求较高，往往以西方发达国家城市发展的现状作为我们学习和参考的借鉴。前者忽视了在中国的特殊体制环境下城镇化的目标主要是解决农村人口的转移问题；后者则是过于理想化地追求城市建设的目标，往往在抬高城市建设成本的同时，拉大了城乡差距，提高了农民进城的门槛，结果与城镇化提出的本义背道而驰。

理论家更多地关注城市发展的模式和道路选择，特别是近些年来风行的"拿来主义"——照抄照搬发达国家的经验和理论，往往忽视了中

国的国情和发展轨迹的不同。决策者则受到利益的约束，无论是部门还是地方政府，由于利益的诱导，所形成的决策不可避免地出现偏差。简单地说，城里人考虑的城市化问题，肯定是偏向城里人的。

地方政府推进城市建设的目标，反映出从改革开放初期至今政府职能的重要转变。政府从管理企业和干预企业经营中逐渐解脱出来，将工作的重心转向城市建设，希望从计划经济的盘子内获得更多的资源收益，通过城市建设满足城市居民的需求，提升政府管理者的政绩。主管部门在可分配资源日益减少的情况下，也希望加大城市建设力度，增加主管部门掌握计划经济资源分配的权限，维护部门利益。

改革开放30多年来，理论界和一些实际工作者更多地关注西方发达国家的发展水平，无论是媒体介绍，还是实地考察，大多以发达国家作为参照和借鉴。因此希望自身所处的城市发生变化，加快城市基础设施建设速度，提高城市环境质量。可是从实际情况看，无论是理论家还是政府公务人员，作为城市建设的直接受益者，他们提出的理论假设，在呼吁重视规模化的城市效益、强调提高城市建设水平和档次时，所提出的观点和政策措施大多是有失公允的。

理论上提出的城市规模效益问题，忽视了城市对于农民的排斥。在城市福利化倾向随着城市建设水平的提高日益加剧时，这种排斥已经成为固化的利益格局。例如，对农民工进城务工就业设置障碍，乱收费，制定歧视性政策，继续在大中城市限制农村人口落户等。

城市规模效益理论忽视了在计划经济体制下，所有的资源分配都在向城市倾斜，行政等级化的城市管理体制对于新兴的有活力的小城镇的剥夺。如广东、浙江、江苏的县级市、地级市发展速度之快，城市建设水平之高，在相当程度上依赖以行政手段向下获取资源。因为在80年代到90年代，这些省份经济发展的主要活力和比重在县以下的小城镇。回顾改革以来我国的城市发展进程，即使在中央政府提出限制大城市、适度发展中等城市、积极发展小城镇的城市发展方针时，实际上只是把最富余、最具有活力的农村劳动力要素留给了小城镇，允许农民在小城镇可以自带口粮进镇落户，而严格限制进入县城或各类城市，但其他稀缺资源大都以计划经济的方式分配给各类城市甚至县城。城市化的核心在于如何实现人口的转移。从沿海地区一些小城镇发展的历程看，一些传统体制下的小城镇已经发展到几十万人，吸收农村劳动力最具优势，但在体制上仍然处于被剥夺的地位。

无论是在理论界的研究还是在一部分地方政府的决策过程中，似乎在推进城市化过程中，都是一种美好的预期：花园似的城市，可持续发展的环境和生态，高素质的人群，现代化的基础设施，等等。似乎只有这样才能体现出中国经济快速发展的实力。甚至在一些部门下达的文件中要求，城镇化建设的高标准、高档次，要面向未来。可是，最容易被忘记的是中国的国情，中国有近9亿农民仍被排斥在城镇化进程之外，他们没有很高的素质，因为他们的收入很低，无法让他们享受高水平的教育；中国的农村仍很贫穷，只有在大批人口从农村转移出去之后，农村的面貌才能从根本上发生改变；中国的城镇化需要一个渐进的过程，要让农民和一些适应我国劳动力要素特点的企业有较低的门槛进入，才有助于在低成本的城镇化道路上完成人口转移的过渡。这里最重要的问题是，如何实现在市场经济体制下完成城镇化进程，以公平的方式促进不同等级、规模的城镇共同发展，促进最有能力吸引就业、最富有活力的新兴城镇的发育、成长和壮大。

（2003 年 7 月）

从国内外发展历史看经济增长规律

中国的土地制度在历史上没有任何先例，而从任何一个国家也找不到像我国这样的制度。但是，如果现在一下子回到过去的那种制度，那么问题会更大，因为政府将失去一大块财源，必然会引发更严重的社会矛盾。

综观国内外发展的历史，你会发现当一个社会、一个国家、一个人群，失去了可剥夺的劳动力和资源的时候，它增长的动力一定会丧失，社会发展也将停滞。剥夺主要有两种方式：一种是交易性质的剥夺，方法就是利用高科技的人才优势和产品输出，来换取资源，实质上这也是建立在不平等交换的基础上。另一种是政府行为的剥夺，通过制度来降低成本，突出的是我国现行的土地制度和户籍制度。

在欧洲封建社会里，剥夺是满足了封建领主、企业家的利益要求；而在中国，表面上是满足了城市居民这一群体的利益，而隐含的却是满足了官员和企业家的利益。但是，我们也要看到，如果没有官员和企业家这两重动力，那么社会一定会失去发展动力。在西方国家，以私有产权为基础，遵从的是企业家的动力；在中国则是企业家和政府官员的合力，因为企业家没有能力剥夺农民及其土地，以及牺牲公共资源为成本，而只有政府官员能帮助他们完成这样的事情。这是中国社会和国外完全不同的地方。

恰恰因为我国历史上在道德层面，从来没有给予官员权力，所以在道德评价上，对于现在的政府行为和中国现在的发展模式不理解。尽管这种制度保证了我们经济的高速增长，但是大家还是不认同。原因是既没有国家经验和规律可以借鉴，也违背了中国传统儒家思想对道德的定义。因为现在在理论上、在道德评价机制上没解决这个问题，所以我们出现了信任危机，但事实上这是一种特殊的规律，别的国家是不存在的。

经济增长的动力在什么地方？西方只认同市场价值，只认同企业家，但中国绝对不是。实际上，中国的政府和官员在这方面起的作用还要大于企业家。当企业家按市场规则拿到收益以后，政府官员没有得到任何报酬，那么就只有通过"贪污"这种方式了。中国所有事情都和国外不一样，很多国外的理论都不适用。所以研究中国的经济问题、城镇化问题，是在做一种开创性研究，而我们只能在这个基础上去研究不同的事情。

其实我们要明白的一个核心问题就是，当一个国家或群体，失去了可剥夺的人口资源时，那么这个国家的经济发展一定会停止。欧洲、美国现在就面临这样的问题。第一是国内的高福利，而这种高福利依赖于他们过去在历史上，对其他国家、地区的人口和资源的不平等贸易和交换，或一定程度的掠夺。当新兴国家兴起后，特别是印度和中国、巴西、俄罗斯等国家兴起，具有足够的竞争优势、经济和政府优势后，在世界政治格局相对稳定固化的基础上，可以供他们剥夺的人口和资源的这个来源就不复存在了。继续维持高福利的增长已经很难了，所以就爆发了危机。

中国为什么还能增长？中国增长的核心问题，是动用了行政力量，通过剥夺一部分人的要素价值，来获取足够的竞争力。这是中国发展的现实。只要把这些农民依然维持在廉价劳动力的水平上，依然低价去掠夺农民的土地，那么还可以维持经济高速增长的动力，也仍然还有一定的竞争力，但是这种模式持续多少年却不可知。从理论上讲，中国仍需要一部分人口和资源来维持经济增长。问题是，当城市人口积累到一个庞大的群体的时候，而这些人口需要高福利的支撑的时候，不仅要面临着国内资源能否满足的问题，而且还要面临国际问题。所以现在，在各种矛盾压力骤升的时候，逼得你反过来要扩大内需，调整原来的发展方式，政治结构、经济结构、社会结构都会相应地发生很大的变化。

比利时等欧洲国家都已经认识到了高福利无法继续支撑下去。东西卖不出去，拿什么去换高福利？只有通过借债。法国、德国还有东西可以卖，意大利、西班牙、希腊等其他靠服务业发展的国家就几乎没戏了，冰岛也要破产了。

一些人研究法国大革命，但是却忘记了中世纪的行会制度。行会制度的特点是"契约精神"，行会下每人都按行会的规则来经营。行会制度最大的问题是，当市场有限的时候，生产的鞋子卖不出去。比如，在佛罗伦萨生产的鞋，只能卖到佛罗伦萨周围地区及意大利周边几个国家，虽然其他城市也在做，但卖不出去。为了维持均衡，行会制度规定"每家每天只能生产一双鞋子"。因为卖不出去，市场空间范围小，人口就那么多，只能卖那么点。那么后来是怎么发生变化的呢？

一是欧洲与阿拉伯的战争，使得地中海贸易中断了，出现了中世纪1000多年的黑暗时代，市场就被分割了，使得市场变小了。后来威尼斯通过和阿拉伯人的贸易，使得市场空间扩大了，也拓宽了贸易面。和阿拉伯人建立起贸易关系的同时，还发现了希腊和罗马文化的存在，促进了文艺复兴。可见，地中海贸易的扩大促进了欧洲文艺复兴和城市的兴起。

二是中世纪后期的地理大发现，拉美国家、东印度、中国等国家使得市场一下子扩大了无数倍，贸易面扩得更大，进而推动了工业革命的发生。可见，空间消费市场决定了变化。

因此，欧洲通过炮舰政策打开了贸易壁垒，扩大了市场资源。炮舰和贸易两种方式才使欧洲整个经济实现迅速增长。

尽管过去了几百年，但基本格局和基本规则未发生变化；尽管披上了很多现代化的外衣，从原来的生产鞋子到现在的生产高科技产品，但本质没有发生变化；尽管全球化和信息化，使得手段和方法改变了，但内容没有发生变化。

研究中国城市化问题，要和国际比较，就要看，我们现在的城镇化的核心问题，是通过不平等的交换，使得一部分人的资源转换为对另一部分人的福利水平的提高或特定群体的收益的增加。

（2010 年 11 月）

推进城镇发展改革试点工作系列讲话

——在 2012 年试点城镇工作座谈会上的讲话综述

为贯彻落实《国家发展改革委办公厅关于公布第三批全国发展改革试点城镇名单的通知》要求，总结推广试点城市和小城镇改革发展经验，研究布署下一阶段全国发展改革试点工作。2012 年 3 月至 7 月，国家发展改革委城市和小城镇改革发展中心先后在上海市、辽宁省大连市、江苏省无锡市、安徽省黄山市、陕西省西安市，召开了发改系统和四个片区试点工作座谈会。座谈会上，中心主任李铁就全国城镇发展改革试点工作的总体形势、重要意义、存在问题、基本思路和重点内容等进行了总结发言。

一、城镇化试点工作的总体形势

总的说来，我们赶上了一个党和国家主要领导较为一致地重视城镇化发展的好时期，我们要紧紧围绕城镇化这一主轴，积极推进城镇发展改革试点工作。

1. 城镇化问题已经得到国家领导人的高度重视

在 2012 年 2 月的中欧高峰会议上，温家宝总理提出要建立中欧可持续城镇化合作伙伴关系。随后，温家宝总理还要参加中欧城镇化伙伴关系框架下的市长论坛，并就城镇化问题做重要讲话。在温家宝总理年底将要参加的亚欧峰会上，城镇化问题也是其中的重要议题。李克强副总理曾多次在重要场合发表关于城镇化的重要讲话，着重强调了城镇化对于有效扩大内需、促进经济增长的重要意义。2012 年 5 月李克强副总理与欧盟委员会主席巴罗佐共同签署了《中欧城镇化伙伴关系共同宣言》。

此外，在今年国家行政学院的秋季学期开班典礼上，国务院秘书长、国家行政学院院长马凯也将就我国城镇化问题发表重要讲话，并强调要把城镇化问题作为下半年整个干部培训的重点主题。以上这些，都充分说明了国务院领导对城镇化问题已经给予了高度的重视，这也意味着本届和下一届政府都将把城镇化当作一项非常重大的战略性任务来抓。

2. 正在编制的未来十年城镇化专项规划，这将为下一步开展试点工作提供强大的政策支撑

国家领导人把城镇化作为未来十年的重大战略提出并加以落实，将直接影响到我们在抓城镇化的改革过程中有关政策的制定，这对于我们的试点工作具有极其重要的现实指导意义。国家发展改革委城市和小城镇改革发展中心现在正在和国家发展改革委发展规划司共同研究起草国家城镇化专项规划，已经进行了大量的前期调研，走了8个省市自治区，现在正在紧锣密鼓地进行起草的准备工作。其中涉及未来十年中国城镇化发展以及中国城市发展的重要思路、主要任务和相应的政策保障措施。国家发改委计划在2013年3月份在颁布出台城镇化专项规划的同时，力争以国务院名义颁布一个促进城镇化健康发展的具体指导意见。有一点非常明确，就是在中央如此重视的形势之下，下届政府在落实各项指导城镇化发展的政策的过程中，无论是城市群、特大城市、大城市、中小城市还是小城镇，都会得到有关政策的支持，更为重要的是，中小城市和小城镇很可能成为未来政策支持的重点。

二、开展试点的重要意义

从1995年开始至今，中心一直持续地开展关于城镇化发展的试点工作，通过总结各地发展改革的不同实践，不仅为国家一系列重大问题的解决提供了丰富的经验储备和思路，也对促进我国城镇化的健康发展具有重要意义。

1. 试点为中央城镇化政策的出台提供了经验依据

20世纪90年以来中央出台的关于城镇化的文件和政策，绝大部分来源于各地的试点经验积累，通过国家发改委城市和小城镇改革发展中心对这些试点经验的调研总结和据此提出的政策建议，决策层面对城镇化形成了更加清醒的认识。1999 年国家发改委城市和小城镇改革发展中心为中央起草了第一个有关城镇化发展和小城镇问题的文件。随后在十六大文件中，中央正式提出了城镇化问题，并提出了很多针对性的具体政策。一是促进国家出台乡镇改革方案。1999 年，我们在浙江萧山召开的全国小城镇改革试点工作会上提出通过乡镇合并来解决乡镇机构臃肿和过度膨胀问题，并推出了北京大兴、江苏、山东的经验，之后被国务院纳入乡镇调整改革方案。后来我们和民政部一起调查，向国务院领导同志提出了在全国推行乡镇合并调整的建议，促使全国 4 万多个镇通过合并变成了 1.9 万个镇，机构膨胀得到了缓解。二是推动了户籍制度改革。1995 年的第一批试点文件就提出要在小城镇全面放开落户限制。2001 年的中央 11 号文件中提出，县（县级市）以下户籍制度要全面放开。2011 年中办 1 号文将户改延伸到了设区市，要求地级市以下、设区市以下放开户口限制。现在，本地农民落户已经不是大的障碍。三是承认了农民对土地的长久使用权。1995 年由 11 部委联合下发的第一个试点文件《小城镇综合改革试点指导意见》中就提到，县级市以下有稳定居住、就业条件的农民工，在落户时可无条件保留农村的承包地、宅基地。今年的国办 11 号文和中办 1 号文，又正式重申农民落户城镇，是否放弃宅基地、承包地以及集体收益分配权，必须完全尊重农民本人的意愿，不得强制或变相强制收回，农民既可以带着这些权利进城，也可以按照依法自愿有偿的原则，自主流转或处置这些权利。

2. 试点为一些重大敏感问题的解决提供了超前经验储备

我国有很多自上而下的制度约束着各地的经济发展和城镇化发展步伐，部分法律和框架也已经开始不适应当前经济发展的需要，对这些法律框架的调整涉及一些重大敏感问题的处理，非常复杂且需要平衡多方利益，因此需要我们深谋远虑，需要在局部地区进行试验。比如，广东省开展的"三旧改造"试点，因为涉及宪法中城乡土地所有制与产权关系的调整，特别是城镇化过程中的农村集体土地产权在城乡要素交换的过程中到底应该处在什么样的位置，现在大家都感觉这是个难点、不敢碰，所以要通过封闭运行的试验，来为今后的法律制度改革积累经验。

再比如，城镇的行政管理体制改革，一些地方如浙江省也已经开始了自己的探索，已经直接触及到了城镇设置的改革、行政区划的调整、机构编制的变革、管理权限的重新界定，这些内容对于今后城市管理体制问题的解决具有非常重要的意义，一旦得到中央认可，就会成为国家的一般性政策。

3. 开展试点有利于解决地方在经济社会发展过程中的实际问题

过去多年的实践证明，试点对当地的经济社会发展起到了很好的促进作用。一方面是有中央政策的实惠，另一方面通过探索调整了经济结构，打破了传统的体制束缚，刺激了经济增长的活力，改善了人民的生活。一是试点提出的土地出让金制度成为地方政府的重要财政来源。1995 年，我们和国土部门在湖南浏阳大瑶镇试点"以地生财"，试点效果非常好，有力地解决了小城镇发展的资金来源问题。1996 年我们将这个经验在安徽芜湖大桥镇进行了推广。1997 年中央 11 号文件（严格保护耕地的文件）发布以后，土地出让金制度被推广到了全国，目前已成为地方政府重要的财政来源之一。二是通过天津宅基地换房和成都郫县拆院并院的试点探索，放开搞活了集体建设用地。在城乡建设用地增减挂钩政策下，地方政府可在县域范围内有条件的地区，通过整理复垦农村宅基地、农民集中居住，将一部分节余农村集体建设用地指标置换为城镇集体建设用地指标，扩充了地方的用地来源。2006 年最早在天津搞的宅基地换房一开始也有诸多争议，中心通过深入调研，分析了其中的利弊得失，提出了更完善的建议，并使得这一做法得到中农办和国土资源部的认可，成为政策保留在现有政策框架中并逐步得到推广。三是户改有益于促进产业转移。重庆市户籍制度改革以后，最大的变化就是增强了一些投资者在重庆投资的信心，比如，富士康、恒基等一大批原来的电脑产业原来都在广东省，因为农民工要回家探亲的缘故，这些工厂每年大概至少有两个月不能正常生产，而在实行了户改的重庆，很多农民工不用回家，由此保证这些企业每年有 12 个月满负荷的工期，那就等于可以增加两个月的净收入。

4. 对试点经验的总结推广促进了全国其他地区的发展改革

好的实践经验还有一个好处，就是它能为各地提供进一步学习的机会。学习以后，回去就会在各地纷纷开展自己的试验，比如，天津华明镇的宅基地换房试点在取得成效并得到领导认可后，前去华明镇参观学习的陆陆续续就有几万人，成都市的土地产权交易和重庆市地票实际上也是两地在天津华明镇的经验基础上进一步发展起来的。吉林省的十强镇建设、浙江省的小城市培育试点中所涉及的下放管理权限、给予县级管理权限和副县级待遇、进行机构改革等经验，通过我们的调查总结和推广，也吸引了大批地方同志前去参观学习，为他们各自的发展改革提供了新的思路。广东省在学习浙江省的过程中，又有他自己的创新，他们把区一级的很多机构进行合并和改革，实行大部制。2011 年，国家发改委城市和小城镇发展改革发展中心。在广东省云浮市召开了"调整乡镇职能·落实主体功能区规划"的总结研讨会，对地方如何通过改革考核评价体系、转变乡镇职能和落实主体功能区规划，进行了有益的探讨和交流。国家发改委城市和小城镇发展改革发展中心。还在山东省临沂市召开了"以发展规划引导促进小城市社会管理创新"，来自山东省临沂市义堂镇、广东省佛山市南庄镇等 7 个特大镇分别介绍了如何促进特大镇向小城市转型发展的实践探索。在广东省佛山市召开的"智慧城市论坛"，对促进城市政府决策与社会信息的有效对接进行了充分的研讨和宣传，为其他地方更好的管理城市提供了可供借鉴的思路。此外，我们还有很多好的经验，比如，江苏省无锡市阳山镇引入社会资本共同开发小城镇，浙江省店口镇以人为本完善农民工公共服务，参照这些地方经验，全国其他不同地方的城市和小城镇可以因地制宜地解决与自己有关的很多实际问题，其效果远比一些流于形式的政策要好得多。

三、此前试点工作中存在的主要问题

1. 城镇发展导向的偏差使得我国城镇化率虚高

在现行体制下，几乎所有的城市政府都只按照户籍居民的需求标准来提供公共服务，若要把这种针对原有户籍居民的公共服务也按同等标准提供给外来人口，城市政府的公共支出压力必然陡增。为减轻这种压力，大部分城市政府便将外来人口的公共服务排除在外，这导致了我们目前达到的城镇化率实际上是虚高的。2011 年我国城镇化率为 51.3%，但非农业户籍人口仅占总人口的 34.5%，两者相差近 17 个百分点。数以亿计的农民工虽然居住在城镇并被统计为城镇人口，但他们在享受城镇公共服务方面和城镇户籍居民仍有较大差距，尚未真正融入城镇社会。党中央提出要扩大内需，启动这部分人的消费支出来刺激整个经济增长，首先就必须消除城市发展导向方面的这些偏差。

2. 城市的服务业发展依然滞后

一般规律显示，城市化率达到 50% ~ 60% 的时候，工业化率约为 30%。当城市化率达到 70% ~ 80% 的时候，工业化率则下降为 15%。我国城市服务业比重仍然偏低，很多城市工业比重仍然比较大，原因在于几个方面：一是单纯强调工业增长，没有看到工业增长发展到一定阶段会有一定的资源浪费。二是城市没给服务业发展创造有利的条件，只允许高端服务业的发展，过分压抑低端服务业生长空间。有的地方盲目地提出产业升级等目标，但这种城市发展政策只针对高端人口，并没给低端人口开展服务业提供机会。三是我们的城市空间形态过于铺张，城市摊子铺得太大。无论是大城市还是中小城市都热衷于高标准的新城开发，忽视了老城的重新利用，绝大部分地方都搞双向八车道加自行车道，外面还要再加上个绿化带，这些都使得人口密度偏低，服务业发展缺乏基础。

3. 土地城市化快于人口城市化

2000 ~ 2010 年全国城市建成区面积扩张了 78.5%，远高于城镇人口 45.9% 的增长速度，城镇建成区用地扩张速度快于其吸纳人口的速度。我们现在看到的中型城市、省会城市、好的地级城市，包括广东省的一些沿海城市，甚至一些镇，都排斥人口转化，所以城镇土地面积的扩张并没有带来相应比例的人口进城。现在全国各地的发展规划，全是谈房地产怎么发展，很少能看到在这一地区怎么样处理本地农村人口和外来人口的转化问题，甚至还出现了更加不好的倾向，把城镇化发展过程和现代化标准相结合提出了一种政绩要求，为了提高所谓城镇化率，强制性地把城镇化率作为一种政治任务来考核。

4. 城市发展方式粗放、管理水平不高

城市发展重面积扩张、资源投入,轻内部挖潜、结构调整和优化管理,土地产出率、资源利用效率低下;重城镇形象,轻人口转移,一些城市超越发展阶段,脱离现实国情,大量资源用于形象工程;一些城市出现的交通拥堵、环境污染、突发性事件应急处理不当等问题,对城市治理能力形成新的挑战,也对城市政府在规划、基础设施投入、管理以及运营等方面提出新的要求。如何用有限的资源解决本地发展,减少对超越现行发展阶段的城市建设形态的过多注重,解决低成本发展的路径问题,更有力地促进人口转移才是未来城市发展的重点。

四、下一步城镇发展改革试点的基本思路

1. 转变思路

要从单纯利用行政资源向充分整合市场资源转变;从小城镇管理者到中小城市管理者转变;从按行政计划分配公共资源向以服务型为主转变;从单一的改革模式向综合配套的发展模式转变;从单一内容改革向解决城镇发展的综合问题转变。总之,搞试点不能过于依赖行政分配的项目和资金,因为资源一分完就没了。用好的经验所换来的全国政策更能长久地促进地方经济社会发展。好的经验产生的前提是地方要勇于探索,同时中央各部委要多支持、多鼓励,更需要上下互动和有力地配合。

2. 科学规划

中央领导同志反复讲科学规划,但落实过程中就容易出现问题。所有地方都有规划,可是规划基本上都不考虑成本,对城镇发展也没有实际作用。科学的规划必须回答几个重要的问题,一是在经济学上是否合理?要用最少的投入换来最大的社会收益。二是未来收益能否能偿还因规划而增加的债务?三是是否能真正解决老百姓关心的实际问题?四是在新城建设时是否充分考虑了外来人口,人口结构、人口来源、产业结构等在社会学层面是否合理?所有这些都是弱项,都需要解决。但最关键的是总的思路和制度没有解决,要将发展的合理目标融合在一起进行

科学规划。

3. 以人为本

我们要避免"见物不见人"的发展思路，要以人的去向来制定产业布局和发展政策。做好以人为本，首先要明确"以人为本"是以哪些人为本，主要是城镇户籍人口、本地农村人口、外来人口三类。好的规划必须注重解决这三类人口面临的问题，比如，新城的发展，就应该充分考虑农民怎么进城，外来人口怎么安排，不能只考虑卖房子、赚土地出让金。充分满足这三类人口的生活多样需求是城镇化的主轴，在中小城市和小城镇，解决基本的多元化需求是重要问题。如果一个城市只重视发展高端服务业，而排斥低端服务业，那也不是"以人为本"。

4. 创新机制

我们要通过对户籍制度、城市管理体制、城镇间的行政管理体制、土地制度、对整个中低收入人口和外来人口的公共服务等在内的各类改革来促进资源的整合，降低管理成本，强化对社会的服务。我们还要考虑如何使城市基础设施的建设和管理更加符合市场化标准，促进资源合理配置的重要问题。由于现在我们城市的所有水电气部门都是国有的，老百姓会将所有的价格上涨归咎于政府。中小城市试点，需要根据各地的不同情况研究城市发展方方面面的问题，不能停留在原有单一强调某方面内容的改革上，这需要不断创新机制。

5. 因地制宜

各地要根据不同的发展阶段、资源禀赋条件和地理位置制定本地区发展的政策。对于特大型城市，应更多地强调"退二进三"，传统低产值、高污染的工业应逐步地向城市外围转移。对于东部地区的城市发展，我们要重视新区建设，也要注重老城改造，要注重一部分人口的集中，也要注重一部分农村人口在原地的自我改造。这样更有利于传统的村庄形态保护和历史文化传承，更有利于降低农民的生活成本。如东北和全国其他地区不一样，东北地区的中小城市和小城镇发展的基础薄弱，产业发展等过多依赖于老工业基地，民营企业、中小企业发展不足，服务业发展滞后。各地应该选择适合自身的发展模式，进行因地制宜的探索。

6. 绿色低碳

要倡导文明、节约、绿色、低碳的消费理念，推动形成与我国国情相适应的绿色城镇化发展模式。所谓绿色低碳，是指降低能源消耗的城市发展模式，而不仅仅是视觉上的生态绿色。绿色生态理念的核心，是要提高城市人口密集度，更好地配置空间资源，为降低基础设施成本提供条件，大幅度地提高土地利用效率，增加人们步行出行空间。这其中的道理在于，人口集聚度越高，基础设施的摊子就不用铺得很大，从而降低了基础设施的投入成本。同时，通过提高人口密度，步行率提高了，汽车的使用率就会降低，排放就会大幅度减少。而通过提高步行空间，服务业发展就有了规模效应，减少了对工业发展的过度依赖。

五、下一步试点的重点内容

李克强副总理推动了中欧城镇化伙伴关系的建立，这首先说明中国城镇化发展将要进入政策平台；其次是要告诉欧洲，中国要实施可持续的发展道路，中欧双方在绿色、低碳等诸多领域有广阔的合作前景；三是意味着欧洲的中小企业和基础设施运营商可以到中国来进行投资；四是为我们学习欧洲的城市治理、规划、管理经验提供了条件。在下一步试点工作中，我们要将深入落实中欧城镇化伙伴关系作为开展试点的重要背景，将发展和改革结合起来，将"上面给的"和"自己做的"结合起来，将试点工作和中欧合作结合起来，重点做好如下几个方面的工作。

1. 将试点工作纳入中欧城镇化伙伴关系框架之内

李克强副总理特别明确地要求中欧城镇化伙伴关系不能做虚，只能做实。我们把它分解成几项内容：一是要深入研究欧洲城镇化的经验特点，比如，城市规划，城市基础设施的运转，节能减排、降低能耗，绿色城市、智慧城市的发展、碳排放指标的交易以及清洁能源、清洁技术、太阳能等等，涉及特别多的内容。二是邀请欧洲专家在我们不同类型的试点城镇举办专门的讲座和交流活动，请他们帮我们的试点城镇制定发展规划和空间规划。三是要组织我们试点的镇长、市长去欧洲进行考察学习。四是要建立欧洲城市和中国的中小城市试点之间点对点的合作关系。五是在一些城市工业园区里建立欧洲高技术园区，建立园中园和中小企业投资园区。

2. 编制符合自身特点的试点工作方案

这个方案不要求全面，就自己的重点列出一项改革内容即可，能列出更多更好，关键是要结合当地发展中的瓶颈分别提出发展的需求和改革的思路。试点方案的制定要遵循如下几个重点：一是要"强市活镇"。"强市"是指中小城市要强化资源配备；"活镇"是要给小城镇的发展提供充分的空间、活力与权利，这是改革的重点内容。各地发展改革委要围绕"强"市怎么强，"活"镇怎么活，认真研究，分层次改革。二是要促进以人口为目标的资源分配。目前，我们的资源都集中在高等级城市，而这些城市对于吸纳外来人口都是排斥和限制的。我们希望地方的试点方案里更多地从人口的基本流向出发来分配资源。三是要有明确的试点框架。不能仅仅把试点作为一个被动接受好政策的平台，也不能将试点单纯理解为是向国家发改委申报项目的平台。试点方案要明确在哪些方面试出经验、试出走得通的路径、框架，要建立一个有利于未来政策实施的框架和模式。

3. 探索编制科学的城市规划方法

如果我们不研究好规划问题而只是做了规划，那我们的城市发展思路和发展导向一定会走上歧途，至少会导致资源的浪费。这次"十二五"规划调研的时候，我们注意到所有规划都是见物不见人的规划，根本不考虑人们的生活需要问题。因此，我们的试点城镇在开展工作的时候，一定要在规划思路方面做出调整，在规划体制方面做出改革，在规划观念方面有所更新。要通过科学分析本地人口、外来人口发展趋势，引导人口合理分布，适度提高城镇建成区人口密度。要以区域内常住人口为基础，常规增长为依据规划城镇人口，注重人口与经济社会发展、资源环境承载能力的衔接，实现产业的合理布局和城市形态的多样化。在城市的规划和发展上，要更多地体现"以人为本"，集约节约利用土地，实现土地城镇化和人口城镇化基本相适应。

4. 积极而又审慎地在用地方式上进行改革和探索，促进以人口为目标的土地资源分配

中央在用地制度改革上，最基本的思路是要尊重农民的权益特别是财产性的权益，将更多的利益给予农民，而不是盘剥农民。目前，政策框架非常清楚，前提还是要保护耕地，要促进以人口为目标的资源分配，而不是盲目地去增加用地标准、扩大工业开发区的用地规模。各地应围绕着如何促进农民的身份转换和长期发展，降低农民进入城市成本和提高财产性收益，具体探索在符合规划的前提下，允许农民和集体经济组织利用依法取得的集体建设用地，以出租、入股、委托经营等多种方式参与城镇开发经营。按照农户自愿、协商一致的原则，探索建立农村闲置宅基地有偿退出机制。有序开展城镇存量建设用地整治，在有条件的地区，积极推广"三旧改造"的经验和做法。

5. 加强对城市发展规律的认识、研究和知识储备

中国城市化率已经超过了51%，城市人口已经超过了50%，我们未来的工作重点应该是在城市而不是在农村，城市发展的导向决定着中国的未来，还决定着是否有能力对农村进行反哺，城市发展已经成为目前研究的重点和主轴。改革开放以来我们的城市在发展导向方面出现了这么多的偏差，其实都源于对城市发展规律认识的不足。指导城镇发展转型，需要我们认真地学习一门新的科学——城市发展的科学。这既不是原来计划经济的城市发展思路，也不是纯粹市场经济的城市发展思路，而是一门新的科学。我们必须加强有关城市发展规律的知识，才能制定出正确的城市发展政策。比如，要通过推出智慧城市、信息城市等手段和方法，强化对城市居民的社会服务管理方式，提升政府科学决策水平。要以公共服务理念为核心，使城市的公共服务更好地服务大众，使政府的决策能够更好地解决城市居民生活条件的改善和民生发展的问题。

6. 积极争取相关政策支持试点工作的开展

除了已有的增减挂钩指标继续支持试点城市和小城镇发展外，下一步，中心也将加强与委内各司局，如农经司、社会司、基础司、规划司的合作，加强和国务院其他部门如国土资源部、中编办的联系，以尽可能地争取到更多的政策、项目或资金，为试点城市和小城镇提供更多服务，有重点地支持地方改革发展。各试点城市和小城镇也要充分利用国家发展改革试点镇的优势，积极主动地开展相关工作，有针对性地争取国家资金项目和政策支持。举个例子，湖北省张家口市在获批为国家第三批试点城市以后就通过努力，成功争取到了轨道交通建设项目，为融入北京都市圈奠定了非常好的基础。

7. 加强对所有试点城市和小城镇的宣传推广

试点工作既要能做，也要会宣传。一是要宣传我们自己的工作，让中央有关领导和相关部委重视这项工作，认识到这项工作的积极意义；二是要加强对试点城镇的宣传，建立城镇品牌营销理念和体制。不仅要对地方好的经验和工作思路进行宣传，也要帮助地方对试点城市和小城镇的形象和文化进行宣传和推介。三是要扩展宣传渠道，构建立体式网络宣传体系，扩大试点城市和小城镇影响。目前，中心已形成了以中央电视台、人民日报、经济日报、光明日报、新华网、人民网、新浪网等立体式网络宣传团队，同时与中国经济网合力打造了城市中国网。这一平台将对试点城市和小城镇开放，为试点提供更多、更好的服务。此外，中心创办的《城市舆情》也将为试点城市和小城镇及时提供舆情信息，为城市和小城镇发展提供决策参考服务。

（2012 年 7 月）

在第二届中国小城镇发展
高层论坛上的讲话

这次会上，我们推广总结了一批试点小城镇按照科学发展观指导小城镇发展的经验，还听取了专家学者们对如何贯彻十七届三中全会精神，推进城镇化，促进农村人口向小城镇集中的报告；以及在当前金融危机下，如何把小城镇的发展和扩张性的刺激内需的财政政策结合起来的看法和认识。过去我们很多同志，理解小城镇的发展，目标并不是十分清晰；通过这次会议，我们可以站在全局的高度，来理解和认识小城镇发展。发展小城镇不仅对推进城镇化发展具有长远战略意义，而且在当前形势下对稳定现有城镇化成果，拉动内需具有重要的现实意义。以下我就小城镇改革发展工作谈一下自己的看法。

一、关于小城镇发展战略提出的历史回顾

1998 年，亚洲金融危机后，为了拉动内需，中央政府从推进城镇化长远发展的角度，针对当年发生的特大洪水灾害，提出了"移民建镇"的思路，随之在党的十五届三中全会的决议中，第一次提出了"小城镇，大战略"。随后在土地制度、户籍制度、转换政府职能、制定科学规划等方面出台了一系列改革措施，力图通过在城乡二元分割的福利制度相对薄弱的小城镇，进行改革的探索和尝试，逐步地推进城镇化进程。在进行了一系列的探索之后，党的十六大把"加快推进城镇化进程，繁荣农村经济"作为未来我国农村经济社会发展的战略性目标提出。

由于担心农民大量涌入城市所造成的社会问题，以及诱发很多小城镇政府借小城镇建设之机大搞形象工程，在随后多年时间里，受预防投资过热、防止滥占耕地等因素影响，小城镇在政策上不但没有成为热点，反而成为土地政策、产业政策和环境政策限制的目标。

正因为如此，我们在近些年指导小城镇改革试点工作中深深地体会到，一些过去制定的改革政策难以落实，甚至曾经作为经验推广的一些政策，比如，理顺县镇财政关系、对经济强镇下放管理权限、赋予小城镇政府与其管理的人口、空间及经济总量相适应的职责和机构编制等经验做法在一些试点都在逐渐倒退。我们多年寄予希望的各级政府给予小城镇实际的资金、土地等指标的支持，用于改善基础设施，促进农村人口向小城镇转移，也一直没有出台明确的政策。即使是一些部门和地方政府制定了相关的具体政策，但是涉及的资金量却非常有限。在小城镇改革试点中是改革讲得多，发展讲得少，理论讲得多，实际的政策少，也直接影响到地方政府推进试点工作的积极性。在这种情况下，一些地方在开展小城镇试点工作方面进行了积极的探索和坚持不懈的努力，在如此困难的条件下，还取得了很好的经验，确实是难能可贵。

二、当前要抓好试点的有利时机

回顾历史我们可以注意到，促进小城镇发展总是和拉动内需联系在一起。今天我们面临着错综复杂的国际形势，面临着金融危机的严重负面影响，重提小城镇的发展，确实具有一定的现实意义。与会的领导、专家普遍认为在新的形势下，扩大内需，推动经济稳定快速发展，小城镇具有不可替代的作用，因此主张尽快将小城镇的基础设施建设纳入国家扩张性财政政策的大盘子，针对大城市郊区和中西部小城镇的不同特点，在基础设施方面进行资金和政策倾斜。

道理是很明确的，就是认同城镇化进程对提升 GDP 增长的重大作用，小城镇作为城镇化进程中重要的载体，其作用当然应该引起重视。我们的理解，现在这么多专家重提小城镇发展的作用，主要基于以下两个方面的原因。

（1）小城镇是农村非农产业发展的载体。这是东部沿海经济发达地区改革开放 30 年以来的成功经验。发展的途径是乡镇企业逐渐向小城镇集中，结果是形成了在东部地区城乡连片发展的城市群和工业带。在中西部地区，小城镇也吸引了大量的工业企业落户，促进了农村劳动力就地转移。特别是当前大批农民工返乡就业和定居，也不愿意再回到村里去种田，希望能够在小城镇安家落户，开办小型服务业。而东部地区一些传统的劳动密集型企业，也因为劳动力成本和环境成本的压力上升等原因，急于寻找新的出路，中西部的小城镇是一个重要的选择。

（2）小城镇是流动性就业的农民工的主要聚集地。据有关部门调查，30% 以上的农民工在小城镇各类企业就业。在大城市就业的农民工基本也是稳定居住在城乡结合部的小城镇，但这里由于没有纳入市政管理的范畴，大量农民工基本上是住在当地农民的宅基地上的自建房，这里公共基础设施供给严重不足，农民住房的设施条件也很差。大城市城乡结合部的小城镇，由于农民工集中居住，管理和服务上不到位，往往成为城市管理的难点和死角，治安和环境管理的"老大难"。

研究小城镇发展问题，要结合我们的工作实际，解决现实中出现的紧迫问题。重要的是，研究小城镇的发展，要针对城镇化的战略目标，把重点放在解决人的问题上，要认识到小城镇是农民进城就业的载体，又是农民返乡创业的载体。也要认识到小城镇不但是解决城镇化过程中农民进城就业的重要载体，也是东部传统劳动密集型产业向中西部转移的载体，只有把握住这几点，才能全面认识小城镇的作用。

重视小城镇的发展，要有具体的政策，政策内容要明确。以往，我们重视改革的内容比较多，重视发展的事情没有手段。而这次国际金融风暴对中国产生的影响，中央政府决定采取扩大内需的财政政策，我们要抓住有利时机，从小城镇作为城镇化载体的角度入手，申请各级政府加大对小城镇投资的力度，让转移的人口在小城镇扎根，改善他们的生活和就业条件，稳定他们的非农就业收入，并通过稳定他们在城镇的定居来带动他们的消费，促进内需的拉动。

三、对当前城镇化发展几点新认识

1. 从理论探索到加大小城镇政策资金支持力度的新阶段

这些年公共政策投入导向，一头是对各级城市的投入，一头是解决农村问题的投入，恰恰没有考虑到小城镇和大量流动的农村外出务工人员。要从关注农民工的权益问题转变为生存条件改善的问题，明确谁来投资，投到哪里，投多少。

城镇化发展不能仅仅停留在理论上，要去落实。就目前扩大内需，实施扩张性财政政策而言，有两个重要的点。一个是改善进城农民工居住条件，另一个是把小城镇作为产业转移的载体。我们要去争取落实，把城乡结合部和一些沿海地区农民工相对集中的小城镇基础设施的改造，作为我们下一步积极探索、进行政策支持的重点，同时要争取在中西部有条件的地区加强小城镇基础设施建设，把促进产业转移作为促进小城镇发展的重要抓手。

2. 从自发无序的扩张阶段到按照科学发展观逐步完善公共服务的新阶段

20世纪80年代的时候，"村村点火，处处冒烟"的无序发展，虽然在客观上带来农民收入和乡镇财政收入的增长，但是也造成大量的环境污染和农村产业的不合理布局。

按照科学发展观怎么样来指导城镇化和小城镇发展，怎样从无序到有序，怎样合理进行规划，怎样完善公共服务，是下一阶段要认真考虑的问题。这需要和第一个问题结合起来，如何落实政策，要考虑到小城镇这个载体应该发挥什么作用，它在中国的城镇体系中处于什么位置，它的产业结构应该是什么样子，用什么样的投资以及什么样的政策来带动社会的投资，彻底改变它的面貌。

3. 从注重形象建设的传统政绩观到推动"以人为本"，服务于就业和安居等民生目标的新阶段

很多理论界的学者和地方政府领导在谈到城镇化问题的时候，都把

城镇化等同于城镇建设。事实上，城镇化的问题就包括两个方面的内容：一是农村人口怎么样逐步并且稳定地向城市迁移。这里就涉及城乡结合部的当地农民怎么样来享受到城市的公共服务，也涉及大量流动的农民工怎么在各种不同类型的城镇中定居下来。二是城市的公共服务设施怎么向农村地区以及与城市相邻地带的农村地区延伸。公共设施所覆盖的范围意味着城镇化的完成程度，当公共设施涵盖的范围越多，包含的人口就越多，城镇化水平就越高。

过去，我们对城市的建设，一提到城市建设，那就是建设广场、马路、政府大楼、建设标志性工程等。现在，我们要更多的注意到就业问题。如东部沿海的农民工大量失业返乡的时候，很多镇政府拿出几千万元多年累积的财政资源给农民工发工资了，这才意识到农民工问题的严峻，就业问题的严峻。

政府要推进城镇化建设，不能把有限的资金投向形象工程建设，要注重民生目标，着重解决外来农民工的居住问题、子女上学问题等，当你的城镇有了大量人口在这居住，形成稳定的消费，人口集聚会创造出许多新的需求空间，结构调整会自发形成。当人口稳定了以后，社会不稳定因素也就降低了。

4. 从注重 GDP 的增长，到注重人与自然和谐的新阶段

过去很多地方都在强调 GDP 的增长，强调建设，强调发展，但是最后却付出了沉重的代价，诸如治安、环境等问题，而且还形成潜在的更大的无效支出。

我们这些试点小城镇，也要认真学习科学发展观，把盲目追求 GDP 增长转化为注重环境的协调发展，实现人和环境的协调发展，为我们长远的发展打下一个好的基础。

四、要继续在小城镇进行改革和发展的深入探索

1. 科学规划，指导小城镇发展

一个小城镇的科学规划，必须将有限的财政和土地等公共资源指向政府的公共服务目标的规划。没有好的规划，小城镇发展过程中的投资

和建设会有很大的盲目性。

中国的规划跟国际上还有一定的差距，这与我们的发展速度和城镇化进程有关，对城镇化的理解也有一个偏差。空间利用规划、土地利用规划和经济社会发展规划如何协调，如何统一，这需要探索。

但是，只有认识到规划的重要性，认识到规划目标是为公众利益小城镇政府的目标才能从热衷于形象工程和项目建设转向服务民生、扩大就业和保护环境。

2. 工作重心尚需向公共服务转变

这么多年来，各地始终坚持加大招商引资力度，发展非农产业，目标非常明确。

这一方式成为东部沿海地区小城镇发展成功的最基本的经验。显然，没有招商引资，就没有非农产业的发展，没有农村人口的转移和农民收入的提高，我们城镇化进程就不可能实现。我想这是一个非常好的值得总结的经验。小城镇政府应该未雨绸缪，在下一阶段，将产业发展交给市场，政府工作重点要转向公共服务上来，为产业发展和人口集聚提供好的环境条件。

3. 应加大民生工程的实施力度

有一篇文章说巴西等国家的政府投资，直接导向是改善民生工程，去解决老百姓生活迫切所需的问题，但是它的基础设施的建设比较差。我国恰恰注重有形的基础设施建设。改革开放 30 年来，我国的公共基础设施的建设成就举世罕见，但是，与老百姓生活密切相关的给排水、垃圾处理和环境等民生问题，很少进入基层政府的首要议题。

过去开会总结经验的时候，投资是核心话题。但是，在基础设施已经相对完善的今天，地方政府已经开始调整政府公共服务的导向，来集中地解决老百姓关心的给排水、垃圾处理和环境保护等民生问题。我们政府的公共服务导向发生了转换，这是一个可喜的变化。我们希望，在下一轮小城镇改革试点中，如何解决投资导向的问题，可能要把民生工程放在首位，要解决居民和农民的生活环境和就业环境切实相关的工程，而不是解决视觉和形象工程。

4. 引导产业结构调整，提升小城镇产业竞争力

金融危机发生以后，江、浙等一些发达地区的企业受到严重冲击。很多地方的领导同志给我讲，这次危机看起来是一个危机，但也是一个机遇。通过金融危机淘汰一批竞争力弱的企业，发展优势产业，调整就业结构和产业结构，在国内市场乃至国际市场上占领先地位。怎样利用这次危机，因势利导，提升小城镇的产业竞争力？可以从三种产业的调整上找突破。

一是提高工业附加值，提高资本和技术含量。这个恐怕是坚定不移的调整方向，调整传统的工业结构，淘汰高耗能、高污染的企业，扶持竞争力强的企业等。

二是加大服务业在整个经济中的比重。研究显示，服务业是未来就业增长的主渠道，但是这么多年来我们追求 GDP 增长的目标，把目光投向了工业，工业成了一家独大。后果就是规划的混乱，人居环境的混乱，环境的污染，政府管理难度的加大。

世界城市的发展历史，不仅仅是工业发展的历史。在城镇化水平达到一定的程度以后，服务业将会加快发展，这不仅仅体现在吸纳就业能力上，还体现在提升城市的生活品质上。调整产业结构目标是加大服务业的发展，带来城市的繁荣。

三是推进传统农业向现代农业转变。前些天我在北京郊区进行调查发现，这里的休闲农业发展非常之快，这不仅仅是因为结构调整得到了地方政府的支持，也是因为结构调整针对了城市消费群体。

传统农业向现代农业转变，围绕城市的发展，丰富农业的内涵。不仅仅是要走机械化、设施化的道路，还要注意结合小城镇所处的区位条件，大力推广观光农业和休闲农业，为城市服务，提高农民收入。

5. 探索农村存量集体建设用地改革

存量集体建设用地的改革可以从以下两个方面入手：一是关注存量集体建设用地的使用空间。在保证 18 亿亩耕地的红线不可突破的同时，我们只注重了耕地怎么样不可占用，但是忽略了集体建设用地的巨大空间。中国未来的农村改革，未来的土地制度变革，最大的容量是在集体建设用地上。天津在宅基地换房上进行了重要的探索，但是也引起了相

当大的争论。二是多种形式的集体建设用地的改革探索。北京的宋庄在集体建设用地上、在宅基地的使用上、在集体土地利用上来进行的多方面的探索，提高了土地的收益。但是，其他地方是否可以按照这种模式，恐怕需要各地的小城镇来进行深一步的探索。在集体建设用地的使用上怎么样能在尊重农民土地财产权益的基础上，进行各种不同形式的探索，恐怕还是我们小城镇在今后发展改革方面的一个非常重要的任务。目前为止，我们改革的理论不是凭空产生的，十一届三中全会以来提出的改革的基本方针是根据各地的实践和探索总结出来的经验。

6. 更加重视环境生态的建设和保护

经过几十年的投资增长，许多小城镇政府处在负债经营状态。这里指的不仅是负财政债，还有负环境债。东部沿海很多地方发展很快，但环境面临严重的问题。刚才有的同志讲，太湖的治理已经成为当地政府面临的迫切问题，以至影响了它的结构调整。这是我们几十年发展所付出的代价。

根据国际经验，根据我们现在公共服务、民生的要求，来调整我们政府公共服务的工作重点，把环境问题作为一个重要的目标来考虑，把节能减排、治理环境、促进人与自然的和谐发展作为我们重点关注的问题。

7. 理顺县镇关系，提升小城镇政府的职能和发展权力

胶州市给李哥庄镇颁布的各项试点政策，吉林省给十强镇颁布的试点政策，都是非常明确地赋予小城镇发展的职责和权限。

当然我们更要注意到，2008年十七届三中全会决议对这一问题有了明确的说法。赋予具有一定发展潜力小城镇的相应行政管理权限的问题，在十七届三中全会中得到了落实。这说明，现在已经到了这样一个时机，需要进一步理顺各级政府之间的关系，更多地赋予地方政府，特别是有一定潜力的小城镇政府相应的权限。这些年，很多地方在干部管理上或者财政关系上进行了省管县探索。对于小城镇，特别是具有一定发展潜力的小城镇，财政收入上亿，甚至上几十亿的小城镇，它的行政管理权力应该怎么样解决，恐怕是我们要考虑的问题。原来，进行农村乡镇改革的时候，很多人更多的是关注怎么来削减乡镇政府的权利，精简机构，

财政统管等等。对于发达地区和不发达地区小城镇要在政策上有明确区别，现在看来已经在政策上得到了充分的肯定。这是多年来地方各级政府在小城镇进行改革实践探索中一个很重要成果。

下一步我们也要加强和地方的沟通，也希望利用当前扩大内需的时机，尽我们全力促进中央政府出台各项政策，为稳定城镇化的成果，抓好农村人口转移，促进城镇化进程，为加快小城镇发展服务好，做好我们的工作。

（2008 年 11 月）

在经济发展水平落后的试点小城镇，
要敢于放权让利

——在渭南市华西镇调研中的讲话要点

2008 年 4 月 18 日～19 日，李铁等一行四人赴渭南市、华阴市、华西镇进行调研。华西镇处于陕西渭南华阴市西北部，是三门峡库区移民乡镇。全镇辖区面积 173 平方公里，耕地面积 10 万亩。总人口 2.86 万，镇区人口 6000 人。华西镇是以农业为主的乡镇，镇域内工商业发展滞后，2007 年农民人均纯收入 3800 元。

其间，调研组先后参观了华西镇镇区、万亩樱桃园和鸵鸟基地等；并与地方有关负责同志进行座谈，听取了渭南市、华阴市和华西镇对小城镇经济社会发展状况和发展规划的介绍，并就小城镇改革发展试点工作深入交换意见。以下是李铁针对华西镇发展的实际情况，谈的几条意见：

华西镇是一个经济发展水平相对落后的镇。一是镇区人口比较少；二是水库移民乡镇；三是以农业为主的镇；四是乡镇政府职能并不健全和完善。华西镇未来的发展，当务之急是要确定一个合理的发展思路。因为，在一个镇区人口 6000，以农业为主的移民乡镇，经济发展水平较低。如何通过小城镇发展带动当地农业和农村发展，增加农民收入，确实是值得认真考虑的问题。

一、规划一定不要贪大

听了你们对未来发展的介绍，我觉得其中存在一些问题。你们规划到 2015 年镇区人口达到 1 万人，建成区面积达到 6 平方公里，城市化率达到 50%，我觉得不大可能。人口达到 1 万也就是到 2015 年要增加 4000 人，我不知道这能不能实现。但 6 平方公里的规划区面积是很难实现的。要达到 6 平方公里的规划面积，人均占地面积将是 600 平方米，远远超过建设部规定的城镇人均占地水平。按照人均占地 100 平方米，最多 120 平方米，1 万人也就是 1.2 平方公里的建成区面积，你们规划 6 平方公里这么大的建成区面积，根本做不到。50% 的城镇化率意味着目前全镇人口的一半要集中进镇，要实现这一目标也是非常困难的。这些规划目标，大多是主观想象出来的，是不切实际的。

农业城镇，如果没有特殊机遇，大投资项目的引进，大量人口的进入，想让这个镇在几年内突然发生非常大的变化，这很难做到。要客观分析你们镇的基本镇情况，在这个基础上，想想如何去发展。是不是以农业为主的小城镇就一定发展不起来呢？也不是，在农业比较好的乡镇，通过政策培育，政府引导，促进非农产业的发展，特别是农产品加工的发展，从而带动农村商贸业的发展，加强小城镇商贸中心的聚集能力，应该是可以逐步做到的。

你们按照规划，将镇区的路修得很宽，沿着路面也都有店铺。我觉得这些店铺是很难发展的，人气也很难聚集。你们规划了 30 米宽的主干线，却只有 6000 人口，这样的道路功能不是为了交通。因为 6000 人的交通流量没有那么大的压力。修建 30 米宽的路，不仅没有必要。反而会使商业的发展受到影响。

我在西安调研时一直强调，聚集人气很重要的一点是让这个镇更紧密一点，街道更窄一些，商铺更多一些，让人气聚集起来。我觉得镇区更需要的是发展商贸，人到镇里来干嘛？是要在这里居住，还要在城镇解决就业问题。在目前的发展水平下，在这里就业主要是做一些小买卖。做小买卖，也不会赚很多钱，所以政府要创造更传统，更适合他们居住的条件，以更低的成本，让他们进入。在这种情况下，政府一定要注意降低基础设施投入的成本。让街道更窄一点，店铺更密集一点，经营管理费用更低一点，城市尽量干净一点。1998 年我们在做移民建镇调查时，就提出要特别注意在规划建设中，解决好城镇居住移民的就业问题。

当前，可以做的事情有两件。一是可以加大招商引资力度，镇里可以规划出一个小工业集中区，允许一些传统产业，污染不是很严重的产业来这里集中，加大投资力度。二是要调整规划思路，让宽马路变窄。一万人的流量，人均汽车拥有量也很少，其实镇里没有几辆汽车，建那么宽的马路干吗？基础设施建设要符合实际，符合现在的发展特点。降低基础设施投入成本，修建 30 米宽的路，等于一半以上是浪费的，也使一半以上的投资浪费掉了，而且还要花大量的维护和管理费。这些问题在制定规划时需要特别注意。我们到一些古镇去看，他们的路都很窄，但是人气很旺。仅凭主观就规划出大马路，四四方方的，不见得符合人气聚集的特点。

二、要尝试对小城镇进行一些权力下放试点

既然是进行试点，能不能在政策上有一些突破？既然要通过小城镇带动周边地区的发展，是不是给小城镇政府下放一定权力，让财政相对独立一些，加大招商引资的积极性？现在镇里的负责人连自己创造的税收是多少，有多少财源也不清楚，这是不行的，家底搞不清，就可能盲目发展。市里是否可以把增加的财源留给镇里一部分，放水养鱼，增加镇这一级招商引资的积极性，让他们积极主动地去开拓财源，以有限的资源来引导商铺的聚集，也会节省基础设施投入的成本，这是一个很重要的问题。

要发挥乡镇政府在引导城镇化发展，引导农民向小城镇集中，引导商业集聚和招商引资的积极性。没有这些积极性，就只能让它作为一个行政管理型乡镇。如果仅仅希望华西镇以稳定作为未来发展的目标，那么小城镇的发展就不要考虑了，可以按现在的方式继续进行。如果想让华西镇在全省，全渭南地区有一个示范的作用，渭南和华阴两级市政府，特别是华阴市政府，能不能允许在华西镇，进行改革的探索。

在改革试点探索上，西北地区比较成功的就是西安的新丰镇。该镇是 1995 年全国 57 个综合改革试点镇之一，也是西北唯一的一个试点镇。这个镇当时全口径财政收入是 231 万。经过 13 年的试点发展，今年的财

政收入是 9100 万。当时在这个镇设立了金库,好像是陕西省镇一级单位唯一的一家金库。镇里有了独立的财权,调动了积极性,所以在招商引资上力度特别大。新丰镇发展的经验值得重视。不知道你们这里全口径税收能否达到 200 万?可将增加的税收留给华西镇,给他几年时间,让他自己来扩展财源,促进小城镇发展,增加小城镇活力,精打细算的进行基础设施建设,来发挥招商引资的主观能动性,我想这可能对渭南地区起到率先引导的指导。

现在我们遇到的困惑是什么呢?一方面,我们要求小城镇实现稳定的管理;另一方面,又强烈地希望它具有发展的动力。上级政府可以支持小城镇,但如果它没有活力,你给他多少钱都没用。市政府是否能够完全了解小城镇最需要什么,我看不见得。另外大量的招商引资项目,不可能市政府去做。市政府有关部门去给它招商引资?做不到。你不给他财权,没有活力,没有积极性,它就不去招商引资。它发展的愿望就大大降低。改革最大的特点就是摸着石头过河,试点先行。到目前为止,东部地区发展有一些好的经验,但是对于西部地区,要复制东部地区的发展模式,这里还有个不利条件就是没有那么多的商业人才。但是怎样调动镇的积极性,给它更好的政策,灵活的政策,让他在镇的基础上有一些突破,这个是可以实现的。

现在可以改革一下,把镇里的权利回归一下,让它自己解决自己财政,让它有积极性,来调动地方资源,招商引资,增强活力。这个就需要市委市政府统筹一下,看能不能做到。

镇里的规划要调整一下,怎样提高人口和城市规划的密集度,怎样让分散的空间更有效的结合起来,怎样让老百姓有一个很低的门槛,进镇经商、办企业,如果路宽了,楼高了,会提高进城企业的成本。1984年中央 1 号文件允许农民自带口粮进城办企业,达到效果最好的是沿海地区,所以沿海地区大部分小城镇就成了商品集聚地。对于西部地区,农业地区,我们也应该放开思路,不要复制大城市模式,以最原始的方式开始,让他们低成本的进入,以最原始的模式开始,建立市场,有了商业就有了地方税收,有工业,就有进一步的财源。就在一个小城镇试验,对渭河流域不会有大的风险。如果这个做法可行,给他三年时间,做好了，还是起作用的。我们的这些意见希望你们认真考虑。西北就这么几个发展改革试点，西部地区特别是陕西，别的镇和你们的问题不一样，面临的是发展转型问题，规划问题。我们这里要解决的是管理体制的改革和发展思路的调整问题。

（2008 年 4 月）

我国城镇化进程中的特大镇
行政管理体制改革

党的十七届五中全会已经明确我国未来一段时间内，要稳定有序地推进城镇化发展战略。解决外来农民工进城务工就业并逐步享受与城镇居民同等的公共服务问题，是当前城镇化发展的重点。如何推进城镇化政策，需要进行全面深刻的社会变革。由于长期封闭的城乡二元的公共服务结构和人口流动就业居住的现实发生了巨大的反差，现行的城乡经济和社会的巨大差异，使得城乡人口在公共服务水平上的利益格局相对固化。采取什么措施，在什么地方率先推进城镇化的改革，已经成为政策制定的重点和难点。

从以往的改革经验证明，突破要选择薄弱环节。在大城市特别是行政经济文化中心的特大城市的核心市区，放开农民工和外来人口定居就业，并解决落户问题，显然有很大的难度。但是，在中小城市和小城镇，似乎可以作为改革政策实施的最佳突破口。

中央已经明确要在中小城市和小城镇加快户籍管理制度改革，但是对于中西部地区的中小城市和全国绝大多数小城镇来说，吸纳外出农民工总量并不多，放开户口的吸引力并不强。而在东部沿海地区，有一批特大建制镇，大量外来农民工在这里就业和居住，这里面临的人口和治安管理以及公共服务问题，已经成为制约当地经济和社会发展的重要因素。究其根源所在，就是建制镇所赋予的行政管理能力和实际的人口和经济社会管理规模严重不相适应。通过一系列改革政策，提升他们对农民工公共服务和管理的能力和水平，对于贯彻中央精神，推进城镇化政策的具体落实，具有十分重要的现实意义。

一、积极稳妥推进城镇化发展，要求加快特大镇体制改革

我们把一部分在人口吸纳能力、经济集聚能力等方面已经达到过去的城市设置标准，但在行政级别上仍然采取镇级管理体制，在管理上仍然采取传统的管理农村的模式的建制镇称为特大镇。

1. 我国城镇化发展需要更充分发挥特大镇的作用

改革开放以来，我国城镇化保持了快速发展的势头。2009 年我国城镇人口已达 6.22 亿人，城镇化率达 46.6%，比 2000 年提高 10.38%，年均提高 1.15 个百分点。虽然我国城镇化发展取得了显著的成就，但是与发达国家相比还有很大的差距，不仅滞后于世界平均水平，即使与经济发展水平相似的国家相比，我国城镇化也存在着较大的差距，仍处于快速发展阶段；到 2020 年实现全面建设小康社会，人均国内生产总值比 2000 年翻两番的战略目标，我国年均经济增长速度必须要保持在 6 个百分点以上，经济快速发展将为城镇化发展提供持久的动力。综上判断，未来 10 ~ 20 年时间，我国城镇化仍将处于快速发展时期。据预计，到 2030 年，我国城镇化率将达到 65% 左右，我国城镇人口总量将在 9.5 亿左右，城镇人口将增加超过 3 亿人，显然仅靠现有 654 个城市来吸纳如此庞大的城镇新增人口是不现实的，需要一部分特大镇发挥更多的作用，并进一步发展成为辐射带动能力强的小城市。

2. 特大镇是积极稳妥推进城镇化发展的重要改革突破口

城镇化的本质是将农村人口转为城镇居民，当前我国城镇化发展的主要任务是实现农民工市民化，推进农民工落户城镇。然而在城市，特别是一些大城市、特大城市，由于长期累积的各种固化利益关系，户籍制度改革面临着更多的挑战；小城镇相对来说，累积的利益矛盾还不深，改革的难度更小一些。特大镇是小城镇发展的领先者，也成为吸纳外出农民工的重要渠道，2008 年我国财政收入千强镇共吸纳外来人口 2625 万人，平均每镇吸纳外来人口约 2.62 万人，占全镇人口的 30.3%。外来人口超过本地人口的镇有 136 个，外来人口占全镇人口比重超过 40% 的有 218 个，超过 30% 的有 330 个。特大镇已经吸纳大量的外出农民工，对于

特大镇来说，迟早要解决外来农民工落户和公共服务问题，早解决早主动，这对推进我国城镇化发展也是必要的探索。当前，在特大镇推进相关体制改革，来解决外来农民工落户城镇问题，既可以贯彻落实中央有关推进城镇化发展的战略部署，又可以将户籍制度改革的影响降低到最低，做到稳妥有序。

目前诸如北京、上海等特大城市的发展正面临着人口增加带来的交通拥挤、房价上涨等方面问题，限制人口进入已被一些学者和有关部门提出。应该注意的是大城市发展中存在的这些问题主要发生在中心城区，但我国城市是一个行政区的概念，城市不仅仅包括城市中心区，还包括行政区内的大量郊区和农村地区。限制人口进入大城市，对于郊区和农村应不应该限制？事实上，中心城区之外的大量小城镇，也在分担着中心城区的功能。比如，2008 年北京市有外来人口 465.1 万人，其中38.7% 的外来人口居住在北京小城镇，而在广州和上海居住在小城镇的外来人口更是分别高达 55.1% 和 86.5%。这些小城镇许多已经发展成为特大镇，那么是否可以首先放开大城市郊区的特大镇有关落户限制，来分担中心城区的就业和居住功能，降低改革可能对城市带来的冲击。

3. 特大镇的人口与经济规模已经达到中小城市设置标准

首先，特大镇镇区人口已达城市规模。据国家统计局统计数据，2008 年我国有小城镇 19234 个，以镇区人口规模排序的千强镇，镇区平均人口规模达到 7.1 万，已接近我国城市设市规模标准①。2008 年，我国小城镇镇区人口超过 10 万人的镇有 152 个，其中人口在 10 万 ~ 20 万、达到小城市规模的镇有 142 个，人口在 20 万 ~ 50 万、达到中等城市规模的镇有 9 个，镇区人口规模最大的镇是东莞市虎门镇已达 57 万，已经达到大城市人口规模标准。

其次，特大镇的经济实力已达城市标准。在就业方面，2008 年我国财政收入千强镇平均吸纳 4.4 万非农产业就业人员，而县级市平均吸纳非农就业人员为 4.74 万人，与县级市水平基本接近。其中，千强镇平均吸

---

① 根据民政部 1993 年的设市标准。在人口密度高、中、低三类不同的地区，只要镇区从事非农产业的人口不低于 12 万、10 万、8 万，就可以撤县设市。

纳 2.84 万第二产业从业人员，县级市为 2.47 万，千强镇平均吸纳的第二产从业人员超过县级市。在财政收入方面，2008 年千强镇平均财政收入为 4.75 亿元，而县级市的平均财政收入为 19.63 亿元；但在人均财政收入方面，千强镇为 5493 元/人，而县级市仅为 2945 元/人，特大镇的人均财政收入水平要远超过县级市。从财政收入总量方面来看，2008 年财政收入超过 20 亿元的镇有 26 个，超过县级市的平均水平、超过 10 亿元的镇有 94 个。

二、特大镇的"镇级"管理体制已不适应城镇化发展需要

在我国，镇一级是作为农村区域设置的，虽然镇区人口纳入城镇人口统计范畴，但乡镇机构大多仍然按照管理农村的模式进行设置。特大镇发展的现实已经说明，将特大镇作为农村看待已经不再符合现实需要，但是由于相应管理体制改革的滞后，特大镇仍然以"镇级"管理体制的形式存在。"镇级"机构、人员编制和管理权限已经成为特大镇发展的重要约束，特别是不能满足大量外来农民工的管理和服务的需求，已经远不能适应城镇化发展的需要。

1. 特大镇机构设置、权限难以适应城镇化发展基本需求

各地为了适应人口集聚和经济快速发展的实际需要，特大镇在机构设置和管理权限等方面也进行了一些探索，比如浙江、广东、安徽等省份推行了"强镇扩权"改革；在"强镇扩权"的基础上，温州市又推出了"镇级市"改革等。这些改革探索是各地在推进城镇化发展过程进行的有益探索，对全国也具有重要的借鉴意义。

（1）特大镇政府机构设置的基本情况。从各地机构改革的探索来看，特大镇的机构基本按照"精简"的原则进行设置，不同地区的机构设置也不尽相同，概括起来主要包括三个方面。

一是按照有关规定设置政府机构。主要将政府有关行政职能集中到几个综合性办公室，比如义乌市佛堂镇将镇机关原内设机构"六办四中心三所"整合为"七办两中心"（党政办、城建办、经济发展改革办、综合行政执法办、社会事业办、财政办、农业与新农村办、综治工作中心、

365 便民中心）；宁波市溪口镇设置了 8 个行政机构和 4 个事业单位。广东省有关文件规定特大镇综合性办事机构按 8~12 个进行设置。

二是增设内部机构。经济总量扩大和人口增长是特大镇管理中面临的最主要问题，特别是外来人口的增多增加了社会管理的难度，然而体制内政府机构设置一般是依据户籍人口进行设置，难以满足对外来人口管理和服务的需求。为了缓解外来人口增多带来的系列问题，许多特大镇专门设置有关机构加强对外来人口的管理。如佛山市南海区里水镇为加强治安管理，维护流动人口权益，专门成立了"综治信访维稳中心"。佛山市顺德区北滘镇内设机构达 15 个，其中涉及外来人口管理和服务的机构有流动人口和出租屋综合管理服务中心、劳动管理所、环卫队等。

三是设置协管机构。仅靠政府序列内的机构已经难以满足实际工作的需求，为方便工作的开展，一些特大镇又设置了协管机构。比如，苏州市盛泽镇的经济发展办公室分化出了安全生产监督办公室、农村工作办公室，之后又演化出经济服务中心。随着企业的发展，经济服务范围的扩大，在这个经济服务中心之下，又演化出来招商中心、统计站和安全生产管理所三个机构。协管机构和内设机构的不同在于协管机构一般是部门为了方便工作开展而设置的，虽然有政府财政供养，但并不在政府正式行政事业单位序列中。

（2）强镇扩权的改革。为了增强特大镇的政府服务和管理能力，许多省市开展了强镇扩权的改革，赋予了特大镇县级政府相应经济社会管理权限，概括起来主要包括两个方面。

一是扩大经济社会管理权限。将县（市）政府及相关部门的行政管理事项及权限以委托、交办等形式交由镇政府行使。其中，涉及行政许可、行政处罚等事项和权限，在依法办理手续后，委托给镇政府行使；另外对一部分内部管理、为民服务等事项和权限，由县（市）政府发文直接交办镇政府行使。在权力下放方面，各地下放权力不尽相同，比如浙江省余姚市泗门镇共扩权 234 项，最少的仅 20 多项。广东省规定对常住人口多、经济总量大的中心镇或特大镇可重点在产业发展、规划建设、项目投资、安全生产、环境保护、市场监管、社会治安、民生事业等方面全面扩大管理权限，但是并没有具体规定扩权事项。

实践中权限的下放主要有三种操作方式：一是直接下放给镇政府；二是在镇设置派出机构，比如设置公安分局、国土分局、工商分局等，将下放权限授权给派出机构；三是在镇设置各类行政服务中心，作为上级政府的分支机构，在服务中心设置窗口进行办理。

二是理顺条块关系。条块关系一直以来是政府间行政体制改革的重点，如何理顺条块关系是关系强镇扩权改革的关键。宁波市规定，上级政府在扩权试点镇设立的派出机构原则上与镇内设机构合署办公。义乌市规定除国家规定实行垂直管理或其他特别规定的部门外，其他市级部门驻扩权试点镇的派出机构，原则上实行"条块结合，以块为主"的日常管理体制，工作考核纳入扩权试点镇的考核体系，主要领导的任免，征求扩权试点镇党委的意见。

（3）权责不对等限制了特大镇对外来人口的公共服务能力。总体上来看，特大镇政府机构权限不能满足发展的基本需求，然而根据属地管理的原则，政府还要承担大量的责任。

一是权限不足。调研中了解到，对特大镇来说，当前机构设置中存在的最主要问题就是权限不足。比如，随着人口的增多，食品药品安全管理已经成为政府的职责，但是由于缺乏执法权，在查处假冒伪劣商品时，镇级政府连没收凭证都无权开具，管理难度很大。由于执法权的不足，也经常会遇到一些障碍，调研中有同志把此类工作形象地比喻为"替天行道"。也有同志抱怨说，政府庞大的各类协管机构实际上只有信息采集登记这一项合法职能，如果遇到相对人不配合的情况也没有办法。由于镇一级政府缺乏相应执法权和审批权，一定程度上也影响了政府公共服务的供给。如北滘镇为了完成一个社区卫生服务站的审批，共花费2年零10个月，主要原因在于镇级机构没有相应的审批权。

二是责任太多。随着我国乡镇机构改革的深入，镇级政府的执法权逐渐被弱化，特别是近年来，垂直部门日益增多，进一步削弱了地方政府的权力。对特大镇政府来说，一部分部门是中央政府的垂直部门，另外还有一部分是县（市）政府为了加强对特大镇政府的控制而在特大镇设置的派出机构，比如说温州乐清市柳市镇现有上级部门派出的环保、安监等机构20多个，镇里对这些机构无权管理，但镇长是环保、安监等事故的第一责任人，导致"有责任的没法管，有权管的没责任"的现象。据对浙江省的调查，特大镇政府承担的各类问责多达30项左右。

2. 编制和人员：体制内不足，体制外来补

随着特大镇人口增长和经济总量的膨胀，普遍存在人手严重不足、工作量大幅增加的情况。在这种背景下，一方面按照体制要求严格控制了公务员数量；另一方面政府通过体制外政府雇员和协管员方式来缓解人口增加带来工作量增长的压力。

（1）特大镇编制已不能适应城镇发展实际需要。从政府行政事业单位人员编制设置来看，特大镇与一般乡镇区别不大。比如，按照有关规定，一般镇级行政编制不超过65人，义乌市佛堂镇仅有75名行政编制，江苏苏州盛泽镇也仅有96人，而2009年佛堂镇、盛泽镇人口分别达到21万和30万，财政收入分别达4.3亿和24.87亿。然而，即使将事业单位人员编制计算在内，佛堂镇和盛泽镇的政府机构人员编制也仅为143人和223人。广东省规定特大镇的行政编制在85~150人，最多也不能超过150人。

在政府人员中还要将一部分从事机关行政工作的人员除外，真正从事一线执法和服务的人员就非常有限了，社会管理和服务力量严重不足。比如温州市柳市镇交警中队共有正式交警19人，具体要管辖周边5个乡镇，共计50万人口的交通问题，基本上是人均要负责超过2.5万人的交通问题；除掉后勤人员和在其他乡镇的交警，在柳市镇负责实际路面管理的交警只有5名，所要管理的人口是28万人。义乌市佛堂镇仅有5个交警，还要管理临近乡镇共计178平方公里的区域。再比如，苏州市盛泽镇工商分局，作为吴江市财政局的派出机构，人员仅20多人，而全镇目前共有各类企业2300多家，人均要负责100家企业的工商登记、变更等具体事宜。

从人口公共服务需求来看，特大镇编制数是远远不够的。以社会治安为例，发达国家警民比平均为万分之三十，我国警民配置的标准是每500人配备1名民警，特大镇的警民比例不但远远低于发达国家的警民比，也达不到我国警察配置标准的要求，比如，上述盛泽镇警民比不足万分之七。从我们的调研情况来看，广东、浙江等省份特大镇的警民比

一般不超过万分之十。当前，编制内的政府公务人员已经很难适应迅速增长的人口总量对政府公共服务的基本需求。

（2）政府雇员和协管人员成为政府公务人员的有效补充。面对日益增加的工作量和固化的行政事业编制数量，特大镇政府主要是通过体制外的方式来缓解矛盾：一是聘用政府雇员，比如东莞市长安镇事业单位实有工作人员623人，而编制只有343名，有近300人的编外人员。二是设立各类协管队伍，比如治安协管、交通协管、劳动协管、出租屋管理人员等。苏州市盛泽镇仅公安协警就超过980名，东莞市长安镇政府财政共计供养各类协管约4000人。政府雇员和协管人员已经远远超过编制内公务人员数量。

政府雇员在职级晋升、工资待遇、社会保障等方面在制度上趋于健全，形成"地方粮票"性质的政府公务人员队伍。但是由于这些人员执法权的缺失、职业未来的非稳定性，以及同工不同酬等因素，因此政府雇员制度还有许多值得研究的问题。

（3）大量使用体制外人员参与管理带来的问题。选择体制外人员参与城镇管理是政府的无奈之举，这也带来一些问题，主要表现在以下两个方面。

一是体制外雇员的素质限制了执法水平的提高。显然，自聘的或临时聘用的人员执法，无论是素质、责任心、专业水平，还是自身的法律意识、执法观念都难以保证，致使其在城市管理与治安管理中执法能力不高、执法水平低。这不仅削弱了镇政府维护城市秩序的能力，也是引发诸多社会矛盾的重要原因之一。保安、联防队员在执行公务中伤人事件也不鲜见，这些都与执法者素质低，政策解释能力差、疏于沟通、不懂说服和教育，简单执法、粗暴执法、甚至野蛮执法不无关系。在法制教育日益普及，百姓法律观念不断增强，维权意识高涨的今天，如果没有执法权的机构人员参与执法的现象继续下去，可能会造成行政复议、行政诉讼案件的增多。

二是执法效率不高。缺乏相应执法权造成效率不高，这也是社会治安等公共服务水平不高的重要原因。事实上，相应协管人员的配置比例并不低。比如，佛山市里水镇治安人员的配备比例是1：200，而东莞市长安镇乌沙社区的治安人员配备比例高达 1:140,这个比例超过了我国警民配置标准,也超过了发达国家的平均水平,但社会治安方面仍然存在较多问题,比如里水镇 1~4 月份治安报警数仍达 1805 宗。一些特大镇公安机构处理的案件数量要超过一般地区县城公安局处理的数量。对外来人口来说,社会治安状况要更为严重。长安镇乌沙社区 2008 年共发生 3 起凶杀案,所涉及 8 人全部为外来人口。

另外,由于体制外雇员的整体收入水平不高,造成了队伍的不稳定,阻碍了执法水平的提高,降低了执法效率,使得特大镇整体管理比较混乱,降低了城镇产业升级的能力,使特大镇的产业也只能维持在一个较低的发展水平之上,降低了城镇发展的活力,阻碍了特大镇的发展。

3. 经费来源:基层政府解决

体制内公务员的经费上级政府会有拨款,但体制外的大量政府雇员和协管人员则需要基层政府来解决。比如,里水镇治安人员各项费用合计要 2.5 万元/人·年,镇政府要负担各类协管人员的全部社会保障开支,以及人员工资的一半,政府在协管人员经费方面每年支出超过 2000 万元。顺德区协管人员经费由区和镇财政各负担 40%;北滘镇 2008 年仅治安联防大队经费支出达 1591 万元;长安镇政府雇用的各类协管人员的全部经费由镇财政来负担。

随着吸纳人口的增多,政府还要负担由于人口增多所带来的各类隐性支出,包括教育、卫生、环境保护等各方面。比如,长安镇每天仅各类生活垃圾达 880 吨,北滘镇 2008 年的环卫队经费达 1279 万元。另外在教育方面,外来人口子女义务教育的责任也成为特大镇的责任。据里水镇政府测算,每个学生镇政府要投入 2000 多元,据此测算,每年政府为外来人口教育投入要达 2000 万元。

从政府人员和事业经费来源看,特大镇政府承担了公共服务的主要经费。就特大镇政府财政收入能力来说,收入能力是非常强的,但是留存本级的财政比例太低。比如,温州柳市镇 2009 年的国地税收入 17.37亿元,但是镇级税收分成才 1.29 亿元,本级政府留成比例不足 8%。从全国来看,2008 年我国财政收入千强镇,平均财政收入 4.75 亿元,而其平均财政支出(在这部分支出中包括了上级政府的转移支付和其他预算外收入）仅为 2.43 亿元，支出仅占收入总量的 51%，收入的一半是被上级政府无偿拿走。预算内收入已经不能够满足特大镇政府各项支出需求，不得不依靠预算外收入，如土地出让收入、镇级集体资产收益等。总体上来说，特大镇人口增多所带来的各项支出主要在镇以下消化掉。

三、城镇化进程中推进特大镇管理体制改革的难点

解决农民工进城落户问题，看似是一个户籍制度改革的问题，实际上其中牵扯到诸多方面利益关系的调整，这些利益关系在镇一级相对要更为薄弱，因此通过特大镇可以更低成本的解决城镇化发展问题。但是即使是在特大镇要完全解决户籍制度改革的问题，还面临着城镇封闭的公共服务、机构设置和权限、行政区划调整等问题，这些问题的解决需要中央省市县各级政府通力协作，统筹解决。

1. 户籍制度造成了城镇的封闭性

（1）户籍制度造成行政资源的封闭性。户籍制度的存在使我国的城镇呈现出封闭性特征，这是我国城镇与世界上大多数国家城市的最根本的区别，另外一个区别在于我国城市是有行政级别的。城市的行政资源也是按照户籍人口进行设置：首先，城市的行政级别最初主要是按照城市市区非农业人口的规模进行划分，比如 1986 年《民政部调整设市标准和实行市领导县的报告》中规定具备领导县的、市的首要条件是市区非农业人口达到 25 万，也就是说要升格为地级市必须具备一定的市区人口规模，这个人口规模主要是户籍人口规模。其次，城市政府机构的人员编制也是按照户籍人口进行设置。比如 1983 年中发 6 号文件《关于地市州党政机关机构改革的若干问题》中明确规定人员编制按照城市人口（不含市辖县的人口）的 3‰~4‰ 核定。这个文件中已经基本上明确了政府人员编制设置的基本标准，就是按照户籍人口进行设置。

我国城市设置的有关文件大多是 20 世纪 80 年代出台，当时外出农民工还很少，流动人口总量不大，城市人口与户籍人口的差距并不大。20世纪 90 年代以来，我国外出农民工的数量不断增加，到 2009 年我国外出农民已达 1.453 亿，占我国人口总量已经超过 10%。在东部沿海地区的

一些特大镇外来人口总量已远超过本地户籍人口总量，许多特大镇人口已经达到中等城市规模，甚至是大城市规模，经济总量和财政收入能力要超过中西部地区一般地级市的水平，但是城镇级别仍然是镇级，城镇行政编制还按照户籍人口进行设置，显然这已经不能适应形势发展的需要。

（2）户籍制度带来公共服务的封闭性。计划经济时期，城市人口的就业和公共服务主要依靠城市各单位来提供，城市的单位归属于各级政府支配，这种分配方式延续到改革开放以后很长一段时期。比如，城市的就业岗位仅对具有城市户口的居民开放，城市的中小学校仅向具有城市户口的中小学生开放，农民工子女不能进入。进入到21世纪以后，中央政府对进城农民工公共服务的关注程度不断提高，特别是2003年中办1号文件颁布以来，进城农民工的公共服务不断改善。比如，在农民工子女教育方面，提出了以流入地公办学校为主承担进城农民工子女义务教育的责任，地方政府对外来人口的公共服务投入力度有所加大。但这并没有打破城镇政府公共服务的封闭性，各级城镇政府的公共服务仍然主要是本地的城镇户籍居民，范围更大一点的话就是行政辖区内的户籍人口。

政府公共服务能力依赖于政府的公共财政收入，如果公共财政收入依赖于地方资源，那么打破公共服务封闭性的困难就很大。以我们调研的温州乐清市柳市镇为例，柳市镇财政总收入17.37亿，但是留存本级的财政收入仅有1.29亿，其中9500万用于支付教师的工资等基本人头费支出，可用于其他方面的资金非常有限。同时为了维持16平方公里建城区的城镇基础设施运转、维护等基本费用，以及20多万人口的基本管理支出，那么每年的支出要在2亿以上，税收留成部分已经远不能满足发展的需要，为了解决财政收支缺口只能依靠土地出让收入。目前柳市镇的土地出让价格在1000万元/亩左右，土地出让收入在一般年份都占财政支出的一半以上。

当财政支出主要依靠土地出让收入时，支出的对象也应该主要是针对本地的户籍居民，因为土地的所有权原本就是他们的。对大量外来农民工来说，中央政府针对他们公共服务的转移支付是按照户籍所在地进行转移支付的。对特大镇政府来说，外来人口创造的税收收入大多已被上级政府拿走，税收留成占特大镇政府支出的比重并不高，特大镇政府也会将公共服务对象对准辖区内的户籍居民，并没有对外来人口提供公共服务的积极性。因此，要解决流动农民工的公共服务问题，还需要中央政府下更大的决心，承担更多的责任。

2. 特大镇扩编扩权改革面临尴尬境地

（1）扩编能不能解决特大镇面临的问题。20 世纪 90 年代开始的乡镇机构改革的主要内容是精兵简政，然而对特大镇来说却是如何来应对经济增长和人口膨胀带来的大量日常管理性事务，这样各类非正式机构和自聘人员也就产生了。这些机构和人员对于维护城镇日常秩序起到了重要的作用，对防止机构和人员无限膨胀，减少财政负担也有一定的积极意义。当前一些针对特大镇改革的建议也提出增加特大镇机构编制，是不是增加编制就能够解决问题？以东莞市长安镇为例，2007 年底华建敏同志到东莞调研以后，给长安镇增加了一倍的人员编制，但这些编制并没有得到妥善使用。因为还要涉及现有已经长期从事行政工作的编外政府雇员，可能由于资格或者考试成绩等问题无法被录取为公务员，当地不好平衡。因此，机构设置和人员的编制改革要考虑到多重因素，一方面要有利于解决现实问题，另一方面要有利于符合行政体制改革的方向，同时要有利于现有队伍的稳定。

（2）扩权改革面临的困境。权力扩大对特大镇的发展总是一种动力，但是从已经进行的扩权改革来看，扩权改革要面临以下两个方面的问题。

一是要不要充分放权的问题。扩权改革的实质是县镇之间利益博弈的结果，面对固化的利益关系，对于县级政府和部门来说，权力下放意味着利益的损失，因此一些部门并不愿将权力真正下放。调研中，发现权力下放存在着"明放暗不放、放小不放大、放虚不放实、放差不放好"的现象。2009 年完成的温州龙港镇扩权方案，龙港镇要求下放 100 余项权力，但是实际下放仅 49 项。

同时，由于镇级政府不是一级执法主体，许多权力乡镇政府并没有权利执行，在法律上只有县一级政府才有资格行使，因此在条块分割的体制下，许多部门往往采取下设分局的形式来执行上级部门的权力。也就是说，放权并没有下放给政府，而是给了部门，成为实质意义上的"强局扩权"。政府对这些部门并没有管辖权，需要这些分局参与处理的事务，只能通过镇政府协调的方式来解决。在当前条块分割、利益严重固化的条件下，难以保证充分放权和有效放权。

二是扩权改革出现反复问题。现在所进行的一系列改革早在1995年，由国家发改委城市和小城镇中心（原国家体改委小城镇中心）指导的全国小城镇综合改革试点政策中就已经全面涉及，比如在财政、户籍、土地等10个方面先后进行了综合配套改革，这些改革对试点镇发展起到了重要推动作用，当年的试点镇现在已基本具备城市的规模。然而这些改革并没有得到延续，比如，我们调研的温州柳市镇，当年配套改革试点三年到期以后，所有的下放权力基本都被收回上级政府。现在进行的"扩权强镇"只是对当年改革的反复。改革试点的反复也验证了当年改革的必要性和前瞻性。

目前全国各地所进行的强镇扩权改革，县级政府和部门下放的权力仅以本级政府文件名义下发，没有纳入现有的法律体系。随着地方党政负责人的变动，地方负责人的注意力发生变化，改革也极容易出现反复。要保障特大镇的稳定健康的发展，必须赋予特大镇相应的经济社会管理权限，这些权限必须是长期稳定的，受法律效力所约束的，这就需要中央政府在这方面下更大决心。在特大镇设立"市"级区划是赋予特大镇稳定经济社会管理权限的制度保障。

3. 特大镇行政区划调整难度较大

（1）我国设市模式的变迁。改革开放之前，基本上是采取切块设市的模式，就是将城镇地区从原建制单位分割出来设市。市的人口以非农业人口或者城市人口为主，市的地域以建成区为主，市只带很少的农村地区和农业人口。切块设市模式可以使我国城市与国际上城市的标准趋于一致，使设市与城市趋于一致，也有利于推进城市经济社会的发展，形成区域中心。但是切块设市也存在一些矛盾，比如县市同城问题、重复建设，市县分设、人为分割城乡，市县矛盾激化等问题。

改革开放以来，基本上是采取整县设市的模式。从1983年国家开始推行整县设市模式，到1986年国务院转发了《民政部调整设市标准和实行市领导县的报告》正式出台设市标准，明确提出了整县设市模式。1993 年国务院批转了《民政部关于调整设市标准报告》，修改并颁布新的设市标准，依然实行整县设市。自 1983 年以来 90% 以上的城市设立是采取整县改市的模式，整县改市解决了市县同城的问题，增加了城市的发展空间，有利于城市对农村的带动。但是整县设市存在虚假城市化问题，混淆了城乡地域概念、造成耕地的大量占用等问题。

（2）特大镇设市的难点。1997 年中央、国务院发布《关于进一步加强土地管理切实保护耕地的通知》要求冻结县改市审批，到目前为止中国县级市的总量保持了稳定。停止县改市审批的主要出发点是保护耕地，客观上来讲，自 1983 年实施整县设市以来，我国城市的数量增长速度确实很快，从 1983 年到 1996 年城市数量增长 436 个，占同期我国城市总量的 65.5%。这一时期，我国耕地减少速度也是惊人的，仅 1992～1994 年，3 年期间耕地就净减少了 1.1 亿亩。实事求是地讲，耕地减少也与土地管理制度不完善有关。1998 年《土地管理法》进行了修订，修订以后调整了地方政府利用土地的权限，地方政府利用土地的权限变小。十多年的实践已经说明城市设置与耕地占用问题关系不大。

目前一批具有城市经济实力和人口规模的特大镇应当如何去面对，既然我国城镇化的发展要求大量小城镇的存在，当现有体制已经不适应这些特大镇发展需要的时候，应该如何去突破现有体制呢？设市是突破现有体制的一个重要方面，有两种设市方式可以选择，一是切块设市；二是县辖市模式。设市需要面对以下两个问题：

一是如果采取切块设市模式，首先要面对如何处理县镇关系的问题。大多特大镇都是县城的经济支柱，如果将这些特大镇分割出去，那么对所属县的经济和社会影响将是非常大。在固化的利益结构条件下，基层县市政府并没有积极性来推动这项改革，容易出现"两头（省镇）热，中间（市县）冷"的现象，使得改革缺乏动力。浙江省最近推动中心镇发展的文件中，也刻意回避了区划改革的问题。

二是如果采取县辖市模式，需要面对如何突破现行法律约束的问题。我国《宪法》规定县分为乡、自治乡和镇，并没有规定"县辖市"的问题。当然我国法律同样没有规定"市辖市"，但是地级市辖县级市的现象却是普遍存在的。因此，当前推行县辖市的改革冲击着当前的法律体系，关键在于能不能进行制度创新，如果处置得当将会推动特大镇的发展。当然这种模式同样面临着如何处理镇县关系的问题，还要充分考虑辖区变更可能带来的影响。

四、从城镇化发展角度解决特大镇问题的政策建议

从 20 世纪 90 年代中期开始，城镇化战略的提出就是希望从小城镇这个薄弱环节，突破农民工落户城镇的问题。今天我们提出对容纳大量农民工的特大镇管理体制进行改革的问题，如果在这些特大镇改革都难以推进，那么在各类城市甚至在大城市，更无法推进，城镇化战略的实施更无从谈起。

从城镇化发展的政策框架下统筹考虑，特大镇的相关改革要和户籍管理制度改革挂钩，要和外来就业务工的农民工进城定居落户进行挂钩。对于特大城市、大城市，户籍制度在主城区改革的难度较大，但是在其郊区的特大镇是不是可以首先有所突破，来缓解中心城区的人口压力，解决中心城区人口膨胀带来的城市发展问题，进一步推进城镇化健康发展。

1. 针对实际需求，推行特大镇机构设置和人员编制的改革

改革依据户籍人口和行政级别设置机构和人员编制的办法，把常住人口作为机构设置和人员编制的重要依据，强化对外来农民工的公共服务能力。机构设置要适应特大镇从管理农村向经营城市的转变，要根据城市管理的特点设置专门机构，配备人员编制。对核定编制内的人员编制的使用，可以根据发展的需要，由镇政府自由支配。对业已形成的政府雇员制度，应进一步探索和逐步完善。机构设置和人员的编制改革要考虑有利于解决现实问题，有利于符合行政体制改革的方向，有利于现有队伍的稳定。建议在机构设置和人员编制上要尽量做到一步到位，并对遗留问题给予充分的解决空间。

2. 赋予特大镇相应经济社会管理权限

十七届三中全会文件明确提出"依法赋予经济发展快、人口吸纳能

力强的小城镇相应行政管理权限",特大镇行政体制改革也不是简单增加机构和编制可以解决的,机构和编制的设置要与事权设置相匹配。可以下放的社会管理权限要坚决下放,可以委托镇级政府行使的行政权力尽量委托给镇政府。要进一步顺条块关系,建议中央层面尽快出台有关指导性意见,明确特大镇的基本概念,对特大镇扩权改革进行规范指导,推动特大镇向城市的过渡。在意见中要将特大镇改革与推进外来农民工落户问题结合起来,明确中央和地方各级政府在改革中的责任和义务,推进城镇化健康发展。

3. 尽快研究和启动特大镇设市事宜

"设市"是稳定特大镇经济社会管理权限,加快发展的必要途径。探索利用切块设市模式设立县辖市,要尽快研究确定特大镇设市的标准和程序,可以将审批权给予省一级政府。要按照城乡分治的原则,合理确定设市的空间区域,增加城市利用农村土地的成本,提高城市空间区域内土地利用的效率,避免利用"设市"增加对耕地的占用。合理划分城市税收在城乡之间的分成,既要保障城市发展的必要资金,还要充分发挥"以城带乡"的作用,促进城乡协调发展。合理划分县和县辖市之间事权。改革行政区划,要在完善功能确保公共服务的基础上,实行"小政府,大社会"的管理模式,避免机构和人员编制的膨胀。

4. 逐步建立特大镇与上级政府的分税体制

对于特大镇实行分税体制,解决财力与事权不相适应问题。1994年实行的分税制,主要是明确了中央和省一级财政关系。从全国来看,省以下财政关系存在较大差异,小城镇和上级政府的财政分成关系也不尽相同,既有统收统支,也有总额分成,还有增长分成等。要解决特大镇财力不足问题,应当与特大镇"设市"相适应,按照财力与事权相一致的原则,进行分税制改革。明确划分特大镇与上级政府的基本事权和税收分成比例、预算外收入分成比例,从财政体制上保障特大镇有一个提供公共服务所必需的、稳定的财政来源。

特大镇的行政管理体制改革,应先行试点,在总结经验的基础上,逐步完善政策,然后推开。可以从机构和编制改革入手,再进一步解决特大镇的设市问题,进而推进户籍管理体制改革,推进外来农民工落户城镇。作为改革措施，应强调无条件解决外来农民工落户问题为前提，特别要防止地方以解决外来人口落户为名，待自身的管理体制问题解决之后，仍然不能落实外来人口落户问题。

（2010 年 10 月）

中央党校第 55 期地厅级干部进修班城镇化专题调研组

执　笔　人：李　铁

指 导 教 师：向春玲

调研组成员：李　铁　马平昌　龚文密　宫正奇

　　　　　　刘锦红　马升昌　赵荣根　董　涛

关于发展城市群中的小城镇问题

"十一五"规划设想中，把发展城市群作为推进城镇化战略的重要选择，对于合理配置资源，有重点地支持城市发展，促进要素的相对集中，发挥区位优势，具有十分重要的现实意义。但是，在研究城市群发展的过程中，一定要注意小城镇在这些城市群中的重要作用。

城市群是城市发展空间形态的一个基本判断，实际上是以特大城市为轴心，中小城市为卫星，小城镇作为纽带的，不同类型和规模的城市空间集合的一个特定分布形式。在我国等级化的城市管理体制下，大城市和各类中心城市的发展，由于制度和区位条件的优势，要素相对集中，已经出现相对扩张的势头。但就城市群来讲，我们更应该关注的是小城镇，这里指的小城镇，在人口规模和经济规模上并不小，只是行政等级处于城市等级最底层。从直观上，我们之所以有城市群的概念，主要是我们从沿海地带的城市群中看到的城市连片发展，连接的纽带基本以小城镇为主。从公路沿线和铁路沿线来看，基本上都是无数个星罗棋布的小城镇，把主要城市连接成为城市密集区。

关于小城镇的数据，十分有说服力。2003 年，财政收入超亿元的镇有 538 个，最高的广东省东莞虎门镇已达到 14.5 亿元。这些镇的平均人口为 9.3 万人，其中人口超过 20 万以上的有 43 个，30 万以上的 10 个，50 万以上的有 3 个，即东莞的虎门镇、长安镇和深圳的布吉镇；平均每个镇的乡镇企业多达 1700 个，是全国平均每镇乡镇企业数的 3 倍。值得注意的是，所有的 39 个财政收入超过 5 亿元以上的小城镇，全部都分布在东部沿海地区的城市群中。

和各类城市相比，这些小城镇在发展过程中具有以下特点：人口聚集能力强，外来人口基本超过本地人口，多的达十几倍，少的也基本持平；城市发展具有活力，要素流动十分迅速；大多以劳动密集型产业和制造业为主，新增投资极其旺盛；基本是"小政府，大社会"的格局，政府管理虽然有待规范，但符合市场化的发展趋势；基础设施建设成本低，适应农村人口的快速进入。一个特别值得注意的现象是，在国家统计局统计的数据中，小城镇的人均 GDP 增长速度和财政收入增长速度都明显快于城市，而基础建设的投入水平仅相当于城市的 1/13；用地的增长幅度低于城市，用地基本用于工业发展；小城镇以较低的投入创造了较高的收入，而且还接纳了全国农民工总数的 40%。

相比于各类行政等级高的城市，小城镇发展中也面临着严重的问题：以流动人口为主体的城市人群，增加了城镇管理的负担，带来的社会治安和环境压力十分突出；大多数小城镇没有独立的公共财政，收入基本全额上缴，使政府没有足够的公共资源解决对外来人口的管理和服务问题，环境治理的欠账较大。支持小城镇继续吸纳非农就业人口和促进劳动密集型产业发展的用地问题，已经成为制约小城镇发展的瓶颈。据调查，小城镇的用地绝大部分是工业用地，而城市相当一部分用地是服务性用地。政府的管理职能不健全，有些镇，人口几十万，但大部分管理权限在上一级政府，大量经济和社会发展的问题不能得到及时解决；各级政府对小城镇的管理要求提的多，收取的行政资源多，但给予的政策和资金支持少；小城镇的发展规划十分落后，导致了城镇规划的失调和公共资源的严重浪费。

以上特点和问题，既说明了在我国城市群发展中，由于小城镇功能的不可替代，给城市群的发展输入了充分的活力，同时又为低成本转移人口创造了有利的条件，而且，在未来的城市群发展中，由于相当一大批小城镇的存在，为各类城镇在产业分工、人口分流方面形成了合理的市场化的配置基础，并有利于促进各级城市间发展的竞争。但是也要注意到，如果这些问题不能得到及时解决，很可能会出现巨大的城市反差。一方面是环境优美、具有国际发展水准和福利设施的城市，另一方面则在小城镇出现严重的环境和社会治安问题，甚至出现大量的贫民窟，进而直接影响到城市的安定和发展。在广东出现的问题已经足够引起教训。结果是使促进城市群发展的美好愿望，被反差所带来的大量社会实际问题而掩盖。

如何在未来的"十一五"规划城镇化发展战略中，把小城镇和城市群的发展战略有机结合起来，建立和谐共存的不同规模的城镇发展机制，促进农村劳动力稳定有序地向各类城镇转移，应该注意到以下内容：

搞好基础设施建设，特别是连接城镇之间的重要交通干线和各种管道线路的建设，以利于通过基础设施共享，来降低城镇发展成本。

对于人口规模和经济总量达到一定规模的小城镇，应该允许直接设市，由省级政府直接管理（目前在一些省已经实现了县级政府省管），允许财政独立，并加大这一部分城镇政府的管理权限。在机构不盲目扩张的前提下，按照人口规模合理配备城镇管理人员编制。

提供政策支持，对这些镇由省级政府直接下达用地指标，解决小城镇经济发展和基础设施建设的用地问题。特别是确保这些小城镇通过用地来接纳更多的农村劳动力就业。

搞好规划，特别是要做好经济社会发展规划。以现有的人口规模为基础，安排政府的公共资源，把农民工纳入政府的管理和服务范畴。

（2005 年 10 月）

国际比较下中国城市发展的特殊性

我是学欧洲史的，对欧洲历史发展进程有一些粗浅的了解。我觉得我们从欧洲城市化的经验中学习到了很多东西。这些年，在从事中国城市化进程的研究中，也发现了很多问题。所以，今天上午的会议发言让我感受很深。最大的感受就是我们在两个语言体系、两个制度上说话，有时候交流会有一些困难。下面简单介绍一下中国的情况。

一、中国城市化和城市发展现状

中国的城市化率2011年底是51.27%，在13亿人口中有6.9亿城市人口。这6.9亿城市人口，比欧洲人口的总和还要多，这是一个城市化人口的问题。另一方面中国城市发展也非常迅速，中国现在城市的数量有两个标准，比欧洲的标准显然要高很多。我们现在城市的数量不是以人口规模，而是以城市等级来划分，城市有657个。实际上，我们还有19522个镇，这19522个镇的平均镇城区人口（不是辖区人口）是11000人，按欧洲的标准它也应该是城市。如果我们按照1万人口的标准设市，那么我们会有将近2万多个城市。但是，在城市里，1000万以上人口的城市有5个，400万到1000万的城市是9个，200万到400万的城市是30个，100万到200万的城市是81个，100万人以上的城市是125个。加上全国的镇，10万人以上的城市有将近2000个。我给大家一个数字的概念，中国的城市有6.9亿人口，10万人口以上的城市有2000个，1万以上的城市2万个。

本文是2012年3月9日作者在巴黎"城市化和城市治理"圆桌讨论会上的发言。

但是，我们研究城市不能只看城市的数量，而要看城市发展的质量。毕竟，在古代希腊有城市，在中世纪有城市，在现代社会有城市，城市和城市有很大差别。因此，中国城市和欧洲城市也有很大差别。我们看起来表面上有很多高楼大厦，形态上都是一样的，但在深刻的制度管理上有着非常深刻的差别。只有了解这些差别，才知道中国城市发展道路所存在的问题，它直接导致中国的城市发展和西方走的是完全不同的一条路。

二、中国城市的特殊性

第一，中国的城市不是一个独立自治的城市，它是一个辖区。我举个例子，北京有 2000 万人口，但是北京是个行政辖区，它管辖着 16800 平方公里的土地，它的下面有 16 个区县，有 108 个乡镇，所以我们所说的北京不是北京市的主城区，而是没有办法用边界划分的，但是却有一个很大的、相当于一个省域的行政辖区。

第二，中国的城市是有等级的。因为它是个辖区，不同的城市都是一个不同的辖区，所以这意味着不同的城市之间是有等级的，所以中国所有城市是有等级的，一个城市可以管理另一个城市。比如，北京可以管理 16 个区县，108 个镇，包括我们很多下一级的城市还管理着很多县级市，还管着很多 1 万人口以上的镇。这种等级化的城市管理体系决定着整个中国城市资源的流向在空间上的分布是不均匀的。这和美国、欧洲不一样，它们大多都是自治的，由自治城市演变为现在的城市。中国是一个中央集权体制，它用不同的等级和城市来管理全国，它有五个等级：中央、省、市、县、镇。除了中央和省外，剩下的都是以城市管理体制来完成整个的管辖控制的权力。

第三，中国的城市人口不是对外开放的，整个公共服务体系相对于行政辖区来说是封闭的。因为每个城市的公共服务水平不一样，它所调用的资源也是不一样的，因此它的福利是针对整个辖区内的人口的福利。正是由于这种福利有我们的户籍制度作为保障，因此它是一个相对封闭的公共服务体系。这个户籍制度，简单地说，有点像欧洲对外国的移民制度，就是外国人口到这里可能拿不到你们的国籍，和本国人享受不到同等服务。在中国，我们的户籍制度恰恰也是达到了这种效果，就是外省市的人到北京来得不到北京的公共服务，所以他们只能提供廉价的劳动力。这就是我们中国城市很重要的一个特点，它的户籍制度导致中国公共服务体制封闭的特点。

第四，中国是一个比较中央集权的官僚体制，所以，它的官都是职业的官僚。我们所有的城市长官不是民选的，这和欧洲完全不同，中国的市长，可能你今天当了市长，明天又可能调任去干别的事情。所以，我们每个官员的任期都是相对短暂的，所以它决定了我们所有的城市官员，特别是市长，他们的行为是短期行为。从另一个意义上来说，市长不完全是选举的，要经过上面任命的程序，因此，他也要对上级的官员负责。由于他不完全是老百姓拿选票选的，所以，他的决定经常不以所有辖区内的公民的公共利益为第一准则，而常常以上级领导和个人的主观意志为第一准则，这就是中国现代城市管理中决策行为的一个主要特点。

第五，中国支撑城市发展的土地制度，和欧洲也完全不一样。中国的土地制度是两种公有制，就是城市的国家所有制和农村的集体土地所有制。这两种公有制有一个最大的特点：当某块土地从农业土地转化为城市用地的时候，就被国家用低价征收，转化为城市用地，所以这种土地制度使中国的城市获得了更多的城市发展资金，来支持城市建设。另一方面，由于土地被国家征用，它在转化为商业用途和开发用途的时候，城市可以征收一大笔土地出让金，这笔土地出让金就取代了税收成为城市建设资金。而正是这种土地出让金，让中国的政府以出卖土地作为经营城市的主要资金来源。这就是，中国城市迅速的空间扩张，形成城市空间面积过大的一个很重要的背景。

三、中国城市发展的背景和存在问题

了解了这五方面的特点，我们就可以进一步挖掘中国城市发展的背景和一条脉络，了解中国城市迅速取得的成绩和它出现的问题所在。

1. 中国城市发展的制度背景

大家都知道为什么中国这些年经济增长的速度这么快，30 年平均每年以 8% 以上的速度增长，它取决于三个基本的廉价。

第一，廉价土地。从农村获取土地作为城市企业投资的成本。大家知道，中国的筹资成本是世界上最低的，这是因为土地非常的便宜。我们每年大约以 2000 万人就业人口速度在增长，30 年大概吸纳了 6.9 亿的城市人口，它是以庞大的就业来支撑的，而就业是靠投资来支撑的，而投资是靠廉价的土地来支撑的，这是中国经济发展很重要的一个原因。尽管我们知道廉价劳动力在亚洲、印度、拉美都存在，但是它们和中国不一样的是，中国有廉价的土地。政府可以从农民手中通过强制的方式来获取土地，进而获取投资来增加就业，这是中国经济迅速增长非常重要的一个原因。

第二，廉价劳动力。我们的户籍制度把中国的农村居民排斥在城市的福利之外，它不仅不能给他们城市的各项公共福利，同时也不能完整地去缴纳社保，所以中国的劳动力价格也是相对便宜的。中国这些年整个竞争力的增长，劳动力密集型产业的发展，有 2.6 亿的农民工提供了绝对的廉价劳动力成本，这也是中国在世界上、在工业制造业上具有竞争力的一个重要原因。但这个原因是以什么来保证的，是以封闭的城市福利制度、封闭的户籍制度，使农民工永远是以廉价的劳动力存在。

第三，廉价的环境成本。中国的城市管理体系不是民选的，是一个官僚体系，而官僚体系是要通过自己的政绩来决定他的发展能力（个人的升迁能力）。因为如此，中国的官员具备以下特点，即他有强烈的招商引资动力，他通过大量的短期行为来带动城市的发展。那么，这以牺牲环境为代价，牺牲了劳动力成本，牺牲了土地成本，所以这种发展是非常之迅速的，这导致中国在短短的 30 年之内综合国力达到了世界第二位，城市化达到了 50% 以上，这是我们看到的现实。这套上下等级化的城市管理体制是从行政的手段来获取资源。另一方面，中国还有中央计划经济很重的痕迹，还占有相当大的比重，所以，每一个行政等级高的城市可以通过自己的行政能力来获取更多的资源，截留到这个城市，然后使城市的发展非常不平衡，使得大量的资源过度地集中在行政等级高的城市。我们所看到城市和城市之间的差距，城市和农村间的差距都是由这个产生的，这是非常重要的原因。

正因为以上几方面的原因和制度上的原因，产生了两方面的效果。一方面是城市人口的迅速增加，城市星罗棋布地在中国大地兴起，而且城市的外表特别繁荣，经济的增长非常迅速，这也是中国经济发展所取得的成就。另一方面，我们也看到了一些问题。

2. 中国城市发展中存在的问题

第一，由于失去了市场的本性，资源要素的价格过于便宜，使我们对整个要素的使用失真，使我们的资源造成大量的浪费。比如，土地的严重扩张，导致城市的摊子铺得过大，基础设施战线拉得过长，基础设施的成本越来越高。

第二，由于官员更多重视城市表面形象上的增长，所以中国的城市外表很漂亮，但是地下的基础设施严重的滞后（尤其与欧洲相比）。比如，我们的排水系统和供水系统。昨天我在布鲁塞尔讲过了，中国所有的城市没有一个城市的水是可以直接饮用的，这就是中国和欧洲的差距。

第三，我们现在所有城市的垃圾处理和污水处理和西方现代城市相比也有很大的差距。我们有两万个镇，绝大部分镇的自来水很少是通过自来水厂供应的，而是通过地下打上来的井水。所以，这种城市化隐含着公共卫生的问题、环境污染的问题，已经成为我们现在城市发展中严重的后患。这是我们看到的城市基础设施供应的问题，

第四，我们城市的应急救灾能力和城市的交通问题。北京2000万人，500万辆车，相对巴黎来讲少得多，但是它的汽车的拥堵问题严重得多，就是因为我国重视城市的更快扩张，而忽视了交通系统的改善，忽视了城市内部的地铁修建，忽视了整个城市内部结构的治理。所以，尽管我们在城市化发展的今天，相对于西方国家来说并不是很严重的问题，在中国都成了城市病。

第五，我们在城市发展中，有一个户籍制度，这个户籍制度长期把农村人口排斥在外，固化了城乡的各种利益格局，形成了新的社会矛盾。试想，我们大量的农村人口，将近2.6亿的人口，被排斥在城市化进程之外，只是打工，没有享受到城市公共福利。我们实际的户籍人口的城市

化率才34.17%，同城市人口有将近17%的差距，它的公共服务水平的差距，也蕴含着巨大的社会矛盾。

第六，政府对土地财政的依赖，大量地依赖土地出让金。金融制度的改革和城市公共设施的国有化，及目前大量的国有化的改革没有及时地进行，使我们现在城市财政一旦离开了土地，就会遇到严重的财政危机。最近，我们实施限价房政策，很多地方政府已经难以忍受，这就是我们土地财政面临的一个最大的困惑。

我们依靠短期行为和迅速的调动资源的能力，使城市化获得了快速的发展，使大量的城市出现了繁荣的景象，但是同时也存在了众多的问题。我们有户籍制度，使中国任何一个城市都没有出现在拉美、印度、南亚大量的贫民窟。但是，把农民长期排斥在城市化进程之外也不是一个长久之计，所以中央政府最近一段时间也在研究制定一系列的改革政策来引导城市向一个良性的方向发展。

四、相关制度改革的建议

1. 改革户籍管理制度

上午我们听很多专家讲过，欧洲，比如法国，人口迁徙是自由的，所以，恐怕在中国未来十几年的进程中也要注重实行人口的自由迁徙制度，把户籍制度彻底取消，允许农民和城市流动人口自由地在城市定居落户。但是，因为这是积累了30年的一个问题，我们不能一下子放开，要通过十几年的时间把这个问题逐步地解决。

改革户籍管理制度最大的好处是可以使这2.6亿以及未来更多的农民可以自由地进城定居，它可以带动对城市的消费来启动对城市的需求。我们知道2008年的国际金融危机严重影响了中国的外贸需求，因为欧洲、中美、中欧这种外贸需求大幅度地下降。所以放开户籍制度也是一个经济发展战略的必然结果。第二也有利于促进长期稳定和谐的局面，有利于农村劳动力从农村转移出来解决农村的长期发展问题。

那么，在解决城市化、推进户籍制度改革的同时，中央也提出要推进新农村建设，因为中国的城市化即使到2030年达到70%，我们仍有5

亿人口仍然留在农村。所以，在加强城市建设，加强城市发展的同时，也要加强新农村建设，使滞留在农村的人口的生活可以得到进一步地改善。

2. 加快土地制度改革

土地制度改革的基本前提是稳定农村的土地承包权、土地使用权的基础上，要提高对农民征地的标准，最终目标是使农村的集体土地和城市的开发土地同价同权，来增加城市占地的成本，来使城市的发展更有效集约地利用资源，提高土地资源的利用率。进行征地制度改革，还要提高农民的财产性收益，来解决农民可以带资进城来增加他们的城市发展资金。

3. 加快城市的行政管理体制改革，尽快地解决城市的分级管理制度

首先，从省直管县开始，减少地级的行政层次，因为我们知道，欧洲的很多行政体制改革实行地方分权已经是一个势在必行的形势。中国目前可能是得从简化行政等级入手来减少行政管理层次，增加城市发展的自主权力。

4. 逐步地重新进行设市审批制度

我们认为一些符合条件的城市应尽快地设市，回归城市的自主管理权限。我们现在有相当一部分镇，它的财力、人口已经很多了，但是它仍是一个农村管理权限。我们希望通过这次改革来恢复他们的城市管理能力。

5. 加快规划管理体制改革

中国的规划问题严重，我听上午讲的，在欧洲，在法国也存在规划分割的现象，工程师、社会学家、经济学家处于分裂的状况，到1968年以后逐渐合一了。那么，中国到目前为止还没有改变这种状况，因为中国传统的空间规划是技术性的规划，是从苏联那里学来的，但是实际上城市的发展需要经济学、社会学各个学科的支持和人才的相对集中。但是，现在这个管理分割的情况一直没有得到改善，使我们的规划和城市发展的实际不能相结合，使资源不能通过经济学和社会学的分析得到有效的利用。如何改革规划管理体制也是我们未来所研究的一个重要的任

务，就是经济学、社会学，甚至包括艺术和规划工程技术专家怎么来更有机地融合，来对城市的规划管理进行服务，这也是西方提供的最好的经验之一。

改革是多方面的，可能我只简单介绍了一个梗概，还需要更多的内容，我就不一一多加解释了。但我要特别强调的一点是，我们向欧洲、向法国要学习什么？这么多年来，我们有无数的市长、官员到欧洲来学习，但是学习到的都是表面的东西，比如说，把巴黎的草坪移到中国，但是对缺水的地方还是建草坪。我们把大量的表面的大楼、广场移到中国，但是并没有学习到实质的管理内容。包括很多制度上的内容，我们都没有学习到精髓。所以，我们希望通过以后一系列的会议，来加强我们的合作和交流，使这些实质性的、更有助于中国城市化进步的科学技术、行政管理的内容更好地介绍到中国，甚至包括大量的投资引入到中国，这是我们将来合作的很重要的一个目标。

(2012 年 3 月 9 日)

小城镇——低成本的城镇化道路

据第五次全国人口普查的数据表明，我国 2000 年的城镇人口占全国人口的比重为 36.5%，比国家统计局常规普查中我国城镇人口占总人口的比重多了 5 个百分点。主要原因是由于统计口径的改变，即在原来对于城镇人口统计的基础上，第一次把原来作为外来流动人口的城镇暂住人口统计为城镇人口，导致了城镇人口比重的大幅度上升。尽管如此，我国目前的城镇化水平仍然低于世界同等收入国家的城镇化水平近 10 个百分点。因此按照"十五"规划提出的加快城镇化进程的要求，任务仍然十分艰巨。

目前，人们对于城镇化的理解上还存在着严重的误区。尤其是一些地方政府和有关部门，仍然把城镇化理解为加快城市建设步伐。一些理论工作者也盲目地照抄照搬西方的理论，提出了城市的最佳规模为 50 万人口以上的大城市或百万人口的特大城市。

我国目前的城镇化相当于欧洲 18 世纪到 19 世纪中叶、美国 19 世纪末、一些拉美国家 20 世纪 50 年代的水平。这些国家城镇化发展的共同特征是：农村人口可以自由向城镇迁徙；大量的贫困人口集中于大城市，就业、治安、环境、疾病和贫困问题十分严重；低成本的城镇化进程在大城市中完成。特别值得注意的是，18～19 世纪的欧洲，由于城市贫困、就业问题十分突出，劳资矛盾严重对立，使得马克思、恩格斯预见到阶级斗争的尖锐会爆发严重的社会冲突并产生新的社会制度。

我国由于在 50 年代以来实行了城乡分割体制，限制农村人口的自由流动，回避了在其他国家城镇化发展进程中各类矛盾集中到大城市的问题。但是由于城乡分割政策在改革开放之后仍然延续，加剧了城乡居民利益阶层的分化。在保稳定的前提下，大量的国民资源一方面通过计划再分配的方式流向了城市，另一方面因农村在市场经济中的弱势地位，使得我国国民经济中最稀缺的要素——资金、土地和技术，不断地流向城市，而最富裕的资源——劳动力，却由于制度性的限制措施，被强迫滞留在耕地上。结果是城乡收入分配差距日益扩大，农村人口由于人均占有资源过少，生活水平难以从根本上提高。

解决问题的唯一办法是减少农村人口，提高农村人均占有资源的水平，并通过增加城镇人口提高农产品的消费能力，扩大对农产品的需求。加快城镇化进程的目标，核心是要解决农村问题。

但是，加快农村人口的转移（在 21 世纪初需要转移 2 亿以上的农村人口），取消对农村人口进入各类城市的限制，将使我国的城镇化道路必将沿着所有发达国家或发展中国家曾经经历过的一样。意味着要以较低的成本，在大城市的边缘地区形成大量贫民窟，城市边缘的环境、卫生、社会治安问题将会十分突出，并影响到城市居民的切身利益。

我国目前的现实国情是，城市建设高成本、高质量，追求国际上 80 年代发达国家的城市建设水准，许多城市制定了"花园城市"的目标。如此高成本的城市建设水平，如何能对应当前国家提出的加快城镇化进程的战略规划？特别是在各类城市制定的城市化发展规划时，由于对于城市居民的利益偏向，为防止大量流动人口进入城市带来严重的环境、卫生、社会治安以及对城市就业竞争等问题，也会通过具体的应对政策如提高稳定就业和定居的条件，限制流动人口进城落户。

我们目前应清醒地认识到，我们必须要加快城镇化进程，而我国的综合国力和人口压力，要求我国的城镇化成本不能过高，而且我国的经济发展水平和城镇化发展时期也不允许和现在的发达国家相比较，而是对应于发达国家 50～100 年前的情况。因此我们面临的选择是，要么放开农村人口流动的限制，允许进入各类城市，并在城市边缘地带形成大量贫民窟；要么把低成本城镇化进程在空间上分散到小城镇，在小城镇投入一定量的资金，建设成本远低于各类城市的水准，形成人口要素的聚集，并创造出就业需求，从根本上解决农村人口的转移问题，并在小城镇完成城镇化的过渡进程。

目前全国有 2 万多个小城镇，除广东和少数沿海地区的发达小城镇外，绝大多数小城镇对于外来人口的进入没有排斥倾向，都希望人口的聚集带来小城镇的产业兴旺发达。因此对其中一部分具有发展潜力和经济基础较好的小城镇，应予以支持，吸引农村人口进城，将对未来的城镇化进程起到十分有效的推动作用。

（2001 年 7 月）

中欧城镇化合作图景

　　李铁同志在参加中欧城镇化伙伴关系高层会议时接受了《财经》杂志记者专访。在接受采访中李铁指出：推动中国城镇化发展，是一场深刻的社会变革。借鉴欧洲的城市发展经验，中国需要放弃很多传统的城市管理理念，从加强公共服务入手，改革城市治理结构，更多引用市场化机制来促进中国城镇发展。

　　2012 年 2 月，温家宝总理在出席第七届中欧工商峰会时，提出"积极开展城镇化合作"主张。5 月 3 日，李克强副总理和欧盟委员会主席巴罗佐共同签署《中欧城镇化伙伴关系共同宣言》（以下简称《宣言》），它孕育着更为丰富的政策内容与发展图景，标志着中欧城镇化合作的新起点，双方将共同开发中国巨大的城镇化市场潜力。

一、中国城镇化政策将有较大突破

　　从 2011 年底的数据看，中国城镇化率已经达到 51.27%，但中国城镇化从数量型发展向质量型增长的转变，仍然停留在口号上，涉及城镇化的深层次改革并没有较大突破。

　　推动中国城镇化发展，是一场深刻的社会变革。要调整当前的社会利益结构，稳步推进户籍管理制度改革，逐步改善农民工的公共服务，实际上是要调整政府的公共服务目标，从对现有户籍居民的"锦上添花"转向对中低收入人口特别是外来人口的"雪中送炭"。

　　这不仅要面对一些城镇政府的阻力，也要面对已经是既得利益者的城镇户籍居民和当地居民的阻力。这既要解决中央和地方财政收入分配关系的调整，支持外来人口过多的城镇加大对农民工公共服务的力度，也要通过行政区划的改革，调整地方城镇之间的管理架构，实施放权让利，调动基层政府的积极性，切实解决农民工的公共服务问题。同时还要进行用地制度改革，来调整城乡利益分配关系等。

扩大内需是中国一项中长期经济政策，然而，把扩大内需变成现实，则需更为广泛的社会和经济政策配合。从 2008 年的国际金融危机开始，中国的外贸、投资和消费的增长速度都在下降，指望再迅速回归到 20 世纪 90 年代和 21 世纪头 10 年的黄金发展期，国际经济和政治环境并不支持，中国的经济结构也有诸多挑战。

要确保国内经济环境不至于恶化，甚至可以维持相对稳定增长，需要决策者具有前瞻性，更要敢于对现有利益格局加大调整力度，以追求长远和整体利益最大化。在这样的背景下，中国下一步的城镇化政策，应该说是各方面形成共识且对数亿人利好的重要政策，它将通过利益的释放来挖掘扩大内需的潜力。

从最近中央决策层一系列讲话中可以看到，扩大内需的主要着力点之一在于推进和深化城镇化，通过改善对 2.4 亿农民工和可能加入到城镇化进程的数亿农民的公共服务，激发他们的消费潜力，带动国内的消费需求和投资需求，进而确保国民经济的稳步增长。

而此次李克强副总理的欧洲之行，最重要的活动就是签署了《宣言》，这也在昭示，从新型的国际合作入手，本届和下一届政府将把中国城镇化发展战略落实到实操层面。

二、可持续、绿色、低碳城镇化道路

在过去 30 多年，中国的城镇化率以平均每年 1 个多百分点的速度增长，如今城镇人口达到 6.9 亿人，超过了欧洲人口总和。

近些年我们与欧盟官员、企业家以及非政府组织交往过程中，注意到他们的一个担忧：如此众多人口的城镇化进程，是否要大量消耗能源，是否要增加碳排放，是否会与欧洲竞争各类资源？

的确，中国的城镇化在欧洲人看来规模是巨大的。目前中国共有 657

个设市城市，将近 2 万个平均镇区人口超过 1 万人的镇。其中镇区人口超过 5 万人的镇已达到 754 个，这些城镇在欧洲都称为城市。

这么多中国城市的发展，仍然沿用的是粗放型道路，其经济发展路径大多以传统工业模式为主。因此调整中国各城镇的经济增长方式，已成为中央政府推进城镇化的重点。

李克强副总理在"中欧城镇化伙伴关系高层会议"上指出，"城镇化是中国经济增长持久的内生动力。人口多、资源相对短缺、环境容量有限，是中国的基本国情。我们推进城镇化，需要走节约集约利用资源、保护自然生态和文化特征、大中小城市和小城镇并举的可持续发展之路"。

这等于是向国际社会宣告，不要担心中国的城镇化会带来威胁，中国一定会走绿色、低碳和可持续发展道路。为此，中国当然需要学习欧洲的先进经验，以"互利、共赢"创造中欧城镇化战略合作的未来。

三、借鉴欧洲城镇规划和治理经验

过去几百年，欧洲从来没有限制过外来人口进城，也没有户籍管理制度。即使在欧洲中世纪，农奴只要进城就可以成为自由民。

站在中国的角度，欧洲城镇在文化历史的传承、规划体系的完备、管理和经营城市的理念等方面，有很多值得学习的经验。中国需要告别以短期行为促进城镇发展的时代，通过改革来促进城镇治理和规划的完善，实现城镇发展方式的转型。

新签署的《宣言》涉及内容十分广泛，包括公共服务体系、基础设施建设、投融资体制以及城市治理等，实际上是全方位的合作。对中国来讲，这也是一次全面的学习过程。

借鉴欧洲城市发展经验，中国需放弃很多传统的城市管理理念，从加强公共服务入手，改革城市治理结构，更多引用市场化机制来促进中国城镇发展。

30 年来，中国城镇化取得了人口过半的成就，但代价是在城镇户籍人口和外来人口之间存在巨大鸿沟。特别是在城镇发展和管理等方面，由于相关财政金融体制改革滞后，土地制度不完善，催生了大量的地方政府短期行为，浮华的现代城市外表之下是巨大的城乡差距，粗放的城市发展模式浪费了大量资源，并在固化不同收入群体的利益格局。

而要改善城镇民生，加强公共服务，转换发展机制，实现城镇发展模式的根本转型，则要求我们吸取欧洲城市发展的经验和教训，通过改革根除中国城镇发展过程中的种种弊病。

四、中国城镇化是巨大的潜在市场

6.9 亿甚至更多的城镇化人口，2 万多个不同规模的中国城镇，蕴含着巨大的消费和投资需求。虽然李克强副总理多次提到要通过推进城镇化拉动内需，但中欧城镇化合作何尝不是开辟外需新渠道的一种方式呢？

自 2008 年经济危机以来，欧洲经济形势极其严峻，欧盟一些成员国的债务问题引发了严重的信用危机。开辟新市场，扩大制成品和投资市场，应该是欧洲摆脱危机的一个有效途径。

2012 年 2 月份举行的中欧工商峰会，欧洲企业踊跃参加，他们看重中国市场，尤其是城镇市场。一些欧洲企业把地区总部搬到中国，将战略重点瞄向中国。

2012 年 3 月份，我们参加欧盟委托"欧洲之友"主办的"中国未来的城市化"论坛，深深感受到无数欧洲企业对中国的关注。此次筹备"中欧城镇化伙伴关系高层会议"，欧方报名人数远超预期。参会的既有跨国公司也有中小企业，他们不仅关注中国消费市场，更关心投资市场和基础设施领域。一些企业尤其看重中国中小城市，相信中国城镇化进程蕴藏着巨大潜力。

中国的城镇化发展速度之快，超出欧洲人想象。中国各地发展阶段不同、地域差别，也导致了需求的不同。中国沿海发达地区很多城市希望引进欧洲的智能城市管理经验，而在中西部地区，节能减排和给排水的投资运营管理，则是欧洲企业的机会。

五、放开高技术出口限制，以"互利共赢"

欧洲经济危机的原因有很多，但是实体经济发展的优势——高技术却没有发挥应有的作用。面对中国庞大的城镇化市场，如果继续以"冷战"思维担心中国仿造和竞争的狭隘性观念，会使欧洲失去这个庞大的潜在的城市市场。

李克强副总理在"中欧城镇化伙伴关系高层会议"上指出："欧方完全可以发挥特长，与中方开展产品、产业、技术等方面的合作，拓展市场空间。当'欧洲设计'遇上'中国制造'，'欧洲技术'遇上'中国市场'，就会产生显著的效应。希望欧方在对华高技术转让方面更加灵活开放，这有利于实现优势互补、互利共赢。"

中国城镇化发展面临着从粗放到集约、从耗能到减排的转型。然而这种过快的城市发展速度，由于缺乏高技术的支撑，显然并不能迅速实现转型。例如从低碳技术、节能材料到智能产品以及计算机技术在城镇管理上的应用，等等，欧洲高技术的优势是显而易见的。

如何利用欧洲的高技术优势，支持中国城镇化进程中的发展模式转型，应是中欧城镇化战略合作的重要内容。在论坛阶段欧洲城市代表发言时，也大谈先进技术支撑下的先进管理理念。而在中国，劳动力价格、土地价格和要素价格相对低廉的优势也是较为明显的。

但是，如何能够打破技术限制的坚冰，实现真正的互信、互利和共赢，对中欧合作是一个考验。

开辟城镇化战略合作和伙伴关系的建立，应该是打破多年欧洲对华高技术出口限制的一个尝试。欧洲如果真正放开或放松对中国高技术出口限制，对自身走出经济困局也会有直接帮助。

中欧城镇化伙伴关系的建立，应该是新一代中国领导人积极应对国际国内经济形势变化的一次重要战略选择。无论是从扩大内需还是扩大外需，这都释放了一个鲜明的信号：从全面推进城镇化政策开始，改革开放的步伐只会越来越大而绝不会停滞不前。

（2012 年 6 月）

举办中国城市发展论坛，
搭建多方交流对话的长期平台

2012 年 8 月 11 日，由国家发改委城市和小城镇改革发展中心、财讯传媒集团、北京大学国家发展研究院三方发起主办的"中国城市发展论坛"在河北崇礼召开。国家部委有关领导、城市市长、专家学者、企业家、媒体人共 200 人参加了论坛研讨。

作为主要发起人，我在会上阐述了发起并举办中国城市发展论坛的初衷和宗旨，并表达了成立论坛理事、持续举办论坛的想法。以下为城市中国网根据本人相关发言整理的讲话记录。

2012 年中国的城镇化率已经达到了 51.27%，取得了巨大成就，同时也面临着众多的挑战，如何促进城市的健康发展，改善投资环境，调整产业结构，合理配置城市资源，提高城市的承载能力，加强农民工的适应能力，使城市发展步入可持续、低碳、绿色的良性轨道，成为中国未来经济发展的重大战略问题。

为顺应 2012 年中国城镇发展的主趋势，创新城市发展机制，搭建政府官员、知名企业家、著名专家学者、资深媒体人的交流和对话平台，国家发改委城市和小城镇发展中心、北京国家发展研究院共同举办了2012 中国城市发展论坛，中国城市发展论坛选择亚洲著名的滑雪胜地和北京的夏季后花园崇礼作为举办地，打算采取达沃斯的形式，冬夏季举办两次。

这个论坛让大家能有一个平台进行交流，这种交流不仅仅是思想上的交流，同时也是一次实际的接触，企业家要去寻找城市进行投资，城市要吸引企业家前来投资。我们过去有企业家论坛，但是没有市长及其他政府官员参与。我们给城市和企业家提供了很重要的交流机会。很多政府的官员，他的政策、思路很可能不为企业家、媒体、学者们所了解，这次论坛通过思想的碰撞，为政府的政策咨询提供有效的研究基础。

为什么把这个论坛放在崇礼？崇礼县位于河北省西北部，北倚内蒙古草原，隶属张家口市，总面积 2334 平方公里，总人口 12.56 万。崇礼县距张家口 50 公里，距北京 220 公里，距天津 340 公里。这里物华天宝，资源丰富，环境优美，交通便利，电力充足，信息畅通，特别是旅游滑雪名扬天下，崇礼拥有亚洲最大、管理最好的滑雪场，四季景色迷人。森林覆盖率达到 45.5%，这得益于 20 世纪 50 年代末崇礼人民植树造林活动，该活动坚持了半个多世纪之久。这里茂密的森林负氧离子含量可达 1.5 万以上，堪称北京四季的后花园，是集休闲度假和举办会议的胜地，具有广阔的经济开发前景。

我们决定把这个论坛长期办下去，形成一个机制。大家齐心协力，还可以借助世界资源，办世界城市论坛是一个更庞大的设想。今年只是开头，我们作为发起人会对论坛进行长期规划。重点是机制的形成，要形成理事单位。未来论坛应该能像博鳌、达沃斯论坛一样，富有影响力。

（2012 年 8 月）

微博可成为城市公共服务平台

——在 2011 年佛山"智慧城市发展"论坛会上的讲话要点

非常高兴能够在佛山举办智慧城市的发展论坛，现在全国很多地方都在搞智慧城市，这次用社会管理创新的词，也许更符合当前社会发展的形势。今天，我就社会管理创新发表一些个人的看法。

首先是对智慧城市的理解，最近我参加了各类的研讨会，跟地方政府打了不少交道，现在富的城市和穷的城市都在搞智慧城市，可以归类为信息城市、数字城市、智能城市、未来城市、智慧城市等等。所有分类的过程中，大家都注意到信息产业的发展，对城市的功能有什么样的扩展，对我来讲这只是一个方面，我们强调的是，城市的基础设施和硬件设施，对城市的发展有什么样的作用，对城市的公共管理有什么样的作用。

提高政府管理的效率，将高科技新技术运用到城市管理中，强调城市的智能化，例如，网络化、公交的智能化，甚至家庭的智能化，基础设施的智能化，这些都是城市发展过程所必需的，但是，我们对于城市智能化和信息化的认识有多深，政府是否已经可以熟练地掌握和运用新技术等命题需要研究。我从国家机关到中心工作已有很多年了，在很多国家机关和地方政府机关中，是否每个人都能够达到掌握数字信息的基本技能呢，这是一个很大的问题。

在这里我想强调的是，当前新技术的广泛应用，促进了我国各类城市的发展，因为发展阶段的不同，空间上有很大的不同，在政府公务人员、管理人员中掌握大量智能的手段和方法还有一定差距，因此对信息化城市、智能城市的理解还有很大的差距。因此，在这个时候我们特别担心，中国的城市化能否健康发展，现在有许多提法如：生态城市、低碳城市、花园城市、绿色城市、智能城市、智慧城市等等，这使我们感到欣喜，但这些名词是否对所有城市的发展都适用，值得研究，特别是一些非发达地区的城市，也这样搞，是否又会出现另类的政绩工程呢？

我们中心专门到美国考察过城市的智能管理和信息化管理，其投入是非常大的，现在我们的城市是在某些方面投入还是全面地开展智能城市，还需要进一步地理清。

今天开会有两段：上一段强调的是软件的作用，下半段更多考虑的是用现代技术的方法改善城市管理和服务。核心的问题是，所谓的智慧城市大概有几个重要的概念。

第一，公共服务理念，如何通过新技术、新手段、新方法改善城市的公共服务，而不是强调管理。

第二，政府智慧和社会智慧的对接，所谓的智慧城市不仅仅是硬件，更多的是软件，大众的公共参与，如何通过智慧的方法，通过新技术、新手段达到对接的效果，使城市的公共服务更多更好地服务于大众，这是我今天发言的主题和主要思想。特别是要在智慧城市发展过程中防止出现一系列的形象工程。

我们在研究中发现，在智慧城市的发展中，微博会给我们带来特别大的变化。如何借助微博和网络的微智慧进行城市的公共服务，最近各地方都在召开不同类型的研讨会。微博改变了整个社会的观念，形成了新的大众的媒体，每个人都是媒体、编辑和记者。但微博使我们看到世界两类的反差。

第一，我们看到了很多不想看到的东西，原来没有看到的东西。

第二，过去在传统媒体上可能看到大好的世界，一片光明。现在却看到了许多黑暗的东西，这个时候，许多政府的工作人员，对微博产生了一系列心理上的抵制。

现在采取了一系列的管理措施，例如，采用实名制，可以控制媒体不良倾向的蔓延。我们在看微博时，看到了很多新技术，在它背后要有很多硬件的支持，从交往的功能发展到媒体的功能，最后是社会运用的功能，蕴藏了巨大的潜力。

微博可以成为新的城市公共服务的平台，微博最大的特点是瞬时地反应各种应急信息，例如，在北京，突然看到着火，如果政府看到着火的时候，就知道火灾在什么地方发生，什么时间发生，就可以果断地采取措施。微博反馈的时间、速度和开放程度，都有利于政府加强公共服务。

现在微博的应用，大概还是单向的，它是政府发布信息的平台，是对外宣传和城市营销的重要阵地，也是重大的民生信息和管理平台。

应急救援、重大灾害的救助，可以在微博上更好的发挥作用。我们想将微博和公共变化的服务平台相互对比，如110、120的救助对比，实际上建立微博的平台，相当于建立了电话的公共服务平台，当然它们两个功能是不一样的。微博的优势在于信息反馈及时、全面，而且可以附加图片信息，在任何地方发生的事情，可以通过图片迅速的反馈回来，使我们知道这个地方发生了什么事，可以果断地处理。

例如，北京哪个地方跑水了，哪个地方地下井盖漏出来了，决策者知道了，就可以决策。如果情绪不好电话可以不接，但是微博是不行的，你不想知道它也会反映出来，北京交通台有一个大屏幕，将北京大部分主要的干道的信息都反馈出来，微博也是这样的，你不想接，也不行。

除此之外电话还有语音的问题，口音的问题，可能会造成激烈地对抗，可微博是不同的，看到文字后就直接知道发生了什么事情，不通过对抗性的交流就可以及时地解决问题，或者是采取一定果断的措施。

城市要进行规划，发布规划信息的时候，可以通过微博反馈大众的意见。从2010年开始，中央政府和地方政府做出了很多重大决策，都参考了微博。当然有的时候，微博反映的过于强硬和激烈，是不是就代表了全体大众的反映，这恐怕还有一定的问题，当前微博普及度还不够，只反映了一部分人的意见，但是反馈速度之快，反馈意见之强烈，足以左右政府的决策，如果利用得好，采取比较积极的方法征询意见，会给政府的公共决策提供更好和大众的评价。社会决策、政府决策的公共参与可以在微博上更好地实现。

现有的技术平台还没有建立起来，现在没有一个城市意识到，可以建立大屏幕的公共空间的微博处理墙和处理空间，因此涉及大屏幕的使用，办公地点群的使用和区域的使用，还有政府的成本和社会的成本，没有一定的投入，没有认识到利民的作用。

尽管大家还没有认识到微博在应用上可能会有重大的社会效应，特别是在改善政府的管理和公共服务上会有更积极的作用，现在应用上更多的是单向沟通，还没有形成双向沟通，对媒体的功能认识过多，便民的功能、应急的处理功能没有充分地理解，在政府决策上，官员绝大部分不敢实名上微博，投入上有差距。

今天的会有很多政府管理人员参加，有几个问题需要强调，首先，要避免将微博妖魔化，发挥微博在公共服务上的便民性，不是局限于公安和消防部门，我跟新浪的朋友建议，是否可以在地方政府建立微博处理墙，将不同的信息直接反馈到墙上，所有中心的管理员要将所有地方发生的情况，及时地通报给市政府和有关的领导，这样可以及时地解决问题，改进设施状况，同时降低成本，智慧城市在这方面有很多的内容可以开拓。中国很多的改革是倒逼出来的，当新技术手段应用后，想回避都不行，现在因为新技术的使用，使我们不得不面对舆论，如何积极地引导新技术，向更好的公共服务发展，恐怕在面对新技术的时候，政府要及时地的调整决策，是否敢于投入，使微博成为利民的公共工具，同时成为社会管理和沟通的桥梁。

中国特色和社会民主化道路，不一定要走西方的方式，但是中国大众参与和公共参与的决策通过双向的沟通，是否有助于民主化的管理和公共化的服务，更好的开展下去，就是一个尝试，我们希望在智慧城市发展的过程中，一方面强调硬件设施的改善，新技术的应用，同时也要强调软件的管理，如何将新技术应用于改善公共服务，使政府的决策能解决城市居民生活条件的改善，民生中发展的一切问题，这就是我对智慧城市和智能城市创新在微博上的一些看法。

(2011 年 10 月)

附　录

中共中央　国务院关于
促进小城镇健康发展的若干意见
中发〔2000〕11号

2000 年 6 月 13 日

党的十五届三中全会通过的《中共中央关于农业和农村工作若干重
大问题的决定》指出："发展小城镇，是带动农村经济和社会发展的一个
大战略"。当前，各地积极贯彻落实中央精神，小城镇的发展形势总的是
好的。但也存在着一些不容忽视的问题：一些地方缺乏长远、科学的规
划，小城镇布局不合理；有些地方存在不顾客观条件和经济社会发展规
律，盲目攀比、盲目扩张的倾向；多数小城镇基础设施不配套，影响城
镇整体功能的发挥；小城镇自身管理体制不适应社会主义市场经济的要
求。为促进小城镇健康发展，特提出如下意见。

一、充分认识发展小城镇的重大战略意义

对农业和农村经济结构进行战略性调整，全面提高农业和农村经济
的整体素质和效益，增加农民收入，提高农民生活水平，是当前和今后
一个时期我国农业和农村工作的首要任务。发展小城镇，可以加快农业
富余劳动力的转移，是提高农业劳动生产率和综合经济效益的重要途径，
可以促进乡镇企业适当集中和结构调整，带动农村第三产业特别是服务
业的迅速发展，为农民创造更多的就业岗位。这对解决现阶段农村一系
列深层次矛盾，优化农业和农村经济结构，增加农民收入，具有十分重
要的作用。

扩大国内需求，开拓国内市场特别是农村市场，是我国经济发展的基本立足点和长期战略方针。发展小城镇，可以有效带动农村基础设施建设和房地产业的发展，扩大投资需求尤其是吸引民间投资，可以明显提高农民消费的商品化程度，扩大对住宅、农产品、耐用消费品和服务业的需求。这不仅有利于缓解当前国内需求不足和农产品阶段性过剩状况，而且也为整个工业和服务业的长远发展拓展新的市场空间。

加快我国城镇化进程，实现城镇化与工业化协调发展，小城镇占有重要的地位。发展小城镇，可以吸纳众多的农村人口，降低农村人口盲目涌入大中城市的风险和成本，缓解现有大中城市的就业压力，走出一条适合我国国情的大中小城市和小城镇协调发展的城镇化道路。

发展小城镇，是实现我国农村现代化的必由之路。农村人口进城定居，有利于广大农民逐步改变传统的生活方式和思想观念；有利于从整体上提高我国人口素质，缩小工农差别和城乡差别；有利于实现城乡经济社会协调发展，全面提高广大农民的物质文化生活水平。

当前，加快城镇化进程的时机和条件已经成熟。抓住机遇，适时引导小城镇健康发展，应当作为当前和今后较长时期农村改革与发展的一项重要任务。

二、发展小城镇必须坚持的指导原则

发展小城镇要以党的十五届三中全会确定的基本方针为指导，遵循以下原则。

——尊重规律，循序渐进。小城镇是经济社会发展到一定阶段的产物，必须尊重客观规律，尊重农民意愿，量力而行。要优先发展已经具有一定规模、基础条件较好的小城镇，防止不顾客观条件，一哄而起，遍地开花，搞低水平分散建设。不允许以小城镇建设为名，乱集资、乱摊派，加重农民和企业负担。

——因地制宜，科学规划。我国幅员辽阔，经济发展不平衡，发展小城镇的条件也各不相同。各地要从实际出发，根据当地经济发展水平、区位特点和资源条件，搞好小城镇的规划和布局，突出重点，注重实效，防止不切实际，盲目攀比。

——深化改革，创新机制。小城镇建设和管理要按照社会主义市场经济的要求，改革创新，广泛开辟投融资渠道，促进基础设施建设和公益事业发展，走出一条在政府引导下，主要通过市场机制建设小城镇的路子。要转变政府职能，从根本上降低管理成本，提高管理效率。

——统筹兼顾，协调发展。发展小城镇，不能削弱农业的基础地位。要利用小城镇连接城乡的区位优势，促进农村劳动力、资金、技术等生产要素优化配置，推动一、二、三产业协调发展。要坚持物质文明和精神文明一起抓，在搞好小城镇经济建设的同时，大力推进教育、科技、文化、卫生以及环保等事业的发展，实现城乡经济社会和生态环境的可持续发展。

城镇化水平的提高是一个渐进的过程。发展小城镇既要积极，又要稳妥。力争经过10年左右的努力，将一部分基础较好的小城镇建设成为规模适度、规划科学、功能健全、环境整洁、具有较强辐射能力的农村区域性经济文化中心，其中少数具备条件的小城镇要发展成为带动能力更强的小城市，使全国城镇化水平有一个明显的提高。

三、发展小城镇要统一规划和合理布局

各级政府要按照统一规划、合理布局的要求，抓紧编制小城镇发展规划，并将其列入国民经济和社会发展计划。重点发展现有基础较好的建制镇，搞好规划，逐步发展。在大城市周边地区，要按照产业和人口的合理分布，适当发展一批卫星城镇。在沿海发达地区，要适应经济发展较快的要求，完善城镇功能，提高城镇建设水平，更多地吸纳农村人口。在中西部地区，应结合西部大开发战略，重点支持区位优势和发展潜力比较明显的小城镇加快发展。要严格限制新建制镇的审批。

在小城镇的规划中，要注重经济社会和环境的全面发展，合理确定人口规模与用地规模，既要坚持建设标准，又要防止贪大求洋和乱铺摊子。规划的编制要严格执行有关法律法规，切实做好与土地利用总体规划以及交通网络、环境保护、社会发展等各方面规划的衔接和协调。规

划的调整要按法定程序办理。小城镇建设要各具特色，切忌千篇一律，特别要注意保护文物古迹以及具有民族和地方特点的文化自然景观。

四、积极培育小城镇的经济基础

充满活力的经济是小城镇繁荣和发展的基础。要根据小城镇的特点，以市场为导向，以产业为依托，大力发展特色经济，着力培育各类农业产业化经营的龙头企业，形成农副产品的生产、加工和销售基地。要发挥小城镇功能和连接大中城市的区位优势，兴办各种服务行业，因地制宜地发展各类综合性或专业性商品批发市场。要充分利用风景名胜及人文景观，发展观光旅游业。

要通过完善基础设施建设，加强服务，减轻企业负担等措施，吸引乡镇企业进镇。要鼓励农村新办企业向镇区集中。要抓住国有企业战略改组的机遇，吸引技术、人才和相关产业向小城镇转移。鼓励大中城市的工商企业到小城镇开展产品开发、商业连锁、物资配送、旧货调剂、农副产品批发等经营活动。鼓励商业保险机构拓宽服务范围，到小城镇开展各类商业保险业务。

五、充分运用市场机制搞好小城镇建设

各地要制定相应的优惠政策，吸引企业、个人及外商以多种方式参与小城镇基础设施的投资、建设和经营，多渠道投资小城镇教育、文化、卫生等公用事业，走出一条在政府引导下主要依靠社会资金建设小城镇的路子。对有收益的基础设施，可合理确定服务价格，实行有偿使用。鼓励相邻的小城镇共建、共享某些基础设施，提高投资效益。

金融机构要拓宽服务领域，积极参与和支持小城镇建设。国有商业银行要采取多种形式，增加对小城镇建设的贷款数额，逐步开展对有稳定收入的进镇农民在购房、购车和其他消费方面的信贷业务。

为促进小城镇健康发展，国家要在农村电网改造、公路、广播电视、通讯等基础设施建设方面给予支持。地方各级政府要根据自身财力状况，

重点支持小城镇镇区道路、供排水、环境整治、信息网络等公用设施和公益事业建设。要严格建设项目审批程序，严禁以小城镇建设为名，铺张浪费，大搞楼堂馆所。

六、妥善解决小城镇建设用地

发展小城镇要统一规划，集中用地，做到集约用地和保护耕地。要通过挖潜，改造旧镇区，积极开展迁村并点，土地整理，开发利用荒地和废弃地，解决小城镇的建设用地。要采取严格保护耕地的措施，防止乱占耕地。

小城镇建设用地要纳入省（自治区、直辖市）、市（地）、县（市）土地利用总体规划和土地利用年度计划。对重点小城镇的建设用地指标，由省级土地管理部门优先安排。对以迁村并点和土地整理等方式进行小城镇建设的，可在建设用地计划中予以适当支持。要严格限制分散建房的宅基地审批，鼓励农民进镇购房或按规划集中建房，节约的宅基地可用于小城镇建设用地。

小城镇建设用地，除法律规定可以划拨的以外，一律实行有偿使用。小城镇现有建设用地的有偿使用收益，留给镇级财政，统一用于小城镇的开发和建设。小城镇新增建设用地的有偿使用收益，要优先用于重点小城镇补充耕地，实现耕地占补平衡。

七、改革小城镇户籍管理制度

为鼓励农民进入小城镇，从 2000 年起，凡在县级市市区、县人民政府驻地镇及县以下小城镇有合法固定住所、稳定职业或生活来源的农民，均可根据本人意愿转为城镇户口，并在子女入学、参军、就业等方面享受与城镇居民同等待遇，不得实行歧视性政策。对在小城镇落户的农民，各地区、各部门不得收取城镇增容费或其他类似费用。

要积极探索适合小城镇特点的社会保障制度。对进镇落户的农民，可根据本人意愿，保留其承包土地的经营权，也允许依法有偿转让。农村集体经济组织要严格承包合同管理，防止进镇农民的耕地撂荒和非法改变用途。对进镇农户的宅基地，要适时置换出来，防止闲置浪费。

小城镇户籍制度改革，要高度重视进镇人口的就业问题。各省、自治区、直辖市人民政府要按照国家有关规定和当地实际情况，制定小城镇户籍制度改革的具体办法。

八、完善小城镇政府的经济和社会管理职能

要积极探索适合小城镇特点的新型城镇管理体制，大力精减人员，把小城镇政府建成职能明确、结构合理、精干高效的政府。镇政府要集中精力管理公共行政和公益性事业，创造良好的投资环境和社会环境，避免包揽具体经济事务。在规定的机构编制限额内，镇政府可根据实际需要设置机构和配备人员，不要求上下对口。小城镇政府的行政开支要严格实行预决算制度，不得向社会摊派。

理顺县、镇两级财政关系，完善小城镇的财政管理体制。具备条件的小城镇，应按照有关法律的要求，设立独立的一级财税机构和镇级金库，做到"一级政府，一级财政"。根据财权与事权相统一和调动县（市）、镇两个积极性的原则，明确小城镇政府的事权和财权，合理划分收支范围，逐步建立稳定、规范、有利于小城镇长远发展的分税制财政体制。对尚不具备实行分税制条件的小城镇，要在协调县（市）、镇两级财政关系的基础上，合理确定小城镇的收支基数。对重点发展的小城镇，在实行分税制财政体制之前，其地方财政超收部分的全部或大部分留于镇级财政。

九、搞好小城镇的民主法制建设和精神文明建设

在小城镇的建设和管理中，要加强民主和法制建设，健全民主监督机制，依法行政。根据户籍管理制度改革的新特点，搞好小城镇的社会治安综合治理，依法严厉打击各种刑事犯罪行为，严厉打击邪教和利用宗教形式进行的非法活动，建立良好的社会秩序。

要大力提高镇区居民和进镇农民的思想道德水平和科学文化素质，采用各种行之有效的形式，宣传有中国特色社会主义理论和党的各项方针、政策，普及科学文化知识，教育和引导农民移风易俗，破除迷信，革除陋习，逐步形成适应城镇要求的生活方式和生育观念，用社会主义精神文明占领小城镇的思想文化阵地。

进一步加强小城镇的干部队伍建设。结合机构改革，选调一批政治素质高、年富力强、懂经济、会管理的同志，充实到小城镇的领导岗位。加强对镇政府主要负责人的培训，提高他们的民主法制观念、政策水平和管理能力。

十、加强对发展小城镇工作的领导

发展小城镇的规划和组织实施工作方要由地方负责。各省、自治区、直辖市党委和人民政府，要根据本意见的精神，认真研究制定促进小城镇健康发展的具体政策措施，分级负责，扎实做好工作。

中央和国务院各有关部门要通力协作，各司其职，加强对发展小城镇的政策指导和协调，可选择一些基础较好、具有较大发展潜力的建制镇作为试点，做好服务工作。使这些小城镇在规划布局、体制创新、城镇建设、可持续发展和精神文明建设等方面，为其他小城镇提供示范和经验。

（此件发至县、团级）

国务院办公厅关于做好农民进城务工就业管理和服务工作的通知

国办发〔2003〕1号

各省、自治区、直辖市人民政府，国务院各部委、各直属机构：

党中央、国务院高度重视农民进城务工就业问题，各地区、各有关部门也为促进农民工的合理流动，采取了多种措施，做了大量工作。但是当前在一些地方，农民进城务工就业仍然受到一些不合理限制，农民工的合法权益得不到有效保护，拖欠克扣工资、乱收费等现象严重。同时，农民进城务工就业使社会治安、城市管理等工作面临新的问题。为加强对农民进城务工就业的管理和服务，经国务院同意，现就有关问题通知如下：

一、进一步提高对做好农民进城务工就业管理和服务工作的认识

农村富余劳动力向非农产业和城镇转移，是工业化和现代化的必然趋势。农民进城务工就业，促进了农民收入的增加，促进了农业和农村经济结构的调整，促进了城镇化的发展，促进了城市经济和社会的繁荣。做好农民进城务工就业管理和服务工作，不仅有利于促进国民经济持续快速健康发展，而且有利于维护城乡社会稳定。

各地区、各有关部门要认真学习和领会党的十六大精神，全面贯彻"三个代表"重要思想，充分认识做好农民进城务工就业工作的重要意义，把农民进城务工就业工作列入重要工作日程，在国民经济和社会发

展计划中强化政策引导，切实加强领导，按照公平对待、合理引导、完善管理、搞好服务的原则，采取有效措施，全面做好农民进城务工就业管理和服务的各项工作。

二、取消对农民进城务工就业的不合理限制

各地区、各有关部门要取消对企业使用农民工的行政审批，取消对农民进城务工就业的职业工种限制，不得干涉企业自主合法使用农民工。要严格审核、清理农民进城务工就业的手续，取消专为农民工设置的登记项目，逐步实行暂住证一证管理。各行业和工种尤其是特殊行业和工种要求的技术资格、健康等条件，对农民工和城镇居民应一视同仁。

在办理农民进城务工就业和企业用工的手续时，除按照国务院有关规定收取的证书工本费外，不得收取其他费用。严禁越权对农民工设立行政事业性收费项目，提高收费标准。各级物价、财政部门要严格检查、督促落实，防止变换手法继续向农民工乱收费。

要严格执行《城市流浪乞讨人员收容遣送办法》的规定，不得将遣送对象范围扩大到农民工，更不得对农民工强制遣送和随意拘留审查。

三、切实解决拖欠和克扣农民工工资问题

用人单位必须依法与农民工签订劳动合同。劳动合同中要明确规定劳动合同期限、工作内容、劳动保护及劳动条件、劳动报酬和违反劳动合同的责任等内容。其中有关劳动报酬的条款，应明确工资支付标准、支付项目、支付形式以及支付时间等内容。劳动合同履行期间，农民工享有《劳动法》规定的各项权利。解除劳动合同，用人单位应当依法支付经济补偿金。

劳动保障部门要加大对农民工劳动合同的监督检查力度，及时受理劳动合同纠纷。对不与农民工签订劳动合同、采取欺诈和威胁等手段签订合同，以及不履行合同的用人单位，要责令其纠正；对农民工合法利益造成损害的，要责令其进行赔偿；造成严重后果的，要依法严肃处理。

　　用人单位必须以法定货币形式支付农民工工资，不得以任何名目拖欠和克扣。劳动保障部门要加强对用人单位工资支付情况的监督检查，建立农民工工资支付监控制度。对拖欠和克扣农民工工资的用人单位，要责令其及时补发，不能立即补发的，要制定清欠计划，限期补发。对恶意拖欠和克扣工资的企业，涉嫌犯罪的，移交司法机关依法严肃处理。企业在依法破产、清偿债务时，要按照《企业破产法》的规定，把拖欠的农民工工资纳入第一清偿顺序。

　　各级建设、劳动保障等有关部门要重点做好对建筑施工企业拖欠和克扣农民工工资违法行为的查处工作，严厉打击恶意拖欠、克扣农民工工资的违法行为。因建设单位拖欠施工企业工程款，致使施工企业不能按时发放农民工工资的，要追究建设单位的责任；施工单位拖欠农民工工资的，要追究施工单位的责任。

四、改善农民工的生产生活条件

　　各地区、各有关部门要高度重视农民工的生产安全和职业病防治问题。使用农民工的单位，必须按照国家标准和行业要求，为农民工提供必要的安全生产设施、劳动保护条件及职业病防治措施。从事矿山、建筑和危险物品生产经营作业的农民工上岗前必须依法接受培训。要严格执行安全生产规章制度，加大生产安全监察工作力度，严防重大生产安全事故的发生。要做好将农民工纳入工伤保险范围的工作。发生生产安全事故要严格追究事故责任人的法律责任，并保证在事故中受到损害的农民工依法享有各项工伤保险待遇。

　　要关心农民工的生活，切实解决他们的实际困难。卫生部门要做好农民工的计划免疫和健康教育工作，建立农民工集中居住地的环境卫生和食物安全检查制度，严防发生群体疫病传染和食物中毒事件。用人单位为农民工安排的宿舍，必须具备一定的卫生条件，并保证农民工的人身安全。在农民工居住较集中的地段，当地政府应提供必要的基础设施，改善公共交通和环境卫生状况。有条件的地方可探索农民工参加医疗保险等具体办法，帮助他们解决务工就业期间的医疗等特殊困难。

要认真贯彻落实《禁止使用童工规定》。依法保护女工的合法权益。严厉惩处各种污辱农民工人格、侵害农民工人身权利的违法行为。

五、做好农民工培训工作

各地区、各有关部门应把农民工的培训工作作为一项重要任务来抓，结合实际，制定专门的培训计划，提高农民工素质。流出地政府在组织劳务输出时，要搞好农民工外出前的基本权益保护、法律知识、城市生活常识、寻找就业岗位等方面的培训，提高农民工遵守法律法规和依法维护权益的意识。流出地和流入地政府要充分利用全社会现有的教育资源，委托具备一定资格条件的各类职业培训机构为农民工提供形式多样的培训。为农民工提供的劳动技能性培训服务，应坚持自愿原则，由农民工自行选择并承担费用，政府可给予适当补贴。用人单位应对所招用的农民工进行必要的岗位技能和生产安全培训。劳动保障、教育等有关部门要对各类培训机构加强监督和规范，防止借培训之名，对农民工乱收费。

六、多渠道安排农民工子女就学

要保障农民工子女接受义务教育的权利。流入地政府应采取多种形式，接收农民工子女在当地的全日制公办中小学入学，在入学条件等方面与当地学生一视同仁，不得违反国家规定乱收费，对家庭经济困难的学生要酌情减免费用。要加强对社会力量兴办的农民工子女简易学校的扶持，将其纳入当地教育发展规划和体系，统一管理。简易学校的办学标准和审批办法可适当放宽，但应消除卫生、安全等隐患，教师要取得相应任职资格。教育部门对简易学校要在师资力量、教学等方面给予积极指导，帮助完善办学条件，逐步规范办学，不得采取简单的关停办法，造成农民工子女失学。流入地政府要专门安排一部分经费，用于农民工子女就学工作。流出地政府要配合流入地政府安置农民工子女入学，对返回原籍就学的，当地学校应当无条件接收，不得违规收费。

七、加强对农民工的管理

流入地政府要高度重视流动人口的治安管理工作。公安部门要及时为进城务工就业农民在现居住地办理暂住户口登记和暂住证。使用农民工的单位和农民工现居住地的社区组织,要实行治安管理责任制,密切配合公安机关对农民工进行遵纪守法教育,最大限度地预防和减少农民工的违法犯罪行为。要把农民工及其所携家属的计划生育、子女教育、劳动就业、妇幼保健、卫生防病、法律服务和治安管理工作等,列入各有关部门和社区的管理责任范围,并将相应的管理经费纳入财政预算,严格禁止向用工企业和农民工摊派。要运用多种形式,特别是发挥新闻媒体的舆论监督作用,引导社会正确对待和尊重农民工,鼓励他们自律自重,积极向上。

流出地政府要主动做好对外出就业农民的管理,向流入地政府通报有关农民工身份、计划生育、子女教育等方面的真实信息。要贯彻中央关于农村家庭承包经营的基本政策,稳定土地承包关系,不得强行收回外出务工就业农民的承包地。支持和鼓励外出农民工自愿、依法、有偿转让承包地使用权,保护农民工的权益,维护农村社会的稳定。要严格执行国家的农村税费改革政策,不得在规定承担的有关税费外,向外出务工的农民加收其他任何费用。

农民进城务工就业管理和服务工作涉及多个方面,各地区、各有关部门要加强协调配合,结合当地社会经济发展,制定农民进城务工就业的具体管理办法和服务措施。近期,要集中对涉及农民进城务工就业的不合理规定进行清理,并针对克扣和拖欠工资等突出问题组织一次专项检查,确保各项政策措施的落实。

国务院办公厅

二〇〇三年一月五日

国家体改委等十一个部门关于印发
《小城镇综合改革试点指导意见》的通知

体改农【1995】49号

各省、自治区、直辖市及计划单列市体改委（办）、建委（建设厅）、公安厅（局）、计委、科委、编委、财政厅（局）、农业厅（局）、民政厅（局）、土地局、统计局：

为深化农村经济改革，促进国民经济的全面发展，根据党的十四届三中全会《决定》和1993年中央农村工作会议精神，针对我国农村小城镇发展的特点和现实条件，国家体改委、建设部、公安部、国家计委、国家科委、中央编制委员会办公室、财政部、农业部、民政部、国家土地管理局和国家统计局，研究制定了《小城镇综合改革试点指导意见》（简称《意见》），现将《意见》印发给你们。希望各地、各有关部门根据《意见》精神，互相配合，协同努力，结合本地区实际，因地制宜抓好小城镇综合改革试点工作，推进小城镇的建设和发展。

国家体改委、建设部、公安部、国家计委、国家科委、中央编委办公室、财政部、农业部、民政部、国家土地管理局、国家统计局

一九九五年四月十一日

附 件

小城镇综合改革试点指导意见

为贯彻落实党的十四届三中全会和 1993 年中央农村工作会议精神，根据国务院原则同意的《关于加强小城镇建设的若干意见》（建村〈1994〉564 号）的要求，国家体改委、建设部、公安部、国家计委、国家科委、中央机构编制委员会办公室、财政部、农业部、民政部、国家土地管理局、国家统计局决定，依靠地方政府和各有关部门，选择一批小城镇，进行综合改革试点。

一、试点的目标和原则

在广大农村地区积极发展小城镇，是我国城市化道路的现实选择，是实现国民经济现代化的必然趋势，也是缩小城乡差别的重要途径，它有利于调整农村产业结构，促进农村二、三产业发展；有利于加快农村剩余劳动力就地转移，为发展农业适度规模经营、实现农业现代化创造条件，同时减缓"民工潮"造成的社会压力；有利于乡镇工业集中连片发展，促进乡镇工业上规模、上水平；有利于加强农村基层政权建设和两个文明建设。这对在农村实施《中国 21 世纪议程》，提高人口素质和农村居民生活质量，实现小康战略目标和经济、社会、生态的协调、持续发展，具有重要意义。

（一）小城镇综合改革试点的目标是，在小城镇建立一种政府精干高效、企业制度规范、市场竞争有序、城镇规划科学、保障机制完善、城乡一体化的符合社会主义市场经济要求、适应农村经济发展特点的新体制，促进试点镇经济下不断上新台阶，带动整个地区经济、社会、生态的协调、快速发展。

（二）试点工作的基本原则是：

1. 正确处理改革与发展的关系。要紧紧围绕经济建设这个中心，加强物质文明建设和精神文明建设，以改革为动力，坚持小城镇全面协调发展，推进农村工业化、城市化和现代化进程，促进一、二、三产业的互动发展，实现农村经济和社会以及生态的全面协调发展。检验小城镇综合改革试点是否成功的重要标志是，农业基础地位是否加强，农村经济是否增长，农民收入是否增加。

2. 正确处理改革政策的衔接和突破的关系。小城镇综合改革试点既要与现行的有关文件和法规相衔接，又要根据经济发展的客观要求有所突破，并在实践中进行超前的探索。

3. 坚持按改革的办法促进小城镇建设。要按照社会主义市场经济体制的要求抓好小城镇新体制建设，同时，要用科学的方法规划小城镇的基础设施建设。防止出现"新城镇，旧体制"的现象。

4. 坚持一切从实际出发。要充分考虑小城镇经济发展水平的差异，因地制宜地制定试点方案，不搞"一刀切"。不同的小城镇综合改革试点的重点可以有所侧重，但都要注意改革政策的综合配套，使重点突破和整体推进相结合。

5. 积极引导，稳步发展，注重实效。要防止不顾条件，一哄而起，借建设小城镇之名，形成新的开发区热。

二、试点内容

根据党的十四届三中全会《中共中央关于建立社会主义市场经济体制若干问题的决定》和1993年中央农村工作会议精神，结合农村小城镇发展的特点和现实条件，以及各地经济、社会发展和农村改革的实际情况，小城镇综合改革试点内容主要包括以下几个方面：

1. 完善小城镇政府的经济和社会管理职能。根据政府经济管理体制改革的要求和中央有关机构的方针和原则，健全小城镇政府职能，强化政府的服务功能。试点小城镇要在政企分开方面取得实质性进展。试点小城镇所在地的县（市）政府，在符合改革方向的前提下，赋予试点小城镇政府必要权限。在国家规定的限额内，小城镇政府可合理确定机构设置和人员编制。

2. 深化小城镇建设方式改革。改革小城镇建设中的自发、分散的建设方式，积极推行"统一规划、合理布局、综合开发、配套建设"的集中统一建设方式。试点小城镇要从县情、镇情出发，制订科学的总体规划，实行统一规划、统一征地、统一设计、统一施工、分片开发、配套建设，争取建成一片、见效一片。对小城镇建设用地要依法加强管理。根据小城镇土地利用总体规划、建设规划和年度建设用地计划，统一征地，按项目用地分次依法划拨和出让。积极发展适合农村特点的小城镇房地产事业，对小城镇住宅、乡镇企业厂房、市场设施、公用设施等进行综合开发。

3. 促进小城镇建设和发展的多元化投资机制。建立政府、企业和个人共同投资的多元化投资机制。镇政府要在发展经济、增加财力的基础上，加大对小城镇公用建设事业的投资比例。通过创造良好的投资环境和制订有吸引力的招商政策，吸引外来资金参与小城镇的开发和建设。探索依靠进镇农民建设新兴城镇的路子。

4. 实行户籍管理制度改革。按照公安部关于户籍管理制度改革的要求进行试点，实行按居住地和就业原则确定身份的户籍登记制度，农民只要在小城镇具备合法固定的住所和稳定的就业条件，就可以申请在小城镇办理落户手续。

5. 建立和完善试点小城镇的新型社会保障体制。充分发挥国家、企业和个人的积极性，依靠社会各方面力量，探索在小城镇建立区别于城市旧体制并符合社会主义市场经济体制要求的新型的社会保障机制和统一的社会保障机构，首先要加强早已普遍建立的乡镇社会保障委员会，继续办好农村社会养老保险，积极推广城镇社区服务，以减少农民进城的后顾之忧。

6. 探索建立有效的集体土地内部流转制度。尝试允许准备迁入小城镇的农民将原承包土地使用权有偿转让，作为进城定居或就业的启动资金，以利于建立土地使用权的有偿流转制度和土地的适度集中，解决农村耕地紧张的问题。

7. 深化小城镇乡镇企业制度改革。在试点小城镇大力推行股份合作制和股份制，明晰乡镇企业的产权关系，加快技术改造，改进企业管理，促进乡镇企业的规范发展和向现代企业制度过渡。鼓励乡镇企业向小城镇集中，连片发展，提高乡镇企业规模效益。

8. 以市兴镇，抓好小城镇的市场培育。发展小城镇的第三产业，建立适应当地经济发展特点的专业批发市场，以市场促进小城镇周围的农村经济发展和带动乡镇企业的发展。同时，围绕小城镇的市场建设，鼓励各种类型的农产品流通组织参与市场流通。政府在政策上应给予积极扶持。

9. 建立机构完整、职能健全的镇一级财政。按分税制改革的要求，建立和完善镇一级财政管理体制，设立镇级金库，建立完整统一的预决算制度。规范各项收费来源，由镇财政统管收支；试行"费改税"改革试点，从制度上约束乱摊派、乱收费行为。

10. 进行规范化的农村合作基金组织试验。规范各种类型的民间融资渠道，发挥农村合作基金组织在促进农村小城镇、农村乡镇企业和农业发展方面应有的作用。

11. 建立与完善小城镇科技管理与服务体系。推动县及县以下的科技机构到小城镇发展技农贸、技工贸一体化的技术经济实体，促进科研机构、高等院校及大中型企业为小城镇提供人才、技术等多种服务，将"星火计划"优先引向试点小城镇，形成"一镇一品（即：具有较高技术含量和市场占有率的拳头产品）"或"一镇数品"，促进乡镇企业的产业结构和产品结构向高层次发展，并成为带动周围农村经济与社会持续、协调发展的政治、经济、科技、信息和商贸中心，充分发挥小城镇的辐射功能。

12. 建立健全小城镇为农服务体系。将小城镇作为农村社会化服务组织的载体，大和培育促进农业生产发展和为农业服务的社会化服务组织，建立小城镇政府的为农服务和培训中心，鼓励发展农村专业技术协会。

三、试点的组织实施

1. 确定试点。选择试点小城镇的条件：

——小城镇所在地区的各级领导高度重视小城镇发展，并有强烈的改革意识；

——在不同经济发展水平、区位条件、乡镇企业的发展规模以及市场发育程度等方面，具有一定代表性和典型意义；

——过去在某些方面的改革曾经取得成功经验的，或已列入部委专项改革试点范围的小城镇，可优先选择；

——小城镇综合改革试点所在的县（市）、地（市）各级协调改革的机构健全。

综合改革试点的小城镇经所在地各级政府和有关部门认可后，由国家体改委会同国务院有关部门共同确定。

2. 制定方案。小城镇综合改革试点方案在国家有关部委主管司（局）具体协调指导下，由省体改委会同地方各级体改委和有关部门配合协助，结合试点小城镇选择的试点内容和自身的具体特点制订。

制定小城镇综合改革试点方案的要求：

——组织有关部门及专家进行前期调研，针对本地区特点，根据综合改革试点内容的要求，对改革项目进行全面规划。规划内容应包括改革规划、发展规划和城镇建设规划。

——综合改革试点要求项目到点，责任到人，实行目标责任制。

项目完成后要组织有关部门及专家、学者进行评估验收。

试点方案应包括以下内容：

试验项目名称；

试验背景和指导思想；

试验要点及具体内容；

试验的总体目标和阶段性要求及试验的起迄期限；

试验的实施过程和操作手段；

试点工作班子的设置和工作职能；

反映项目实施情况的监测体系；

试验项目要求上级部门提供的配套措施和改革政策。

试点方案制定后，由国家体改委会同国务院有关部门研究后批复。

3. 跟踪指导。在试点方案批准后，随时监测试点实施情况；每年进行一次监测数据分析与对比；及时听取试点单位关于试点工作进展状况的汇报，并将国家最新的改革进展情况尽快通报试点小城镇，使即将出台的改革政策率先在试点小城镇推行，以便及时总结经验，反馈信息，完善改革政策；国家体改委和有关部门应经常到试点小城镇进行调查，了解试点的情况，总结经验教训，适时修订试点方案。试点小城镇可实行定期简报制度并建立必要的统计报表制度，及时反映试点的改革进度和问题。

4. 总结交流。对试点小城镇的负责干部和所在县的主管干部进行培训；组织试点小城镇之间的参观和考察；召开研讨会和经验交流会，并邀请各方面专家对试点成果进行论证，对试点经验加以总结。成果显著的，通过新闻媒介广为宣传，并加以推广。试点结束后，要对整个监测数据进行分析，最后写出项目总结论证报告，并提出咨询意见供中央决策。